I0051608

Finanzmathematik

von

Prof. Dr. Karl Bosch

7., unveränderte Auflage

Oldenbourg Verlag München Wien

Bibliografische Information der Deutschen Nationalbibliothek

Die Deutsche Nationalbibliothek verzeichnet diese Publikation in der Deutschen Nationalbibliografie; detaillierte bibliografische Daten sind im Internet über <http://dnb.d-nb.de> abrufbar.

Rosenheimer Straße 145, D-81671 München
Telefon: (089) 45051-0
oldenbourg.de

Lektorat: Wirtschafts- und Sozialwissenschaften, wiso@oldenbourg.de
Herstellung: Anna Grosser
Coverentwurf: Kochan & Partner, München
Gedruckt auf säure- und chlorfreiem Papier
Gesamtherstellung: Books on Demand GmbH, Norderstedt

ISBN 978-3-486-58556-8

Inhaltsverzeichnis

Vorwort

In dem vorliegenden Buch werden die wichtigsten Gebiete der Finanzmathematik behandelt, und zwar Abschreibungen, Zins- und Zinseszinsrechnung, Tilgungsrechnung, Rentenrechnung, sowie Kurs- und Effektivzinsberechnung. In Kap. 7 wird nur kurz auf einige Probleme aus der Versicherungsmathematik eingegangen.

Der Autor bemüht sich, den behandelten Stoff zwar anschaulich und elementar, aber dennoch gründlich zu behandeln. Im Vordergrund stehen dabei immer die Anwendungsmöglichkeiten. So werden z. B. Kredite bei der Tilgungsrechnung und bei der Kurs- und Effektivzinsberechnung behandelt. Bei der Tilgungsrechnung steht die Restschuld, bei der Kurs- und Effektivzinsberechnung dagegen der Auszahlungsbetrag eines Kredits bei zwei verschiedenen Zinssätzen im Vordergrund.

Bei der Herleitung der entsprechenden Formeln werden im Wesentlichen Eigenschaften der arithmetischen und geometrischen Folgen und Reihen sowie des Logarithmus benutzt. Die hergeleiteten Formeln werden anschließend in Kästen übersichtlich dargestellt, wobei die benutzten Bezeichnungen im Anschluß nochmals erläutert werden. Dadurch kann der Anwender die entsprechenden Formeln sehr schnell finden, ohne daß dazu seitenweise Texte durchgelesen werden müssen. Aus diesem Grund kann das Buch sowohl als **Lehr- und Übungsbuch** als auch als **Formelsammlung** benutzt werden. Es wendet sich an alle Personen, die sich während ihres Studiums oder in der Praxis mit Finanzmathematik beschäftigen müssen, speziell natürlich an die Studenten der Wirtschaftswissenschaften.

Zum besseren Verständnis sollen die vielen Beispiele und Übungsaufgaben mit Lösungen beitragen. Für PC's sind sechs Programme in BASIC angegeben. Mit diesen Programmen lassen sich manche Ergebnisse sehr schnell berechnen. Mit manchen Programmen kann auch der effektive Zinssatz berechnet werden, was mit elementaren Methoden nicht möglich ist. Aufgaben, zu deren Lösung eines der Programme benötigt wird, sind mit einem * versehen.

Mein Dank gilt dem Oldenbourg-Verlag, insbesondere Herrn Diplom-Volkswirt Martin Weigert für die Aufnahme dieses Buches in sein Programm und die gute Zusammenarbeit während der Entstehungszeit dieses Buches.

Jedem Leser bin ich für kritische Hinweise und Verbesserungsvorschläge dankbar.

Karl Bosch

Vorwort zur sechsten Auflage

Die sechste Auflage wurde vollständig überarbeitet. Neben der Umstellung von DM auf Euro wurde auch die neue Rechtschreibung weitgehend berücksichtigt. Wie in den vorangegangenen Neuauflagen wurden Fehler im Text und in den Formeln beseitigt. Bei allen Personen, die mich auf Fehler aufmerksam gemacht haben, möchte ich mich recht herzlich bedanken.

Karl Bosch

Kapitel 1: Mathematische Grundlagen

In diesem Kapitel sollen die wichtigsten mathematischen Grundlagen zusammengestellt werden, die zur Lösung von Problemen aus der Finanzmathematik benutzt werden.

1.1. Die arithmetische Zahlenfolge

Beispiel 1: Der Umsatz eines Betriebes betrage im ersten Jahr a Einheiten. Er soll in jedem Jahr um den gleichen absoluten Betrag d erhöht werden. Dann erhält man die Umsätze in den nächsten Jahren der Reihe nach als

$a, a + d, a + 2d, a + 3d, a + 4d, a + 5d, \ldots$

Der Umsatz im n-ten Jahr lautet somit

$a_n = a + (n - 1)d \quad \text{für } n = 1, 2, \ldots$

Diese Zahlen bilden der Reihe nach eine sog. arithmetische Zahlenfolge.

Definition 1: Mit zwei beliebigen Zahlen a und d heißt

$$\underbrace{a}_{a_1},\ \underbrace{a+d}_{a_2},\ \underbrace{a+2d}_{a_3},\ \underbrace{a+3d}_{a_4},\ \underbrace{a+4d}_{a_5},\ \ldots\ \underbrace{a+(n-1)d}_{a_n},\ \ldots$$

eine **arithmetische Zahlenfolge.**

Das n-te Glied einer arithmetischen Zahlenfolge lautet

$a_n = a + (n - 1) \cdot d, \quad n = 1, 2, \ldots$

Die Differenzen zweier aufeinanderfolgender Glieder sind konstant mit $a_{n+1} - a_n = d$ für jedes n. Durch diese Differenz d und das Anfangsglied a ist die arithmetische Zahlenfolge eindeutig bestimmt. Ferner ist für $n > 1$ das Folgenglied a_n gleich dem arithmetischen Mittel der beiden benachbarten Glieder. Es gilt

$$a_n = \frac{1}{2} \cdot (a_{n-1} + a_{n+1}) \quad \text{für } n = 2, 3, \ldots$$

Beispiel 2: Ein Angestellter erhält ein monatliches Anfangsgehalt von 3000 EUR. Nach jedem Jahr wird das Gehalt um 200 EUR erhöht. Die laufenden Gehälter bilden eine arithmetische Zahlenfolge 3000, 3200, 3400, 3600, 3800, 4000, ... mit $a = 3000$ und $d = 200$.

Das Gehalt im n-ten Jahr beträgt

$a_n = 3000 + 200 \cdot (n - 1);$

$n = 10$ liefert $a_{10} = 4800$ EUR.

Beispiel 3: Das 3. Glied einer arithmetischen Folge sei 10 und das 5. Glied gleich 15. Gesucht ist das n-te Glied a_n.

Aus $a_5 - a_3 = 2d$ folgt $d = 2{,}5$.

$10 = a_3 = a + 2d = a + 5$ ergibt $a = 5$.

Hieraus folgt

$a_n = 5 + 2{,}5 \cdot (n - 1)$ für $n = 1, 2, \ldots$.

1.2. Die arithmetische Reihe

In Beispiel 1 erhält man für den Gesamtumsatz während n Jahren $s_n = \sum_{i=1}^{n} a_i$ die Darstellung

$$+\begin{cases} s_n = a + a+d + a+2d + \ldots a+(n-1)d \\ s_n = a+(n-1)d + a+(n-2)d + a+(n-3)d + \ldots a \text{ (umgekehrte Reihenfolge)} \end{cases}$$

$$\begin{aligned} 2s_n &= 2a+(n-1)d + 2a+(n-1)d + 2a+(n-1)d + \ldots + 2a+(n-1)d \\ &= 2na + n(n-1)d = n(2a+(n-1)d) = n(a+a+(n-1)d) \\ &= n(a_1 + a_n). \end{aligned}$$

Definition 2: Die Summe der ersten n Glieder einer arithmetischen Folge $s_n = a + (a+d) + \ldots + (a+(n-1)d) = \sum_{k=1}^{n} a_k = \sum_{k=1}^{n} (a+(k-1)d)$ heißt **arithmetische Reihe.**

Aus der obigen Gleichung folgt

$$\boxed{s_n = \sum_{k=1}^{n} a_k = \sum_{k=1}^{n} (a+(k-1)d) = \frac{n}{2} \cdot [2a+(n-1)d] = \frac{n}{2} \cdot [a_1 + a_n].} \qquad (1)$$

Mit $a = d = 1$ erhält man aus (1) unmittelbar

$$\boxed{1 + 2 + \ldots + n = \frac{n \cdot (n+1)}{2}.} \qquad (2)$$

Beispiel 4: Ein Betrieb hat im Jahr 1986 einen Umsatz von 800 Mio. EUR. Dieser Umsatz soll jährlich um 90 Mio. EUR gesteigert werden. Für das Jahr 2000 lautet somit das Umsatzziel $800 + 14 \cdot 90 = 2060$ Mio. EUR.

Für die 15 Jahre $(= n)$ von 1986 bis 2000 ist somit ein Gesamtumsatz von $\frac{n}{2} \cdot (a_1 + a_n) = \frac{15}{2} \cdot (800 + 2060) = 21450$ Mio. EUR geplant.

1.3. Die geometrische Folge

Beispiel 5: Der Umsatz eines Betriebes betrage im laufenden Jahr a Einheiten. Von Jahr zu Jahr soll der Umsatz jeweils um p % (des Vorjahresumsatzes) erhöht werden. Stellt a_n den Umsatz im n-ten Jahr dar, so gilt

$$a_{n+1} = a_n + \frac{p}{100} \cdot a_n = a_n \cdot \left(1 + \frac{p}{100}\right) \quad \text{mit } a_1 = a.$$

Die Jahresumsätze lauten der Reihe nach

$$a, \quad a \cdot \left(1 + \frac{p}{100}\right), \quad a \cdot \left(1 + \frac{p}{100}\right)^2, \quad a \cdot \left(1 + \frac{p}{100}\right)^3, \quad \ldots .$$

Allgemein gilt

$$a_n = a \cdot \left(1 + \frac{p}{100}\right)^{n-1} \quad \text{für } n = 1, 2, \ldots \quad \text{mit} \quad \left(1 + \frac{p}{100}\right)^0 = 1 .$$

Die Umsätze stellen ein sog. geometrische Folge dar.

Definition 3: Mit zwei Zahlen a und q heißt

$$\underbrace{a}_{a_1}, \underbrace{aq}_{a_2}, \underbrace{aq^2}_{a_3}, \underbrace{aq^3}_{a_4}, \ldots, \underbrace{aq^{n-1}}_{a_n}, \underbrace{aq^n}_{a_{n+1}}, \ldots$$

eine **geometrische Zahlenfolge**. Das n-te Glied a_n besitzt die Darstellung

$$a_n = aq^{n-1}, \quad n = 1, 2, \ldots \quad \text{mit } q^0 = 1 .$$

Bei einer geometrischen Folge ist der Quotient zweier aufeinanderfolgender Glieder konstant. Es gilt

$\frac{a_{n+1}}{a_n} = q$ für alle n. Wegen

$$a_n = \sqrt{a_{n-1} \cdot a_{n+1}}$$

ist für $n \geqq 2$ jedes Folgenglied gleich dem geometrischen Mittel der beiden benachbarten Folgenglieder.

Beispiel 6: Bei einer nichtnegativen geometrischen Folge sei das zweite Glied gleich 10 und das 4. gleich 40, d.h.

$$a_2 = 10, \quad a_4 = 40 .$$

Aus $\frac{a_4}{a_2} = q^2 = 4$ folgt $q = 2$.

$10 = a_2 = a \cdot q = a \cdot 2$ ergibt $a = 5$.

Die geometrische Folge lautet somit 5, 10, 20, 40, 80, …

Allgemein: $a_n = 5 \cdot 2^{n-1}$ für $n = 1, 2, \ldots$

1.4. Die endliche geometrische Reihe

Mit $q = \left(1 + \frac{p}{100}\right)$ erhält man in Beispiel 5 den Gesamtumsatz während n Jahren als

$$s_n = a + aq + aq^2 + \ldots + aq^{n-1} = a \cdot \sum_{k=0}^{n-1} q^k .$$

Definition 4: Die Summe der ersten n Glieder einer geometrischen Folge

$$s_n = a + aq + aq^2 + \ldots + aq^{n-1} = a \cdot \sum_{k=0}^{n-1} a^k$$

heißt **endliche geometrische Reihe.**

Diese Summe kann durch gliedweise Multiplikation mit q folgendermaßen berechnet werden

$$\left.\begin{array}{rl} x = & 1 + q + q^2 + \ldots + q^{n-1} \\ & \quad \searrow \cdot q \ \searrow \cdot q \qquad \searrow \cdot q \ \searrow \cdot q \\ q \cdot x = & \quad q + q^2 + \ldots + q^{n-1} + q^n \end{array}\right\} -$$

Subtraktion liefert $x \cdot (q-1) = q^n - 1$.

Hieraus folgt

$$1 + q + q^2 + \ldots + q^{n-1} = \begin{cases} \dfrac{q^n - 1}{q - 1} & \text{für } q \neq 1; \\ n & \text{für } q = 1. \end{cases} \tag{3}$$

Für die endliche geometrische Reihe erhält man somit die Darstelung

$$s_n = a + aq + \ldots + aq^{n-1} = a \cdot \sum_{k=0}^{n-1} q^k = \begin{cases} a \cdot \dfrac{q^n - 1}{q - 1} & \text{für } q \neq 1; \\ a \cdot n & \text{für } q = 1. \end{cases} \tag{4}$$

Beispiel 7: Gegeben sei eine geometrische Folge mit $a = 1000$ und $q = 1{,}1$. Dann lautet die Summe der ersten 10 Glieder

$$s_{10} = 1000 \cdot \frac{1{,}1^{10} - 1}{1{,}1 - 1} = 10000 \cdot (1{,}1^{10} - 1) = 15937{,}4246.$$

1.5. Die unendliche geometrische Reihe.

Für $|q| < 1$ ist q^n eine Nullfolge mit $\lim\limits_{n \to \infty} q^n = 0$.

Dann gilt

$$\lim_{n \to \infty} s_n = \lim_{n \to \infty} \left(a \cdot \sum_{k=0}^{n-1} q^k \right) = \frac{a}{1 - q} \quad \text{für } |q| < 1. \tag{5}$$

Definition 5: Im Falle $|q| < 1$ heißt der Grenzwert

$$\lim_{n \to \infty} a \cdot \sum_{k=0}^{n-1} q^k = a \cdot \sum_{k=0}^{\infty} q^k = \frac{a}{1 - q}$$

eine **unendliche geometrische Reihe.**

Beispiel 8: Mit $a = 1$ und $q = 1/2$ erhält man

$$\sum_{k=0}^{\infty} \left(\frac{1}{2} \right)^k = \frac{1}{1 - \frac{1}{2}} = 2.$$

Die Summe $1 + \frac{1}{2} + \frac{1}{4} + \frac{1}{8} + \frac{1}{16} + \ldots$

nähert sich immer mehr der Zahl 2, je mehr Summanden hinzugefügt werden.

Beispiel 9: Die periodische Dezimalzahl $0,\overline{13}$ läßt sich darstellen als unendliche geometrische Reihe

$$\frac{13}{100} \cdot \left[1 + \left(\frac{1}{100}\right) + \left(\frac{1}{100}\right)^2 + \ldots + \left(\frac{1}{100}\right)^n + \ldots\right].$$

Mit $q = \frac{1}{100}$ erhält man aus (5) die Summe als

$$\frac{13}{100} \cdot \frac{1}{1 - \frac{1}{100}} = \frac{13}{100} \cdot \frac{100}{99} = \frac{13}{99}.$$

1.6. Das Rechnen mit Logarithmen

Löst man die Gleichung $x = a^y$ mit $a > 0$ nach y auf, so erhält man $y = \log_a x$, also den Logarithmus von x zur Basis a. Der Logarithmus besitzt für jede beliebige Basis $a > 0$ folgende Eigenschaften

1) $\log_a a = 1$;
2) $\log_a 1 = 0$;
3) $\log_a (u \cdot v) = \log_a u + \log_a v$;
4) $\log_a \left(\frac{u}{v}\right) = \log_a u - \log_a v$;
5) $\log_a (u^v) = v \cdot \log_a u$.

Logarithmen zu verschiedenen Basen unterscheiden sich durch einen konstanten multiplikativen Faktor. Für zwei Basen a und b gilt folgende

Umrechnungsformel

$$\log_b x = \frac{1}{\log_a b} \cdot \log_a x. \tag{6}$$

Von Interesse sind i. a. folgende Logarithmen:

der **dakadische Logarithmus** zur Basis $a = 10$

$\lg x = \log_{10} x$;

der **natürliche Logarithmus** zur Eulerschen Zahl $e = 2,718281828\ldots$

$\ln x = \log_e x$ (logarithmus naturalis).

Dieser Logarithmus wird bei der stetigen Verzinsung und beim stetigen Wachstum benutzt.

Die bedeutendste Anwendung des Logarithmus in der Finanzmathematik besteht darin, daß damit Gleichungen der Gestalt

$$aq^n = b$$

nach n aufgelöst werden. Logarithmieren ergibt mit den Rechengesetzen 3) und 5)

$$\lg a + n \cdot \lg q = \lg b.$$

Hieraus folgt

$$n = \frac{\lg b - \lg a}{\lg q} = \frac{\lg(\frac{a}{b})}{\lg q}.$$

Beispiel 10: Ein Kapital von EUR 10000 werde jeweils zum Jahresende mit 6% verzinst, wobei Zinseszins gezahlt wird. Nach n Jahren lautet der Kontostand

$$K_n = 10000 \cdot 1{,}06^n.$$

Zur Bestimmung der Anzahl der Jahre, nach denen der Kontostand erstmals mindestens 15000 EUR beträgt, muß die Ungleichung

$$10000 \cdot 1{,}06^n \geqq 15000$$

nach n aufgelöst werden. Logarithmieren ergibt

$$\underbrace{\lg 10000}_{=4} + n \cdot \lg 1{,}06 \geqq \lg 15000 = \lg 15 + 3;$$

$$n \geqq \frac{\lg 15 - 1}{\lg 1{,}06} = 6{,}96.$$

Erstmals nach 7 Jahren (aufgerundet) wird also der Kontostand von 15000 EUR überschritten mit $K_7 = 15036{,}30$ EUR.

Kapitel 2: Abschreibungen

Bei Gütern, die durch Abnutzung oder Alterung eine Wertminderung erfahren, wird jährlich eine Abschreibung vorgenommen. Durch eine solche Abschreibung während eines Bilanzjahres wird der Anfangswert zu Beginn des Jahres auf den Restwert reduziert (abgeschrieben). Die **lineare Abschreibung** erfolgt in gleichen Jahresraten, während die **degressive** (fallende) **Abschreibung** in fallenden Jahresbeträgen vorgenommen wird.

2.1. Die lineare Abschreibung

Bei der linearen Abschreibung eines Gutes mit der Nutzungsdauer von N Jahren, wird der Anschaffungswert in N **gleichen Jahresraten** auf einen vorgegebenen Restwert abgeschrieben. Mit

A = Anschaffungswert
R_N = Restwert nach N Jahren

lautet der jährliche Abschreibungsbetrag

$$\frac{A - R_N}{N}.$$

Damit erhält man die Restwerte.

Jahr	1	2	...	N
Restwert	$R_1 = A - \frac{A - R_N}{N}$	$R_2 = A - 2 \cdot \frac{A - R_N}{N}$	...	R_N

Der Restwert nach n Jahren lautet

$$\boxed{R_n = A - n \cdot \frac{A - R_N}{N} \quad \text{für } n = 1, 2, \ldots, N.} \tag{1}$$

A = Anschaffungswert
R_n = Restwert nach n Jahren bei linearer Abschreibung

Die Restwerte $R_1, R_2, \ldots, R_N$ bilden den Beginn einer arithmetischen Zahlenfolge mit der Differenz

$$d = -\frac{A - R_N}{N}.$$

Im Falle $R_N = 0$ wird das Gut in N Jahren auf den Wert 0, also vollständig abgeschrieben.

Beispiel 1: Der Anschaffungspreis einer Maschine betrage 50 000 EUR. In 10 Jahren soll sie auf den Restwert 2000 EUR abgeschrieben werden.

Bei der linearen Abschreibung wird jährlich der gleiche Betrag von $\frac{50\,000 - 2000}{10}$ = 4800 EUR abgeschrieben. Man erhält folgende Werte

Jahr	Anfangswert	Abschreibung	Restwert	Abschreibung in % vom Anfangswert
1	50000	4800	45200	9,60
2	45200	4800	40400	10,62
3	40400	4800	35600	11,88
4	35600	4800	30800	13,48
usw.				

Nach 8 Jahren beträgt der Restwert $R_8 = 50000 - 8 \cdot 4800 = 11600$ EUR.

2.2. Die arithmetisch-degressive (fallende) Abschreibung

Bei der arithmetisch-degressiven Abschreibung sind die einzelnen Abschreibungsbeträge nicht konstant. Sie nehmen jeweils um den gleichen Betrag d ab. Die Abschreibungsbeträge bilden somit den Beginn einer fallenden arithmetischen Zahlenfolge:

Abschreibung im 1. Jahr: $a = a_1$
Abschreibung im 2. Jahr: $a - d = a_2$
Abschreibung im 3. Jahr: $a - 2d = a_3$

Abschreibung im n-ten Jahr: $a - (n-1) \cdot d = a_n$.

Damit die Abschreibung in N Jahren vom Anschaffungswert A auf den Restwert R_N erfolgt, muß die Summe aller N Abschreibungsbeträge gleich dem gesamten Abschreibungsbetrag $A - R_N$ sein, d.h.

$$\begin{aligned} A - R_N &= a_1 + a_2 + \ldots + a_N \\ &= a + a - d + a - 2d + \ldots + a - (N-1)d \\ &= Na - d \cdot \underbrace{(1 + 2 + \ldots + N - 1)}_{\text{arithmetische Reihe}} \\ &= Na - d \cdot \frac{(N-1) \cdot N}{2}. \end{aligned}$$

Hieraus folgt

$$d = \frac{2 \cdot [Na - (A - R_N)]}{(N-1) \cdot N}. \qquad (2)$$

d ist positiv, falls

$$a > \frac{(A - R_N)}{N} \quad (= \text{Abschreibungsbetrag bei der linearen Abschreibung}). \qquad (3)$$

Eine arithmetisch-degressive Abschreibung von A auf R_N in N Jahren ist somit nur dann möglich, wenn der erste Abschreibungsbetrag $a = a_1$ größer ist als der konstante Betrag bei der linearen Abschreibung. Der letzte Abschreibungsbetrag im N-ten Jahr lautet

$$\begin{aligned} a_N = a - (N-1)d &= a - \frac{2 \cdot [Na - (A - R_N)]}{N} \\ &= -a + 2 \cdot \frac{A - R_N}{N}. \end{aligned}$$

Da auch dieser Abschreibungsbetrag positiv sein muß, erhält man neben (3) die weitere Bedingung

$$a < 2 \cdot \frac{A - R_N}{N}. \tag{4}$$

Da die Folge $a_1, a_2, \ldots, a_N$ im Falle $d > 0$ monoton fallend ist, folgt aus (3) und (4), daß alle N Abschreibungsbeträge positiv sind.

Bei einer arithmetisch-degressiven Abschreibung muß der erste Abschreibungsbetrag a somit folgende Ungleichung erfüllen

$$\frac{A - R_N}{N} < a < 2 \cdot \frac{A - R_N}{N}$$

n-ter Abschreibungsbetrag (5)

$$a_n = a - (n-1)d \quad \text{mit} \quad d = \frac{2 \cdot [Na - (A - R_N)]}{(N-1) \cdot N}.$$

Bedingung für arithmetisch-degressive Abschreibung mit $a = a_1$ = erster Abschreibungsbetrag der arithmetisch-desgressiven Abschreibung in N Jahren von A auf R_N
a_n = n-ter Abschreibungsbetrag

Beispiel 2: Eine Maschine mit dem Anschaffungswert 50000 EUR soll in 5 Jahren arithmetisch fallend auf 10000 EUR abgeschrieben werden. Dabei sollen im ersten Jahre 15000 EUR abgeschrieben werden.

Wegen $\frac{A - R_5}{5} = 8000$ ist die Bedingung (5) $8000 < a < 16000$ erfüllt.

Es gilt $d = 2 \cdot \left[\frac{5 \cdot 15000 - 40000}{4 \cdot 5}\right] = 3500$ EUR.

Damit lautet der Abschreibungsplan

Jahr	Wert zu Beginn	Abschreibung	Restwert
1	50000	15000	35000
2	35000	11500	23500
3	23500	8000	15500
4	15500	4500	11000
5	11000	1000	10000

2.3. Die digitale Abschreibung

Die digitale Abschreibung ist ein Spezialfall der arithmetisch-degressiven Abschreibung mit $a_N = d$. Der **letzte Abschreibungsbetrag a_N stimmt** also **mit dem Abschreibungsgefälle d überein**. Da die Abschreibungsbeträge arithmetisch fallend sind, erhält man

$$a_{N-1} = d + d = 2d; \quad a_{N-2} = 3d; \quad \ldots; a = a_1 = Nd.$$

In N Jahren wird der Gesamtbetrag $A - R_N$ abgeschreiben. Damit gilt

$$A - R_N = d + 2d + 3d + \ldots + Nd$$
$$= d \cdot \underbrace{(1 + 2 + \ldots \quad + N)}_{\text{arithmetische Reihe}} = d \cdot \frac{N(N+1)}{2}.$$

Hieraus folgt

$$\boxed{d = \frac{2 \cdot (A - R_N)}{N(N+1)}; \quad \begin{aligned} a_1 &= Nd \\ a_2 &= (N-1)d \\ &\vdots \\ a_N &= d. \end{aligned}} \qquad (6)$$

Abschreibungsbeträge bei der digitalen Abschreibung in N Jahren von A auf R_N.

Beispiel 3: Der Anschaffungswert einer Maschine betrage 60000 EUR. Diese Maschine soll in 4 Jahren digital auf den Restwert 25000 EUR abgeschrieben werden.

Aus (6) folgt $d = \frac{2 \cdot (60000 - 25000)}{4 \cdot 5} = 3500$ EUR.

Damit lautet der Abschreibungsplan

Jahr	Wert zu Beginn des Jahres	Abschreibungsbetrag	Restwert
1	60000	4d = 14000	46000
2	46000	3d = 10500	35500
3	35500	2d = 7000	28500
4	28500	d = 3500	25000

2.4. Die geometrisch-degressive Abschreibung

Bei der geometrisch-degressiven Abschreibung wird in jedem Jahr p % vom jeweiligen Restwert aus dem Vorjahr abgeschrieben. Dabei ist p während der gesamten Laufzeit konstant.

Ist R_{n-1} der Restwert nach dem (n-1)-ten Jahr, also der Wert zu Beginn des n-ten Jahres, so ist $R_{n-1} \cdot \frac{p}{100}$ der Abschreibungsbetrag im n-ten Jahr und

$$R_n = R_{n-1} - R_{n-1} \cdot \frac{p}{100} = R_{n-1} \cdot \left(1 - \frac{p}{100}\right) \qquad (7)$$

der Restwert nach dem n-ten Jahr.

Mit dem Anfangswert A erhält man die Restwerte

nach 1 Jahr $\quad R_1 = A \cdot \left(1 - \frac{p}{100}\right);$

nach 2 Jahren $\quad R_2 = R_1 \cdot \left(1 - \frac{p}{100}\right) = A \cdot \left(1 - \frac{p}{100}\right)^2;$

nach 3 Jahren $\quad R_3 = R_2 \cdot \left(1 - \frac{p}{100}\right) = A \cdot \left(1 - \frac{p}{100}\right)^3.$

Allgemein gilt

$$R_n = A \cdot \left(1 - \frac{p}{100}\right)^n, \quad n = 1, 2, \ldots \tag{8}$$

R_n = Restwert nach n Jahren
A = Anschaffungswert
p = jährlicher prozentualer Abschreibungssatz vom jeweiligen Restwert bei der geometrisch-degressiven Abschreibung

Die jährlichen Restwerte $R_1, R_2, \ldots, R_n, \ldots$ bilden für $p > 0$ eine monoton fallende geometrische Zahlenfolge mit

$$\frac{R_{n+1}}{R_n} = q = \left(1 - \frac{p}{100}\right) \quad \text{für } n = 1, 2, \ldots .$$

Wegen $R_n > 0$ für alle n ist in einem endlichen Zeitraum keine Abschreibung auf 0 möglich. Allerdings nähert sich R_n mit wachsendem n gegen 0, d.h.

$$\lim_{n \to \infty} R_n = \lim_{n \to \infty} A \cdot \left(1 - \frac{p}{100}\right)^n = 0, \quad \text{falls } p > 0.$$

Beispiel 4: Eine Maschine mit dem Anschaffungswert 200000 EUR soll jährlich mit 8 % vom Restwert abgeschrieben werden.

a) Nach 15 Jahren beträgt der Restwert

$$R_{15} = 200000 \cdot \left(1 - \frac{8}{100}\right)^{15} = 57259{,}48 \text{ EUR}.$$

b) Im 1. Jahr werden $200000 \cdot \frac{8}{100} = 16000$ EUR abgeschrieben, im 10. Jahr jedoch nur noch

$$\underbrace{200000 \cdot 0{,}92^9}_{\text{Wert zu Beginn des 10. Jahres.}} \cdot 0{,}08 = 7554{,}58 \text{ EUR}.$$

Bei einer gegebenen Laufzeit N können in

$$R_N = A \cdot \left(1 - \frac{p}{100}\right)^N \tag{8'}$$

von den Größen R_N, N und p bei vorgegebenem A jeweils zwei Werte vorgegeben und der dritte daraus berechnet werden.

Berechnung der Laufzeit N

Logarithmieren von (8') liefert mit den Eigenschaften des Logarithmus

$$\lg\left(\frac{R_N}{A}\right) = N \cdot \lg\left(1 - \frac{p}{100}\right), \quad \text{d.h.}$$

$$N = \frac{\lg\left(\frac{R_N}{A}\right)}{\lg\left(1 - \frac{p}{100}\right)}. \tag{9}$$

A = Anschaffungswert
R_N = vorgegebener Restwert
p = jährlicher prozentualer Abschreibungssatz vom jeweiligen Restwert
N = Laufzeit der geometrisch-degressiven Abschreibung

Der Zähler in (9) läßt sich auch darstellen als $\lg R_N - \lg A$. Für die praktische Rechnung auf einem Taschenrechner ist allerdings die in (9) angegebene Darstellung vorteilhafter, da nur einmal der Logarithmus berechnet werden muß.

Bemerkung: Ein nach (9) berechnetes N wird i.a. nicht ganzzahlig sein. Wird N abgerundet, so ist der Restwert nach dieser Zeit größer als das vorgegebene R_N, beim Aufrunden erhält man einen kleineren Wert. Das aufgerundete N stellt das Jahr dar, nach dem der vorgegebene Restwert erstmals unterschritten wird.

Beispiel 5 (vgl. Beispiel 4): Nach wieviel Jahren unterschreitet der Restwert aus Beispiel 4 erstmals den Betrag von 40000 EUR?

Lösung: $N \geqq \frac{\lg\left(\frac{40\,000}{200\,000}\right)}{\lg 0{,}92} = \frac{\lg 0{,}2}{\lg 0{,}92} = 19{,}30;$

N = 20 (aufgerundet).

Es gilt $R_{19} = 200\,000 \cdot 0{,}92^{19} = 41\,020{,}29$ EUR;
$R_{20} = R_{19} \cdot 0{,}92 = 37\,738{,}67$ EUR.

Der fehlende Abschreibungsbetrag von 1020,29 EUR könnte auch im 19. Jahr zusätzlich abgeschrieben werden.

Berechnung des jährlichen Abschreibungssatzes p

Mit der N-ten Wurzel

$$\sqrt[N]{\frac{R_N}{A}} = \left(\frac{R_N}{A}\right)^{\frac{1}{N}}$$

erhält man aus (8′) den jährlichen konstanten prozentualen Abschreibungssatz als

$$p = 100 \cdot \left[1 - \left(\frac{R_N}{A}\right)^{\frac{1}{N}}\right]. \tag{10}$$

Bezeichnungen s. (9)

Beispiel 6: Eine Maschine mit dem Anschaffungswert 90000 EUR soll geometrisch degressiv in 10 Jahren auf den Restwert 20000 EUR abgeschrieben werden. Der dazugehörige jährliche Abschreibungssatz lautet dann

$$p = 100 \cdot \left[1 - \left(\frac{20\,000}{90\,000}\right)^{0{,}1}\right] = 13{,}9643\,\%.$$

2.5. Abschreibung in Staffelsätzen

Bei dieser Abschreibungsmethode wird der gesamte Abschreibungszeitraum in einzelne Zeitabschnitte unterteilt. Für jeden dieser Zeitabschnitte wird ein gesonderter Abschreibungssatz festgelegt.

Beispiel 7: Nach § 7 Abs. 5 EStG werden bei Mietwohnungen die Abschreibungssätze folgendermaßen festgesetzt:

8 Jahre lang jeweils 5 % der Herstellungskosten;
6 Jahre lang jeweils 2,5 % der Herstellungskosten;
36 Jahre lang jeweils 1,25 % der Herstellungskosten.

Insgesamt können somit $8 \cdot 5 + 6 \cdot 2{,}5 + 36 \cdot 1{,}25 = 100\,\%$ der Herstellungskosten in 54 Jahren abgeschrieben werden.

Beispiel 8: Die Herstellungskosten einer Maschine betragen 100 000 EUR. Die Abschreibung erfolge geometrisch-degressiv und zwar 5 Jahre lang mit 10 %, danach 5 Jahre mit 15 %, schließlich 5 Jahre mit 20 % vom jeweiligen Restwert. Für die Restwerte erhält man

$R_5 = 100000 \cdot 0{,}9^5 = 59049{,}00$ EUR;
$R_{10} = R_5 \cdot 0{,}85^5 = 26200{,}35$ EUR;
$R_{15} = R_{10} \cdot 0{,}8^5 = 8585{,}33$ EUR.

2.6. Abschreibungen mit verschiedenen Abschreibungsarten

Bei diesem Modell wird der gesamte Abschreibungszeitraum in einzelne Zeitabschnitte zerlegt, wobei in den einzelnen Zeitabschnitten verschiedene Abschreibungsarten benutzt werden. Die häufigste Anwendung ist der Übergang von der geometrisch-degressiven zur linearen Abschreibung (s. Abschnitt 2.7.).

Beispiel 9: Eine Maschine mit dem Anschaffungswert 250 000 EUR werde 10 Jahre lang geometrisch-degressiv mit jeweils 15 % vom Restwert abgeschrieben. Danach soll der Restwert sechs Jahre lang linear auf den Wert 0 abgeschrieben werden.

a) Im 10. Jahr lautet der Abschreibungsbetrag

$250000 \cdot 0{,}85^9 \cdot 0{,}15 = 8685{,}64$ EUR mit dem Restwert
$R_{10} = 250000 \cdot 0{,}85^{10} = 49218{,}60$ EUR.

b) In den letzten 6 Jahren wird jährlich

$\frac{49218{,}60}{6} = 8203{,}10$ EUR abgeschrieben.

2.7. Der Übergang von der geometrisch-degressiven zur linearen Abschreibung

Ein Gut mit dem Anschaffungswert A soll in N Jahren auf 0 abgeschrieben werden und zwar m Jahre lang geometrisch-degressiv mit jeweils p % vom Restwert und die letzten N − m Jahre linear auf Null mit $0 < m < N$.

Der Restwert am Ende der geometrisch-degressiven Abschreibungsperiode lautet

$$R_m = A \cdot \left(1 - \frac{p}{100}\right)^m.$$

Dieser Restbetrag wird in N − m Jahren auf 0 abgeschrieben mit der jährlichen Rate von

$$\frac{R_m}{N-m} = \frac{A \cdot \left(1 - \frac{p}{100}\right)^m}{N-m}. \tag{11}$$

Bei rein geometrisch-degressiver Abschreibung erhält man im (m + 1)-ten Jahr den Abschreibungsbetrag

$$A \cdot \left(1 - \frac{p}{100}\right)^m \cdot \frac{p}{100}. \tag{12}$$

Ein Übergang von der geometrisch-degressiven zur linearen Abschreibung ist dann vorteilhaft, wenn sich dadurch die jährlichen Abschreibungssätze erhöhen. Als Bedingung für m erhält man aus (11) und (12)

$$A \cdot \left(1 - \frac{p}{100}\right)^m \cdot \frac{p}{100} < A \cdot \left(1 - \frac{p}{100}\right)^m \cdot \frac{1}{N-m}. \tag{13}$$

Hieraus folgt

$$N - m < \frac{100}{p} \quad \text{und}$$

$$\boxed{m > N - \frac{100}{p}.} \tag{14}$$

Übergang von der geometrisch-degressiven zur linearen Abschreibung
m = letztes Jahr der geometrisch-degressiven Abschreibung; m minimal
N = letztes Jahr der linearen Abschreibung auf 0.

Beispiel 10: Eine Maschine mit dem Anschaffungswert 50000 EUR soll in 15 Jahren auf 0 abgeschrieben werden und zwar m Jahre lang geometrisch-degressiv mit jeweils 14 % vom Restwert und danach linear. Das für den Betrieb optimale m erhält man aus (14) als kleinste natürliche Zahl mit

$$m > 15 - \frac{100}{14}.$$

Hieraus folgt m = 8 (aufgerundet). Für den Betrieb ist es also vorteilhaft, nach 8 Jahren von der geometrisch-degressiven zur linearen Abschreibung zu wechseln.

2.8. Aufgaben

1) Eine Maschine mit dem Anschaffungswert 50000 EUR soll in 10 Jahren auf den Restwert 20000 EUR abgeschrieben werden. Berechnen Sie den Restwert nach 5 Jahren bei
   a) linearer, b) geometrisch-degressiver Abschreibung.

2) Die Anschaffung eines Gutes koste 22000 EUR. Dieses Gut soll in 8 Jahren arithmetisch degressiv auf 0 abgeschrieben werden.
   Ist dies möglich, falls die Abschreibung im ersten Jahr
   a) 2500 EUR, b) 3000 EUR
   beträgt?
   c) Wie lauten die einzelnen Abschreibungssätze, falls mit a) bzw. b) eine arithmetisch-degressive Abschreibung möglich ist?

3) Der Wert einer Maschine soll in 9 Jahren von 19000 EUR auf 1000 EUR digital abgeschrieben werden. Berechnen Sie die jährlichen Abschreibungsbeträge.

4) Nach wieviel Jahren ist ein Gut bei der geometrisch-degressiven Abschreibung bei einem jährlichen Abschreibungssatz von 11 % erstmals auf weniger als 10 % des Anschaffungswertes abgeschrieben?

5) Eine Maschine mit dem Anschaffungswert 150000 EUR soll in 20 Jahren geometrisch-degressiv auf den Restwert 20000 EUR abgeschrieben werden. Bei welchem (konstanten) prozentualen Abschreibungssatz ist dies möglich?

6) Eine Maschine mit dem Anschaffungswert von 200000 EUR werde 10 Jahre lang geometrisch-degressiv mit dem prozentualen Abschreibungssatz von 10 % abgeschrieben. In den anschließenden 6 Jahren erfolge eine digitale Abschreibung auf die Hälfte des Restwertes nach 10 Jahren. In weiteren 20 Jahren soll eine lineare Abschreibung auf 0 vorgenommen werden. Stellen Sie den Abschreibungsplan zwischen dem 10. und 20. Jahr auf.

7) Eine Maschine soll in 20 Jahren von 500000 EUR auf Null abgeschrieben werden und zwar in einer ersten Phase geometrisch-degressiv mit einem Abschreibungssatz von 9 % und in einer anschließenden zweiten Phase linear auf 0.
   a) Wieviel Jahre soll die geometrisch-degressive Abschreibung erfolgen, damit im Jahr des Wechsels dadurch der Abschreibungsbetrag erstmals erhöht wird?
   b) Wieviel wird im letzten Jahr der geometrisch-degressiven Abschreibung abgeschrieben?
   c) Berechnen Sie den jährlichen Abschreibungsbetrag während der linearen Abschreibungsphase.

8) Eine Maschine wird in 10 Jahren digital vollständig abgeschrieben. Im letzten Jahr beträgt der Abschreibungsbetrag 2500 EUR. Wie hoch ist der Anschaffungswert der Maschine?

Kapitel 3: Zins- und Zinseszinsrechnung

In der Zins- und Zinseszinsrechnung wird untersucht, auf welchen Betrag ein einmalig eingezahltes Kapital oder regelmäßige Einzahlungen nach n Jahren anwachsen. Dabei muß unterschieden werden, ob die bereits angefallenen Zinsen mitverzinst werden (Zinseszins) oder nicht. Bei der Zinseszinsrechnung ist dabei wesentlich, ob die Zinsen am Ende des Jahres gutgeschrieben werden oder anteilmäßig unterjährig, z. B. halb- oder vierteljährlich gezahlt werden.

Allgemein sei p der *Jahreszinssatz* oder *Jahreszinsfuß*. Bei jährlicher Verzinsung werden für ein Kapital K, das während des ganzen Jahres angelegt war, am Jahresende $K \cdot \frac{p}{100}$ Zinsen gezahlt. Für K = 100 stellt p den Zinsbetrag pro Jahr dar.

Falls ein Kapital nur ein halbes Jahr auf dem Konto ist, wird es anteilmäßig mit $\frac{p}{2}$ % verzinst, bei einer Laufzeit von einem Monat ist $\frac{p}{12}$ der anteilmäßige Zinssatz. Bei einer Zinszahlung nach jeweils $\frac{1}{m}$ Jahren ist $\frac{p}{m}$ der anteilmäßige Zinssatz.

3.1. Einmalige Einzahlung ohne Zinseszins

Ein zu Beginn eines Jahres eingezahltes Ausgangskapital der Höhe K_0 werde jeweils am Ende eines Jahres mit p % verzinst. Die Zinsen sollen zwar gutgeschrieben, aber nicht weiter verzinst werden. Durch die Zinszahlungen wächst das Kapital nach n Jahren an auf das Kapital K_n mit

Ausgangskapital K_0

Kapital nach 1 Jahr $K_1 = K_0 + K_0 \cdot \frac{p}{100} = K_0 \cdot \left(1 + \frac{p}{100}\right);$

Kapital nach 2 Jahren $K_2 = K_1 + K_0 \cdot \frac{p}{100} = K_0 \cdot \left(1 + 2 \cdot \frac{p}{100}\right);$

Kapital nach 3 Jahren $K_3 = K_2 + K_0 \cdot \frac{p}{100} = K_0 \cdot \left(1 + 3 \cdot \frac{p}{100}\right);$

....

$$K_n = K_{n-1} + K_0 \cdot \frac{p}{100} = K_0 \cdot \left(1 + n \cdot \frac{p}{100}\right). \qquad (1)$$

K_n = Kapital nach n Jahren
K_0 = Ausgangskapital
jährliche Verzinsung mit p % ohne Zinseszins

Falls kein Zinseszins gezahlt wird, bringt eine unterjährige Verzinsung keinen Zinsvorteil; man erhält also für K_n den gleichen Wert, unabhängig davon wie oft pro Jahr anteilmäßig Zinsen gezahlt werden.

Die Kontostände K_0, K_1, K_2, ... bilden eine **arithmetische Zahlenfolge** mit der Differenz

$$d = K_n - K_{n-1} = K_0 \cdot \frac{p}{100} \quad \text{für } n = 1, 2, \ldots$$

Beispiel 1: Ein Kapital $K_0 = 20000$ EUR wird zu einem Zinssatz von 5,5 % ohne Zinseszins angelegt. Die jährliche Zinszahlung beträgt $20000 \cdot \frac{5{,}5}{100} = 1100$ EUR.

Nach n Jahren lautet der Kontostand

$K_n = 20000 \cdot (1 + 0{,}055 \cdot n)$;

$n = 25$ ergibt $K_{25} = 47500$ EUR.

In (1) können von den vier Größen K_n, K_0, p und n drei vorgegeben werden. Durch Auflösung dieser Gleichung kann dann die vierte Größe daraus berechnet werden.

Berechnung des Anfangskapitals (Barwerts) K_0

Definition 1: Der **(diskontierte) Barwert** B_0 eines nach n Jahren anfallenden Betrags K_n ist der Anfangsbetrag, der im entsprechenden Zinsmodell nach n Jahren den Endbetrag K_n liefert.

Aus (1) erhält man

$$\boxed{B_0 = K_0 = \frac{K_n}{1 + n \cdot \frac{p}{100}}.} \tag{2}$$

B_0 = Barwert
K_n = nach n Jahren fälliger Betrag
n = Laufzeit in Jahren
p = Jahreszinssatz ohne Zinseszins

Beispiel 2: Ein nach 2 Jahren fälliger Wechsel über EUR 5000 besitzt bei einem Zinssatz von 8 % zur Zeit der Ausstellung ohne Zinseszins einen (diskontierten) Barwert von

$$B_0 = \frac{5000}{1 + 2 \cdot 0{,}08} = 4310{,}34 \text{ EUR.}$$

Berechnung des Zinssatzes p

Aus (1) folgt

$$1 + n \cdot \frac{p}{100} = \frac{K_n}{K_0}$$

und hieraus

$$\boxed{p = \frac{100}{n} \cdot \left(\frac{K_n}{K_0} - 1\right).} \tag{3}$$

K_0 = Anfangskapital
K_n Kapital nach n Jahren ohne Zinseszins
n = Laufzeit in Jahren
p = Jahreszinssatz

Beispiel 3: 3000 EUR sollen in 12 Jahren bei jährlicher Zinszahlung ohne Zinseszins auf 5000 DM anwachsen. Gesucht ist der Zinssatz p.

Lösung: $p = \frac{100}{12} \cdot \left(\frac{5000}{3000} - 1\right) = 5{,}556\,\%.$

Berechnung der Laufzeit n

Aus (1) folgt

$$n = \frac{100}{p} \cdot \left(\frac{K_n}{K_0} - 1\right). \tag{4}$$

n = Laufzeit in Jahren
K_0 = Anfangskapital
K_n = Endkapital ohne Zinseszins
p = Jahreszinssatz

Die Lösung n ist im allgemeinen nicht ganzzahlig. Für das letzte Teiljahr müssen dann die Zinsen anteilmäßig berechnet werden.

Beispiel 4: In welcher Zeit wächst ein Kapital von 25 000 EUR bei jährlicher Verzinsung mit 5% ohne Zinseszins auf 35 500 EUR an?

Lösung: $n = \frac{100}{5} \cdot \left(\frac{35\,500}{25\,000} - 1\right) = 8{,}4$ Jahre.

3.2. Einmalige Einzahlung mit Zinseszins

Falls der gesamte Kontostand einschließlich der gutgeschriebenen Zinsen verzinst wird, spricht man von Zinseszins.

3.2.1. Einmalige Einzahlung mit Verzinsung zum Jahresende

Jeweils zum Jahresende werde der gesamte Kontostand einschließlich der angefallenen Zinsen mit p % verzinst. Aus einem Ausgangskapital K_0 erhält man nach einem Jahr einschließlich der Zinsen einen Kontostand

$$K_1 = K_0 \cdot \left(1 + \frac{p}{100}\right) = K_0 \cdot q.$$

Dabei ist $q = 1 + \frac{p}{100}$ der sog. **Aufzinsungsfaktor**. Für das 2. Jahr werden Zinsen für das gesamte zum Beginn des Jahres vorhandene Kapital K_1 gezahlt. Damit lautet der Kontostand nach 2 Jahren

$$K_2 = K_1 \cdot \left(1 + \frac{p}{100}\right) = K_0 \cdot \left(1 + \frac{p}{100}\right)^2 = K_0 \cdot q^2.$$

Allgemein erhält man

$$K_n = K_0 \cdot \left(1 + \frac{p}{100}\right)^n = K_0 \cdot q^n. \tag{5}$$

K_n = Kontostand nach n Jahren mit Zinseszinsen
K_0 = Ausgangskapital
p = Jahreszinssatz; $q = 1 + \frac{p}{100}$

Die Kontostände $K_0, K_1, K_2, \ldots, K_n, \ldots$ bilden eine **geometrische Zahlenfolge** mit dem **Aufzinsungsfaktor** $q = 1 + \frac{p}{100} = \frac{K_n}{K_{n-1}}$, $n = 1, 2, \ldots$.

Beispiel 5: Jemand legt 20000 EUR zu 5,5% mit Zinseszins an. Bei jährlicher Zinszahlung lautet der Kontostand nach 25 Jahren

$K_{25} = 20000 \cdot 1{,}055^{25} = 76267{,}85$ EUR.

Ohne Zinseszins würde der Kontostand nach 25 Jahren nur $20000 \cdot (1 + 25 \cdot 0{,}055) = 47500$ EUR betragen.

Bemerkung: In (5) können von den vier Größen K_n, K_0, p und n drei vorgegeben und die vierte daraus berechnet werden.

Berechnung des Anfangskapitals (Barwerts) K_0

Die Auflösung von (5) nach K_0 ergibt

$$K_0 = \frac{K_n}{\left(1 + \frac{p}{100}\right)^n}. \tag{6}$$

K_0 = Anfangswert (= Barwert)
n = Laufzeit in Jahren
K_n = Kapital nach n Jahren bei Zinseszins
p = Jahreszinssatz

K_0 stellt also den Ausgangswert dar, der nach n Jahren bei jährlicher Zinszahlung mit Zinseszins zu einem Kapital K_n anwächst. K_0 ist somit der diskontierte Barwert von K_n.

Beispiel 6: Welcher Betrag muß zu 6,5% bei jährlicher Zinszahlung angelegt werden, damit daraus nach 12 Jahren 30000 EUR werden?

Lösung: $K_0 = \frac{30000}{1{,}065^{12}} = 14090{,}49$ EUR.

Beispiel 7: Nullkupon-Anleihen (Zerobonds) sind sog. abgezinste festverzinsliche Wertpapiere. Die anfallenden Zinsen werden zusammen mit den Zinseszinsen am Ende der Laufzeit ausgezahlt. Falls bei einem Zinssatz von 6% nach einer Laufzeit von 25 Jahren 100 EUR zurückgezahlt werden, berechnet sich der Ausgabekurs (Barwert) als

$$K_0 = \frac{100}{1{,}06^{25}} = 23{,}30 \text{ EUR}.$$

Die entsprechende Anleihe wird also mit 23,30% ausgegeben.

Berechnung des Zinssatzes p

Aus (5) folgt

$$\left(1 + \frac{p}{100}\right)^n = \frac{K_n}{K_0}. \tag{7}$$

Mit Hilfe der n-ten Wurzel erhält man hieraus

$$1 + \frac{p}{100} = \sqrt[n]{\frac{K_n}{K_0}} = \left(\frac{K_n}{K_0}\right)^{\frac{1}{n}} \quad \text{und}$$

$$\boxed{p = 100 \cdot \left[\left(\frac{K_n}{K_0}\right)^{\frac{1}{n}} - 1\right].} \tag{8}$$

p = Jahreszinssatz
n = Laufzeit in Jahren
K_0 = Anfangskapital
K_n = Endkapital bei Zinseszins

Beispiel 8: Aus einem Anfangskapital von EUR 15000 wurden nach 10 Jahren bei gleichem Zinssatz 29507,27 EUR. Gesucht ist der Zinssatz bei jährlicher Zinszahlung mit Zinseszins.

Lösung: $p = 100 \cdot \left[\left(\frac{29\,507{,}27}{15000}\right)^{0{,}1} - 1\right] = 7\,\%.$

Berechnung der Laufzeit

Logarithmieren von (7) liefert

$$\lg\left(\frac{K_n}{K_0}\right) = n \cdot \lg\left(1 + \frac{p}{100}\right).$$

Hieraus folgt

$$\boxed{n = \frac{\lg\left(\frac{K_n}{K_0}\right)}{\lg\left(1 + \frac{p}{100}\right)}.} \tag{9}$$

n = Laufzeit in Jahren K_n = Endkapital mit Zinseszins
K_0 = Anfangskapital p = Jahreszinssatz

Für den Zähler in (9) gilt auch $\lg\left(\frac{K_n}{K_0}\right) = \lg K_n - \lg K_0$. Die Lösung n ist im allgemeinen nicht ganzzahlig. Falls auf die nächste ganze Zahl aufgerundet wird, erhält man nach (5) ein größeres Endkapital. Eine andere Möglichkeit besteht darin, dass die Zinsen für das letzte Teiljahr anteilsmäßig berechnet werden.

Beispiel 9: Wie lange muß ein Kapital zu 5 % bei jährlicher Zinszahlung mit Zinseszins angelegt werden bis es sich verdoppelt hat?

Aus $\frac{K_n}{K_0} = 2$ folgt

$$n = \frac{\lg 2}{\lg(1{,}05)} = 14{,}21 \text{ Jahre}.$$

Ohne Zinseszins wäre die notwendige Laufzeit 20 Jahre.

3.2.2. Einmalige Einzahlung mit unterjähriger Verzinsung - konformer Zinssatz

Bei der unterjährigen Verzinsung wird das Jahr in m gleichlange Zinsperioden eingeteilt. Nach jeder der m Zinsperioden wird auf das Gesamtkapital einschließlich inzwischen angefallener Zinsen anteilmäßig $\frac{p}{m}$ % Zinsen gutgeschrieben.

$\frac{p}{m}$ ist der sog. **relative Zinssatz** des **nominellen Jahreszinssatzes** p. Je größer m ist, umso größer wird wegen des Zinseszinseffektes das Kapital K_n nach n Jahren.

Als Spezialfälle erhält man

m = 1: jährliche Verzinsung;
m = 12: monatliche Verzinsung;
m = 52: wöchentliche Verzinsung;
m = 360: tägliche Verzinsung.

Aus dem Ausgangskapital K_0 erhält man

Kapital nach $\frac{1}{m}$ Jahren $K_{\frac{1}{m}} = K_0 \cdot \left(1 + \frac{p}{100m}\right)^1$;

Kapital nach $\frac{2}{m}$ Jahren $K_{\frac{2}{m}} = K_0 \cdot \left(1 + \frac{p}{100m}\right)^2$;

Kapital nach $\frac{3}{m}$ Jahren $K_{\frac{3}{m}} = K_0 \cdot \left(1 + \frac{p}{100m}\right)^3$;

....

Kapital nach 1 Jahr $K_1 = K_0 \cdot \left(1 + \frac{p}{100m}\right)^m$.

Allgemein gilt

$$K_{\frac{k}{m}} = K_0 \cdot \left(1 + \frac{p}{100m}\right)^k; \quad K_n = K_0 \cdot \left(1 + \frac{p}{100m}\right)^{nm}. \tag{10}$$

$K_{\frac{k}{m}}$ = Kapital nach $\frac{k}{m}$ Jahren für $k = 0, 1, 2, \ldots$

$k = m \cdot n$ ergibt das Kapital K_n nach n Jahren.

Unterjährige Verzinsung nach jeweils $\frac{1}{m}$ Jahren mit $\frac{p}{m}$ %.

Bei fest vorgegebenem m können wie in Abschnitt 2.2.1 in (10) von den vier Größen K_n, K_0, p und n drei vorgegeben und die vierte durch Auflösung der entsprechenden Gleichung berechnet werden.

Berechnung des Anfangskapitals (Barwerts) K_0

$$K_0 = \frac{K_n}{\left(1 + \frac{p}{100m}\right)^{mn}}. \tag{11}$$

K_0 = Ausgangskapital (Barwert)
K_n = Kapital nach n Jahren mit Zinseszins
p = nomineller Jahreszinssatz
m = Anzahl der Zinsperioden pro Jahr mit jeweils $\frac{p}{m}$ % Zinsen
n = Laufzeit in Jahren

Berechnung des nominellen Jahreszinssatzes p

$$p = 100m \cdot \left[\left(\frac{K_n}{K_0}\right)^{\frac{1}{mn}} - 1\right]. \tag{12}$$

Bezeichnungen s. (11)

Berechnung der Laufzeit n

$$n = \frac{\lg\left(\frac{K_n}{K_0}\right)}{m \cdot \lg\left(1 + \frac{p}{100m}\right)}. \tag{13}$$

Bezeichnungen s. (11)

Beispiel 10: Ein Kapital von 50000 EUR werde zum nominellen Jahreszinssatz von 6 % angelegt. Gesucht ist der Kontostand nach n Jahren, falls die Zinsen mit Zinseszins anteilmäßig gezahlt werden

a) nach einem Jahr,
b) halbjährlich,
c) vierteljährlich,
d) monatlich,
e) wöchentlich,
f) täglich (1 Jahr = 360 Tage),
g) stündlich.

Für n = 10 erhält man aus (10)

a) $m = 1;\quad K_{10} = 50000 \cdot 1{,}06^{10} = 89\,542{,}38$ EUR;

b) $m = 2;\quad K_{10} = 50000 \cdot 1{,}03^{20} = 90\,305{,}56$ EUR;

c) $m = 4;\quad K_{10} = 50000 \cdot 1{,}015^{40} = 90\,700{,}92$ EUR;

d) $m = 12;\quad K_{10} = 50000 \cdot 1{,}005^{120} = 90\,969{,}84$ EUR;

e) $m = 52;\quad K_{10} = 50000 \cdot \left(1 + \frac{6}{5200}\right)^{520} = 91\,074{,}43$ EUR;

f) $m = 360;\ K_{10} = 50000 \cdot \left(1 + \frac{6}{36000}\right)^{3600} = 91\,101{,}39$ EUR;

g) $m = 360 \cdot 24 = 8640;\ K_{10} = 50000 \cdot \left(1 + \frac{6}{864000}\right)^{86400} = 91\,105{,}75$ EUR.

Mit wachsendem m wachsen auch die Kontostände nach 10 Jahren. Allerdings wird hier bereits erkennbar, daß ein bestimmter Grenzwert nicht überschritten werden kann, auch wenn m noch so groß gewählt wird. Dieser Grenzwert wird bei der stetigen Verzinsung berechnet (s. Abschnitt 3.2.3.).

Beispiel 11: Ein Kapital von 10000 EUR werde vierteljährlich mit Zinseszinsen verzinst. Nach 5 Jahren beträgt das Kapital 13804,20 EUR.

a) Gesucht ist der nominelle Jahreszinssatz.
b) Nach wieviel Jahren wächst das Kapital auf 30000 EUR an?

Lösung:

a) Mit m = 4 und n = 5 folgt aus (12)

$$p = 100 \cdot 4 \cdot \left[\left(\frac{13\,804{,}20}{10000}\right)^{\frac{1}{20}} - 1\right] = 6{,}5\,\%.$$

b) Mit $p = 6{,}5\,\%$ und $K_n = 30000$ erhält man aus (13)

$$n = \frac{\lg\left(\frac{30\,000}{10\,000}\right)}{4 \cdot \lg\left(1 + \frac{6{,}5}{400}\right)} = 17{,}04 \text{ Jahre}.$$

Nach 17 Jahren beträgt das Kapital nach (10)

$$K_{17} = 10000 \cdot \left(1 + \frac{6{,}5}{100 \cdot 4}\right)^{17 \cdot 4} = 29\,925{,}26 \text{ EUR}.$$

Nach der nächsten Zinszahlung, also nach $17\,^1/_4$ Jahren werden die 30000 EUR erstmals überschritten mit

$$K_{17\frac{1}{4}} = K_{17} \cdot \left(1 + \frac{6{,}5}{400}\right) = 30411{,}55 \text{ EUR}.$$

Falls ein Kapital vierteljährlich mit jeweils 1,5% verzinst wird (nomineller Jahreszins 6%) erhält ein Sparer wegen des Zinseszinseffekts mehr als bei einer einmaligen jährlichen Verzinsung mit 6%. Um bei einer jährlichen Verzinsung den gleichen Endbetrag wie bei der unterjährigen Verzinsung zu erhalten, müßte dieser Jahreszinssatz etwas größer sein als der nominelle Jahreszinssatz.

Der Jahreszinssatz, der bei einmaliger Verzinsung zum gleichen Endkapital führt, wie die m-malige unterjährige Verzinsung mit jeweils $\frac{p}{m}$ %, heißt der **effektive Jahreszinssatz**. Es wird mit $p_{eff} = p'$ bezeichnet.

Umgekehrt läßt sich aus einem vorgegebenen effektiven Jahreszinssatz p_{eff} der nominelle Jahreszinssatz p und daraus der pro Zinsperiode zu zahlende Zinssatz $\frac{p}{m}$ berechnen. Dieser Zinssatz $\frac{p}{m}$ heißt der **konforme** Zinssatz.

Der konforme Zinssatz $\frac{p}{m}$ und der zugehörige effektive Zinssatz lassen sich gegenseitig berechnen indem die entsprechenden Kontostände nach einem Jahr (n = 1) gleichgesetzt werden.

Aus

$$K_0 \cdot \left(1 + \frac{p}{100m}\right)^m = K_0 \cdot \left(1 + \frac{p_{eff}}{100}\right) \qquad (14)$$

folgt

$$\boxed{\begin{aligned} p_{eff} &= p' = 100 \cdot \left[\left(1 + \frac{1}{100} \cdot \frac{p}{m}\right)^m - 1\right]; \\ \frac{p}{m} &= 100 \cdot \left[\left(1 + \frac{p_{eff}}{100}\right)^{\frac{1}{m}} - 1\right]. \end{aligned}} \qquad (15)$$

p_{eff} = effektiver Jahreszinssatz

$\frac{p}{m}$ = konformer Zinssatz für jede der m Zinsperioden

p = nomineller Jahreszinssatz mit Zinseszins

m = Anzahl der Zinsperioden pro Jahr

Beispiel 12: Ein Kapital werde vierteljährlich mit jeweils 1% verzinst. Mit m = 4 und $\frac{p}{m} = 1$ erhält man aus (15) den zugehörigen effektiven Jahreszinssatz

$$p_{eff} = 100 \cdot \left[\left(1 + \frac{1}{100}\right)^4 - 1\right] = 4{,}0604\,\%.$$

Eine einmalige Verzinsung mit 4,0604 % würde also die gleichen Zinsen bringen wie die vierteljährliche Verzinsung mit jeweils 1 %.

Beispiel 13: Ein Kapital werde monatlich mit Zinseszins verzinst. Gesucht ist der zu einem effektiven Jahreszinssatz von 6 % zugehörige monatliche konforme Zinssatz.

Lösung: Mit m = 12 erhält man aus (15)

$$\frac{p}{12} = 100 \cdot \left[\left(1 + \frac{6}{100}\right)^{\frac{1}{12}} - 1\right] = 0{,}4868\,\%.$$

Hieraus erhält man den nominellen Jahreszinssatz p = 5,8411 %, der kleiner ist als der effektive Jahreszinssatz.

3.2.3. Stetige Verzinsung

Bei m Zinsperioden pro Jahr bei einem nominellen Jahreszinssatz von p % beträgt nach (10) der Kontostand nach einem Jahr

$$K_1 = K_0 \cdot \left(1 + \frac{p}{100\,m}\right)^m.$$

Der Aufzinsungsfaktor pro Jahr lautet somit

$$b_m = \left(1 + \frac{p}{100\,m}\right)^m. \tag{16}$$

<u>1. Fall: p = 100 %</u>

Für p = 100 erhält man aus (16) die Zahlenfolge

$$b_m = \left(1 + \frac{1}{m}\right)^m, \quad m = 1, 2, \ldots$$

Diese Zahlenfolge wächst mit m und nähert sich mit wachsendem m immer mehr der sog.

Eulerschen Zahl e = 2,718281828 ...

Die Zahlenfolge b_m konvergiert gegen e, d. h.

$$\lim_{m \to \infty} \left(1 + \frac{1}{m}\right)^m = e.$$

Diese Eulersche Zahl e ist irrational, sie läßt sich also weder durch einen Bruch $\frac{a}{b}$ (a, b ganzzahlig) noch durch eine periodische Dezimalzahl darstellen.

Je größer m gewählt wird, umso weniger unterscheidet sich $\left(1 + \frac{1}{m}\right)^m$ vom Grenzwert e. Für große Werte m gilt somit die Approximation

$$\left(1 + \frac{1}{m}\right)^m \approx e.$$

Bei einem nominellen Jahreszinssatz von 100 % gilt also für große m

$$K_1 = K_0 \cdot \left(1 + \frac{1}{m}\right)^m \approx K_0 \cdot e. \tag{17}$$

Bei großem m wächst ein Kapital bei $p = 100\,\%$ nach einem Jahr auf das ungefähr e-fache an, während es sich bei einmaliger Verzinsung nur verdoppeln würde. Im Grenzwert $m \to \infty$ gilt in (17) das Gleichheitszeichen. In diesem Fall heißt die Verzinsung eine **stetige Verzinsung**.

2. Fall: p beliebig

Für beliebiges p nähert sich $b = \left(1 + \frac{p}{100\,m}\right)^m$ mit wachsendem m immer mehr der Zahl $e^{\frac{p}{100}}$, d.h.

$$\lim_{m \to \infty} \left(1 + \frac{p}{100m}\right)^m = e^{\frac{p}{100}}.$$

Somit gilt für große m die Näherung

$$K_1 = K_0 \cdot \left(1 + \frac{p}{100m}\right)^m \approx K_0 \cdot e^{\frac{p}{100}}, \tag{18}$$

wobei bei stetiger Verzinsung ($m \to \infty$) in (18) das Gleichheitszeichen steht.

Bei der stetigen Verzinsung kann der Kontostand zu jedem Zeitpunkt t berechnet werden als

$$\boxed{K(t) = K_0 \cdot e^{\frac{p}{100}t}.} \tag{19}$$

$K(t)$ = Kontostand zum Zeitpunkt t bei der stetigen Verzinsung
p = nomineller Jahreszinssatz
K_0 = Ausgangskapital

Für $t = \frac{k}{m}$ erhält man für große m eine Näherungsformel für (10) in

$$\boxed{K_{\frac{k}{m}} = K_0 \cdot \left(1 + \frac{p}{100m}\right)^k \approx K_0 \cdot e^{\frac{p}{100} \cdot \frac{k}{m}}.} \tag{20}$$

$K_{\frac{k}{m}}$ = Kapital nach $\frac{k}{m}$ Jahren
p = nomineller Jahreszinssatz
K_0 = Ausgangskapital
m = Anzahl der Zinsperioden pro Jahr

Beispiel 14 (s. Beispiel 10): Ein Kapital von 50000 EUR werde zum nominellen Jahreszinssatz von 6% stetig verzinst. Dann wächst das Kapital in 10 Jahren an auf

$$K(10) = 50000 \cdot e^{\frac{6}{100} \cdot 10} = 91\,105{,}94 \text{ EUR}.$$

Dieser Grenzbetrag wird bei der täglichen bzw. stündlichen Verzinsung schon fast erreicht, so dass eine weitere Verfeinerung kaum mehr Vorteile für den Sparer bringt (s. Beispiel 10).

In (19) können von den vier Größen $K(t)$, K_0, p und t wieder drei vorgegeben werden, wodurch die vierte bestimmt ist.

Berechnung des Anfangskapitals (Barwerts) K_0

$$K_0 = K(t) \cdot e^{-\frac{p}{100}t}. \tag{21}$$

K_0 = Anfangskapital
t = Laufzeit in Jahren
$K(t)$ = Kapital nach der Laufzeit t bei stetiger Verzinsung
p = nomineller Jahreszinssatz

Berechnung des nominellen Jahreszinssatzes p

Mit Hilfe des natürlichen Logarithmus erhält man wegen $\ln e = 1$ aus (21)

$$e^{\frac{p}{100}t} = \frac{K(t)}{K_0}; \quad \frac{p}{100} \cdot t = \ln\left(\frac{K(t)}{K_0}\right) \tag{22}$$

und hieraus

$$p = \frac{100}{t} \cdot \ln\left(\frac{K(t)}{K_0}\right). \tag{23}$$

Bezeichnungen s. (21)

Berechnung der Laufzeit t

Aus (23) folgt

$$t = \frac{100}{p} \cdot \ln\left(\frac{K(t)}{K_0}\right). \tag{24}$$

Bezeichnungen s. (21)

Beispiel 15: Nach $7^1/_2$ Jahren erwartet ein Unternehmer einen Kapitaleingang von 500000 EUR.

a) Gesucht ist der Barwert dieses Betrags bei einer stetigen Verzinsung bei einem nominellen Jahreszinssatz von 5%.

b) Gesucht ist der Barwert bei einer vierteljährlichen Verzinsung mit jeweils 1,25%.

c) Nach welcher Zeit müßte der Betrag von EUR 500000 bei stetiger Verzinsung mit p = 5% anfallen, damit der Barwert 300000 EUR wäre?

Lösung:

a) Mit t = 7,5 und K(7,5) = 500000 berechnet sich der Barwert nach (21) als

$$B_0 = K_0 = 500000 \cdot e^{-\frac{5}{100} \cdot 7{,}5} = 343644{,}64 \text{ EUR}.$$

b) Mit $m = 4$; $\frac{p}{m} = 1{,}25$; $k = 30$ und $K_{\frac{30}{4}} = 500000$ folgt aus (11)

$$B_0 = K_0 = \frac{500\,000}{\left(1 + \frac{1{,}25}{100}\right)^{30}} = 344\,444{,}34 \text{ EUR}.$$

c) Aus (24) folgt

$$t = \frac{100}{5} \cdot \ln\left(\frac{500\,000}{300\,000}\right) = 10{,}22 \text{ Jahre}.$$

Der zu einer stetigen Verzinsung zugehörige **effektive Jahreszinssatz** p_{eff}, der bei jährlichen Einmalverzinsungen jeweils zum Jahresende zum gleichen Endbetrag führt wie bei der stetigen Verzinsung, ergibt sich durch Gleichsetzen der beiden Kontostände nach einem Jahr

$$K_0 \cdot e^{\frac{p}{100} \cdot 1} = K_0 \cdot \left(1 + \frac{p_{eff}}{100}\right).$$

Die Auflösung dieser Gleichung liefert

$$\boxed{p_{eff} = 100 \cdot (e^{\frac{p}{100}} - 1); \quad p = 100 \cdot \ln\left(1 + \frac{p_{eff}}{100}\right).} \tag{25}$$

p_{eff} = effektiver Jahreszinssatz
p = nomineller Jahreszinssatz bei stetiger Verzinsung

Beispiel 16:

a) Einer stetigen Verzinsung mit dem Zinssatz von $p = 6\,\%$ p.a. entspricht ein effektiver Jahreszinssatz von

$$p_{eff} = 100 \cdot (e^{\frac{6}{100}} - 1) = 6{,}1837\,\%.$$

b) Ein effektiver Zinssatz 5 % wird bei einer stetigen Verzinsung erreicht bei einem nominellen Jahreszinssatz von

$$p = 100 \cdot \ln\left(1 + \frac{5}{100}\right) = 4{,}8790\,\%.$$

3.3. Regelmäßige Einzahlungen mit Zinseszins (Sparraten)

Während in Abschnitt 3.2 eine einmalige Einzahlung erfolgte, sollen in diesem Abschnitt regelmäßige Einzahlungen in gleichen Zeitabständen untersucht werden. Allgemein werden zwei Modelle behandelt. In Abschnitt 3.3.1. finden die Einzahlungen jeweils am Anfang oder Ende eines Jahres statt, also zu Zeitpunkten, bei denen das Kapital verzinst wird. In Abschnitt 3.3.2. werden während eines Jahres $m > 1$ Einzahlungen in regelmäßigen Abständen vorgenommen (unterjährige Einzahlungen). Falls die Einzahlungen am Anfang der entsprechenden Zeitabschnitte vorgenommen werden, spricht man von **vorschüssiger** Einzahlung. **Nachschüssige** Einzahlungen finden statt, falls die Einzahlungen am Ende der entsprechenden Zeitabschnitte erfolgen.

3.3.1. Einzahlungen am Anfang oder Ende eines Jahres bei jährlicher Verzinsung (Einzahlungen zu den Zinsterminen)

Während n Jahren sollen entweder jeweils zu Beginn (vorschüssig) oder am Ende (nachschüssig) der Reihe nach die Beträge $E_1, E_2, E_3, \ldots, E_n$ eingezahlt werden.

Dann können die Einzahlungen auf der Zeitgerade dargestellt werden als

vorschüssige Einzahlung	Einzahlung	E_1	E_2	E_3	E_4	…	E_n	
	Jahr	0	1	2	3		$n-1$	n
nachschüssige Einzahlung	Einzahlung		E_1	E_2	E_3	…	E_{n-1}	E_n
	Jahr	0	1	2	3		$n-1$	n

Am Ende eines jeden Jahres werde das Kapital, das zu Beginn des Jahres auf den Konto war, mit p % verzinst.

K_n sei der Kontostand nach n Jahren.

a) Vorschüssige Einzahlungen

Bei vorschüssigen Einzahlungen wird n-mal das Kapital E_1, $(n-1)$-mal $E_2, \ldots$, zweimal E_{n-1} und einmal E_n verzinst.

Hieraus folgt mit $q = 1 + \frac{p}{100}$ aus (5)

$$K_n = E_1 q^n + E_2 q^{n-1} + \ldots + E_n q = \sum_{k=1}^{n} E_k q^{n-k+1}.$$

Falls alle Einzahlungsbeträge gleich E sind, folgt hieraus

$$K_n = E \cdot q \cdot \underbrace{(q^{n-1} + q^{n-2} + \ldots + 1)}_{\text{geometrische Reihe}} = E \cdot q \cdot \frac{q^n - 1}{q - 1}.$$

Es gilt also

$$\boxed{K_n = E \cdot q \cdot \frac{q^n - 1}{q - 1}.} \qquad (26)$$

K_n = Kontostand nach n Jahren
E = vorschüssige Einzahlung zu Beginn eines jeden Jahres
$q = 1 + \frac{p}{100}$
p = Jahreszinssatz
n = Laufzeit in Jahren bei jährlicher Verzinsung

Beispiel 17: Ein Bausparer zahlt jeweils zum Jahresbeginn 1000 EUR auf einen Bausparvertrag ein. Die Verzinsung erfolgt jeweils zum Jahresende mit 3 % (Zinseszins). Dann beträgt das Guthaben nach 15 Jahren

$$K_{15} = 1000 \cdot 1{,}03 \cdot \frac{1{,}03^{15} - 1}{0{,}03} = 19156{,}88 \text{ EUR}.$$

Berechnung des Einzahlungsbetrags E

Falls bei fest vorgegebenem Jahreszinssatz p nach n Jahren ein vorgegebener Kontostand K_n erreicht werden soll, erhält man die vorschüssige Einzahlung aus (26) als

$$E = K_n \cdot \frac{q-1}{q \cdot (q^n - 1)}. \tag{27}$$

Bezeichnungen s. (26)

Beispiel 18: Herr Huber schließt einen Bausparvertrag über 100000 EUR ab. Bis zur geplanten Zuteilung in 8 Jahren muß der Kontostand mindestens 40% der Bausparsumme betragen. Wie viel muß Herr Huber jeweils zum Jahresbeginn bei einem Jahreszinssatz von 3% einzahlen?

Lösung: Mit q = 1,03 folgt aus (27)

$$E = 40000 \cdot \frac{0{,}03}{1{,}03 \cdot (1{,}03^8 - 1)} = 4367{,}24 \text{ EUR}.$$

Berechnung der Laufzeit n

Aus (26) folgt durch elementare Rechnung für die Laufzeit n

$$n = \frac{\lg\left(1 + \frac{q-1}{E \cdot q} \cdot K_n\right)}{\lg q}. \tag{28}$$

Bezeichnungen s. (26)

I. a. ist die Lösung n nicht ganzzahlig. Aufrunden liefert die minimale Anzahl der Jahre, nach denen erstmals der geforderte Kontostand überschritten wird.

Beispiel 19: Ein Sparer zahlt jeweils zu Beginn eines Jahres 5000 EUR auf ein Konto ein. Nach wie viel Jahren ist bei einem Jahreszinssatz von 4% mit Zinseszins ein Kontostand von mindestens 100000 EUR erreicht?

Mit q = 1,04, K_n = 100000 folgt aus (28)

$$n \geqq \frac{\lg\left(1 + \frac{0{,}04}{5000 \cdot 1{,}04} \cdot 100000\right)}{\lg 1{,}04} = 14{,}55 \text{ Jahre}.$$

Lösung: n = 15 (aufgerundet).
Die Kontostände nach 14 bzw. 15 Jahre erhält man aus (26) als

$$K_{14} = 5000 \cdot 1{,}04 \cdot \frac{1{,}04^{14} - 1}{0{,}04} = 95117{,}94 \text{ EUR};$$

$$K_{15} = 5000 \cdot 1{,}04 \cdot \frac{1{,}04^{15} - 1}{0{,}04} = 104122{,}66 \text{ EUR}.$$

b) Nachschüssige Einzahlungen

Bei der nachschüssigen Einzahlung wird jeder Betrag einmal weniger verzinst.

Damit gilt

$$K_n = E_1 q^{n-1} + E_2 q^{n-2} + E_3 q^{n-3} + \ldots + E_n = \sum_{k=1}^{n} E_k q^{n-k} \tag{29}$$

und bei gleichen Einzahlungen

$$\boxed{K_n = E \cdot \frac{q^n - 1}{q - 1}.} \tag{30}$$

K_n = Kontostand nach n Jahren
E = nachschüssige Einzahlung in jedem Jahr
$q = 1 + \frac{p}{100}$; p = Jahreszinssatz mit Zinseszins

Berechnung des Einzahlungsbetrages E

Aus (30) folgt

$$\boxed{E = K_n \cdot \frac{q - 1}{q^n - 1}.} \tag{31}$$

Bezeichnungen s. (30)

Beispiel 20: Wie viel muß ein Bausparer jährlich nachschüssig auf einen Bausparvertrag einzahlen, damit nach 12 Jahren die Bausparsumme 25000 EUR bei einem Jahreszinssatz von 2,5% erreicht wird?

Lösung: $E = 25000 \cdot \frac{0{,}025}{1{,}025^{12} - 1} = 1812{,}18$ EUR.

Bei vorschüssiger Einzahlung beträgt lie jährliche Einzahlung

$$E' = \frac{E}{q} = \frac{1812{,}18}{1{,}025} = 1767{,}98 \text{ EUR.}$$

Berechnung der Laufzeit n

Aus (30) folgt durch elementare Rechnung

$$\boxed{n = \frac{\lg\left(1 + \frac{q-1}{E} \cdot K_n\right)}{\lg q}.} \tag{32}$$

Bezeichnungen s. (30)

3.3.2. Unterjährige Einzahlungen bei jährlicher Verzinsung

Jedes Jahr werde in m gleichlange Teilintervalle zerlegt. In jedem dieser Teilintervalle werde zu Beginn (vorschüssig) bzw. am Ende (nachschüssig) der gleiche Betrag E eingezahlt.

a) Vorschüssige Einzahlungen

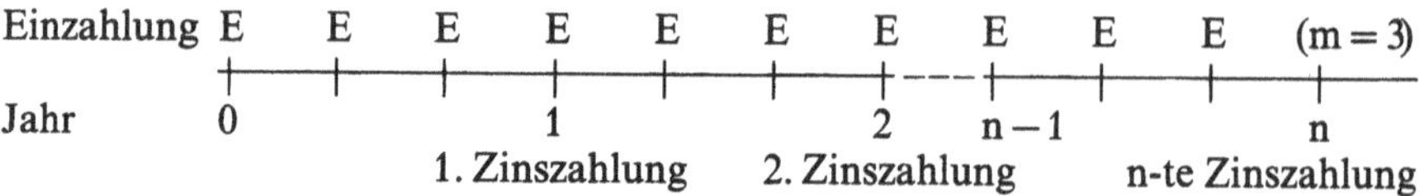

Am Ende eines jeden Jahres werde das Kapital mit einem Jahreszinssatz von p % verzinst. Das Kapital, welches ein ganzes Jahr auf den Konto ist, wird mit p %, das später eingezahlte nur mit dem entsprechendem Anteil verzinst. Ein Kapital, das $\frac{k}{m}$ Jahre auf dem Konto ist, wird mit $\frac{k}{m} \cdot p\,\%$ verzinst für $k = 1, 2, \ldots, m$.

Als erstes soll der Kontostand nach einem Jahr, also nach der ersten Zinszahlung berechnet werden. Für die m Einzahlungen während eines Jahres erhält man folgende Zinszahlungen

Einzahlung	Laufzeit	Zinsen
1.	1	$E \cdot \frac{p}{100} \cdot \frac{m}{m}$
2.	$\frac{m-1}{m}$	$E \cdot \frac{p}{100} \cdot \frac{m-1}{m}$
3.	$\frac{m-2}{m}$	$E \cdot \frac{p}{100} \cdot \frac{m-2}{m}$
....	....	....
m-te	$\frac{1}{m}$	$E \cdot \frac{p}{100} \cdot \frac{1}{m}$

Summation der m Einzelzinsen aus der 3. Spalte liefert die Zinsen für das 1. Jahr als

$$Z_1 = E \cdot \frac{p}{100} \cdot \frac{1}{m} \cdot \underbrace{[1 + 2 + \ldots + m]}_{\text{arithmetische Reihe}} = E \cdot \frac{p}{100} \cdot \frac{1}{m} \cdot \frac{m \cdot (m+1)}{2} = \frac{(m+1) \cdot p}{200} \cdot E. \tag{33}$$

Zusammen mit den Einzahlungen während des ersten Jahres lautet der Kontostand nach einem Jahr

$$K_1 = \left[m + \frac{(m+1) \cdot p}{200} \right] \cdot E. \tag{34}$$

Im zweiten Jahr wird K_1 voll verzinst, was $K_1 \cdot \left(1 + \frac{p}{100}\right)$ ergibt. Da die Neueinzahlung wie im 1. Jahr erfolgt, kommt noch der Betrag K_1 hinzu. Damit erhält man den Kontostand nach 2 Jahren als

$$K_2 = E \cdot \left[m + \frac{(m+1) \cdot p}{200} \right] \cdot (1 + q); \quad q = 1 + \frac{p}{100}. \tag{35}$$

So fortfahrend erhält man den Kontostand nach n Jahren als

$$K_n = E \cdot \left[m + \frac{(m+1) \cdot p}{200}\right] \cdot (1 + q + \ldots + q^{n-1})$$

oder

$$K_n = E \cdot \left[m + \frac{(m+1) \cdot p}{200}\right] \cdot \frac{q^n - 1}{q - 1}. \qquad (36)$$

K_n = Kontostand nach n Jahren bei jährlicher Verzinsung
p = Jahreszinssatz
$q = 1 + \frac{p}{100}$
m = Anzahl der äquidistanten unterjährigen Einzahlungen pro Jahr
E = vorschüssige Einzahlung
jährliche anteilsmäßige Verzinsung

Mit dem jährlichen Gesamteinzahlungsbetrag $B = m \cdot E$ geht (36) über in

$$K_n = B \cdot \left[1 + \frac{(m+1) \cdot p}{200m}\right] \cdot \frac{q^n - 1}{q - 1}. \qquad (36')$$

B = jährlicher Einzahlungsbetrag auf m unterjährige vorschüssige Einzahlungen der jeweiligen Höhe $E = \frac{B}{m}$ aufgeteilt
Restliche Bezeichnungen s. (36)

Falls der Gesamtbetrag B jeweils zum Jahresende eingezahlt würde, wäre

$$K_n = B \cdot \frac{q^n - 1}{q - 1}$$

der Kontostand nach n Jahren. Durch die Aufteilung des nachschüssigen jährlichen Einzahlungsbetrags B auf m vorschüssige Einzahlungen der Höhe $E = \frac{B}{m}$ wird der entsprechende Kontostand mit dem Faktor $1 + \frac{(m+1) \cdot p}{200m}$ multipliziert. Für $m = 1$ geht die nachschüssige Einzahlung in die vorschüssige über. Der zugehörige Faktor lautet dann $1 + \frac{p}{100} = q$.

Beispiel 21: Ein Sparer zahlt 6 Jahre lang jeweils zum ersten eines jeden Monats 78 EUR auf ein Sparbuch ein. Die Verzinsung erfolge jährlich mit 6%. Nach 7 Jahren kann er über das gesamte Guthaben verfügen.
Gesucht ist dieses Guthaben G.

Mit $m = 12$ und $E = 78$ erhält man das Guthaben nach 6 Jahren aus (36) als

$$K_6 = 78 \cdot \left[12 + \frac{13 \cdot 6}{200}\right] \cdot \frac{1{,}06^6 - 1}{0{,}06} = 6741{,}09 \text{ EUR}.$$

Im letzten beitragsfreien Jahr wird K_6 voll verzinst. Damit gilt

$G = K_6 \cdot 1{,}06 = 7145{,}55$ EUR.

Falls die Verzinsung monatlich mit jeweils $\frac{1}{2}$ % erfolgen würde, gäbe es in den 6 Jahren der Einzahlung $12 \cdot 6 = 72$ Zinstermine. Mit $n = 72$, $p = 0{,}5$ und $E = 78$ erhält man mit (26) das Guthaben nach 7 Jahren als

$$\tilde{G} = 78 \cdot \underbrace{1{,}005 \cdot \frac{1{,}005^{72} - 1}{0{,}005}}_{6\,\text{Jahre}} \cdot \underbrace{1{,}005^{12}}_{7.\,\text{Jahr}} = 7191{,}37 \text{ EUR}.$$

b) nachschüssige Einzahlungen

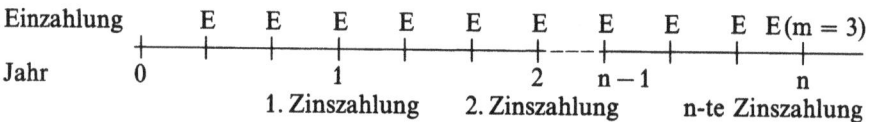

Einzahlung		E	E	E	E	E	E	E	E	E	E(m = 3)
Jahr	0			1			2	n − 1			n
				1. Zinszahlung			2. Zinszahlung				n-te Zinszahlung

Bei der nachschüssigen Einzahlung lauten die Zinsen für die im laufenden Jahr eingezahlten Beträge

$$Z_1 = E \cdot \frac{p}{100} \cdot \frac{1}{m} \cdot [1 + 2 + \ldots + (m-1)] = E \cdot \frac{p}{100} \cdot \frac{1}{m} \cdot \frac{(m-1) \cdot m}{2}$$

$$= \frac{(m-1) \cdot p}{200} \cdot E.$$

Hieraus folgt

$$K_1 = E \cdot \left[m + \frac{(m-1) \cdot p}{200}\right] = m \cdot E \cdot \left[1 + \frac{(m-1) \cdot p}{200m}\right] = B \cdot \left[1 + \frac{(m-1) \cdot p}{200m}\right].$$

Die Aufteilung des nachschüssigen jährlichen Einzahlungsbetrags B auf m nachschüssige unterjährige Einzahlungen liefert den Faktor $1 + \frac{(m-1) \cdot p}{200m}$.

$$\begin{aligned} K_n &= E \cdot \left[m + \frac{(m-1) \cdot p}{200}\right] \cdot \frac{q^n - 1}{q - 1} \\ &= B \cdot \left[1 + \frac{(m-1) \cdot p}{200m}\right] \cdot \frac{q^n - 1}{q - 1}. \end{aligned} \tag{37}$$

K_n = Kontostand nach n Jahren bei jährlicher Verzinsung
p = Jahreszinssatz
$q = 1 + \frac{p}{100}$
m = Anzahl der äquidistanten unterjährigen Einzahlungen pro Jahr
E = nachschüssige unterjährige Einzahlung
jährliche anteilsmäßige Verzinsung
B = mE = jährliche Einzahlung auf m nachschüssige unterjährige Einzahlungen aufgeteilt.

Beispiel 22 (vgl. Beispiel 21): Falls die Raten aus Beispiel 21 jeweils zum Monatsletzten (nachschüssig) eingezahlt werden, lautet das Guthaben nach 7 Jahren im Falle jährlicher Verzinsung mit 6%

$$G = 78 \cdot \left[12 + \frac{11 \cdot 6}{200}\right] \cdot \frac{1{,}06^6 - 1}{0{,}06} \cdot 1{,}06 = 7110{,}95 \text{ EUR}.$$

Bei monatlicher Verzinsung lautet der Endbetrag

$$\hat{G} = \frac{\tilde{G}}{1{,}005} = 7155{,}59 \text{ EUR}.$$

3.3.3. Unterjährige Verzinsung bei regelmäßigen jährlichen Einzahlungen

Falls bei jährlichen Einzahlungen die Verzinsung m-mal unterjährig vorgenommen wird, kann aus dem konformen Zinssatz $\frac{p}{m}$ mit (15) der effektive Jahreszinssatz $p_{eff} = p'$ berechnet werden. Mit diesem Jahreszinssatz p' können dann die Formeln aus Abschnitt 3.3.1. mit der Laufzeit m Jahren direkt übernommen werden.

Beispiel 23: Bei einer jährlichen Verzinsung mit 5% werden alle 2 Jahre vorschüssig auf ein Konto 10000 EUR eingezahlt.

Für zwei Jahre lautet der Aufzinsungsfaktor $\hat{q} = 1{,}05^2 = 1{,}1025$.

a) Den Kontostand nach 10 Jahren erhält man mit n = 5 aus (26) als

$$K_5 = 10000 \cdot 1{,}05^2 \cdot \frac{(1{,}05^2)^5 - 1}{1{,}05^2 - 1} = 67644{,}52 \text{ EUR}.$$

b) Nach 11 Jahren lautet der Kontostand

$$(K_5 + 10000) \cdot 1{,}05 = 81526{,}75 \text{ EUR}.$$

3.3.4. Unterjährige Einzahlungen bei unterjährigen Verzinsungen

Finden Verzinsung und Einzahlungen zu den gleichen Terminen jeweils m-mal unterjährig, z. B. vierteljährlich statt, so ist es sinnvoll, als Zeiteinheit anstelle eines Jahres die entsprechende Zinsperiode mit dem konformen Zinssatz $\tilde{p} = \frac{p}{m}$ zu wählen. Auch für diesen Fall können die Formeln aus Abschnitt 3.3.1. direkt übernommen werden.

Beispiel 24: Bei einem nominellen Jahreszinssatz von 5% bei vierteljährlicher Verzinsung zahlt jemand vierteljährlich

a) nachschüssig,
b) vorschüssig

2000 EUR ein.

Den Kontostand nach 10 Jahren erhält man mit n = 40 (Zinsperioden) und $\tilde{p} = 1{,}25\%$ aus (30) und (26) als

a) $K_{40} = 2000 \cdot \frac{1{,}0125^{40} - 1}{0{,}0125} = 102979{,}11 \text{ EUR};$

b) $\hat{K}_{40} = 1{,}0125 \cdot K_{40} = 104\,266{,}35$ EUR.

Beispiel 25: Mit einem nominellen Jahreszinssatz von 4% werde ein Konto vierteljährlich verzinst. Monatlich werden

a) vorschüssig,

b) nachschüssig

jeweils 1000 EUR eingezahlt. Gesucht ist der Kontostand nach 10 Jahren.

Die 10 Jahre bestehen aus $n = 40$ Zinsperioden mit jeweils $m = 3$ Einzahlungen. Mit $p = 1\%$ erhält man aus (36) bzw. (37)

$$\text{a) } K_{40} = 1000 \cdot \left[3 + \frac{4 \cdot 1}{200}\right] \cdot \frac{1{,}01^{40} - 1}{0{,}01} = 147\,636{,}85 \text{ EUR};$$

$$\text{b) } K_{40} = 1000 \cdot \left[3 + \frac{2 \cdot 1}{200}\right] \cdot \frac{1{,}01^{40} - 1}{0{,}01} = 147\,147{,}98 \text{ EUR}.$$

3.4. Bestimmung des effektiven Zinssatzes

Bei unterjährigen Einzahlungen können die Gleichungen

$$\begin{aligned} K_n &= E \cdot \left[m + \frac{(m+1) \cdot p}{200}\right] \cdot \frac{q^n - 1}{q - 1} \quad \text{(vorschüssig);} \\ K_n &= E \cdot \left[m + \frac{(m-1) \cdot p}{200}\right] \cdot \frac{q^n - 1}{q - 1} \quad \text{(nachschüssig)} \end{aligned} \tag{38}$$

nicht exakt nach p aufgelöst werden, falls die übrigen Größen n (Laufzeit), E (unterjähriger Einzahlungsbetrag), m (Anzahl der unterjährigen Teilintervalle) und K_n (= geforderter Kontostand nach n Jahren) vorgegeben werden. Trotzdem ist es möglich, durch sog. **Iterationsverfahren** aus dieser Gleichung den effektiven Zinssatz p beliebig genau zu bestimmen. Dazu ist die sog. **Intervallhalbierungsmethode** geeignet. Dabei wird die Zinsgleichung

$$x = f(p) = \begin{cases} E \cdot \left[m + \dfrac{(m+1) \cdot p}{200}\right] \cdot \dfrac{q^n - 1}{q - 1} & \text{vorschüssig;} \\ E \cdot \left[m + \dfrac{(m-1) \cdot p}{200}\right] \cdot \dfrac{q^n - 1}{q - 1} & \text{nachschüssig} \end{cases}$$

benutzt.

0 u p_0 p

Ausgangspunkt ist ein Zinssatz p_0, der zu groß ist, für den also $f(p_0) > K_n$ ist. Dieses Ausgangsintervall $[0; p_0]$ wird halbiert. Dann gibt es für die Intervallmitte $u = \frac{p_0}{2}$ drei Möglichkeiten:

1. Fall: $f(u) = K_n \Rightarrow$ u ist der gesuchte Zinssatz.
2. Fall: $f(u) < K_n \Rightarrow$ u ist zu klein; dann gilt $u < p < p_0$.
3. Fall: $f(u) > K_n \Rightarrow$ u ist zu groß; d.h. $0 < p < u$.

Falls u nicht die Lösung von (38) ist, erhält man ein Intervall, das nur noch halb so lang ist wie das Ausgangsintervall und den gesuchten Wert p enthält. Auf dieses Teilintervall wird wiederum die Halbierungsmethode angewandt. So fortfahrend erhält man eine Folge von Intervallen, die alle den gesuchten Wert p enthalten und deren Längen gegen 0 konvergieren.

Das BASIC-Programm aus dem nachfolgenden Abschnitt 3.5. führt 50 Intervallhalbierungen durch und liefert den effektiven Zinssatz p, der i.a. auf mindestens 4 Stellen genau ist. Die Genauigkeit hängt dabei vom Rechner ab.

3.5. BASIC-Programm bei der Zinseszinsrechnung

Das nachfolgende BASIC-Programm läßt unterjährige Einzahlungen zu. Es behandelt die allgemeinen Zinseszinsformel bei unterjährigen Einzahlungen

$$K_n = E \cdot \left[m + \frac{(m+1)\cdot p}{200}\right] \cdot \frac{q^n - 1}{q - 1} \quad \text{(vorschüssig);}$$

$$K_n = E \cdot \left[m + \frac{(m-1)\cdot p}{200}\right] \cdot \frac{q^n - 1}{q - 1} \quad \text{(nachschüssig).}$$

E = jeweiliger Einzahlungsbetrag
m = Anzahl der unterjährigen Einzahlungen des Betrags E.

Bei jährlichen Einzahlungen ist m = 1.
Wahlweise können folgende Größen berechnet werden.

Kontostand K_n nach n Jahren.
Einzahlungsbetrag E zur Erlangung eines bestimmten Endbetrages.
Laufzeit n.
Effektivverzinsung.

Beispiel 26: Ein Sparer zahlt 15 Jahre lang

a) vorschüssig,
b) nachschüssig

jeweils 1000 EUR auf ein Konto ein. Am Ende der Laufzeit gibt ihm die Bank dafür 25000 EUR. Das Programm liefert den effektiven Jahreszinssatz

a) p = 6,153923 %;
b) p = 6,933148 %.

Beispiel 27: Bei einem Jahreszinssatz von 4,5 % möchte ein Sparer monatlich

a) vorschüssig,
b) nachschüssig

den gleichen Betrag anlegen. Wie groß muß diese monatliche Sparrate sein, damit der Kontostand in 20 Jahren auf genau 250000 EUR anwächst?

Mit m = 12 liefert das Programm die monatlichen Einzahlungsbeträge

a) E = 648,2844 EUR (12mal jährlich);
b) E = 650,6663 EUR (12mal jährlich).

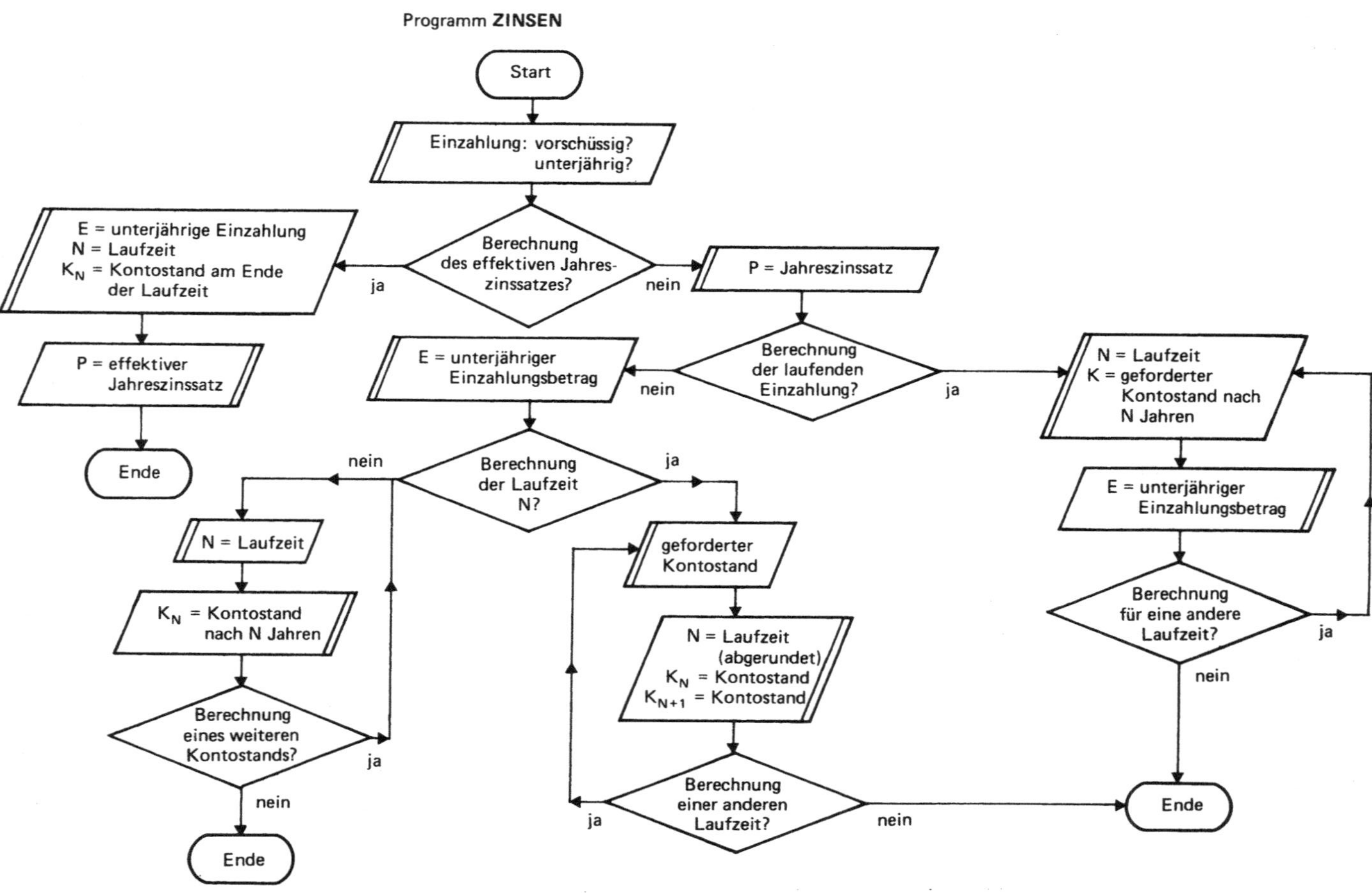
Programm ZINSEN
Start
Einzahlung: vorschüssig? unterjährig?
Berechnung des effektiven Jahres- zinssatzes?
ja
nein
E = unterjährige Einzahlung
N = Laufzeit
K_N = Kontostand am Ende der Laufzeit
P = effektiver Jahreszinssatz
Ende
P = Jahreszinssatz
Berechnung der laufenden Einzahlung?
nein
ja
E = unterjähriger Einzahlungsbetrag
N = Laufzeit
K = geforderter Kontostand nach N Jahren
E = unterjähriger Einzahlungsbetrag
Berechnung für eine andere Laufzeit?
ja
nein
Ende
Berechnung der Laufzeit N?
nein
ja
N = Laufzeit
K_N = Kontostand nach N Jahren
Berechnung eines weiteren Kontostands?
ja
nein
Ende
geforderter Kontostand
N = Laufzeit (abgerundet)
K_N = Kontostand
K_{N+1} = Kontostand
Berechnung einer anderen Laufzeit?
ja
nein
Ende

```
5 REM ZINSEN--------------------------PROGRAMM NR I
10 REM  Z I N S E S Z I N S R E C H N U N G BEI MEHRFACHEINZAHLUNGEN
20 REM BERECHNUNG:KONTOSTAND,EINZAHLUNGEN,LAUFZEIT,EFFEKTIVER ZINSSATZ
30 REM UNTERJÄHRIGE VOR- ODER NACHSCHÜSSIGE EINZAHLUNGEN SIND ZULÄSSIG
40 REM VERZINSUNG ERFOLGT UNTERJÄHRIG ANTEILMÄßIG
50 PRINT "SIND DIE EINZAHLUNGEN VORSCHÜSSIG (J=JA)?"
60 INPUT VOR$:M=1
70 PRINT "SIND DIE EINZAHLUNGEN UNTERJÄHRIG (J=JA)?"
80 INPUT UNT$:IF UNT$<>"J" THEN GOTO 110
90 PRINT "ANZAHL DER UNTERJÄHRIGEN EINZAHLUNGEN = ?"
100 INPUT M
110 PRINT "SOLL DER EFFEKTIVE JAHRESZINSSATZ BERECHNET WERDEN (J=JA)?"
120 INPUT EF$:IF EF$="J" THEN GOTO 170
130 PRINT "JHRESZINSSATZ P =?"
140 INPUT P
150 PRINT "SOLL DER LAUFENDE EINZAHLUNGSBETRAG BERECHNET WERDEN (J=JA)?"
160 INPUT EINZ$:IF EINZ$="J" THEN GOTO 300
170 IF M>1 THEN GOTO 190
180 PRINT "JÄHRLICHER EINZAHLUNGSBETRAG = ":GOTO 200
190 PRINT "UNTERJÄHRIGER EINZAHLUNGSBETRAG ";M;" -MAL PRO JAHR = "
200 INPUT E:IF EF$="J" THEN GOTO 590
210 PRINT "SOLL DIE LAUFZEIT BERECHNET WERDEN (J=JA)?"
220 INPUT LAUF$:IF LAUF$="J" THEN GOTO 440
230 REM KONTOSTAND----------------------------------------------------------------
240 PRINT "NACH WELCHEM JAHR N SOLL DER KONTOSTAND BERECHNET WERDEN ?"
250 INPUT N:GOSUB 800
260 PRINT "KONTOSTAND NACH ";N;" JAHREN  = ";X
270 ENT$="WIA":PRINT
280 PRINT "BERECHNUNG DES KONTOSTANDS NACH EINER ANDEREN ZEIT (J=JA)?"
290 INPUT ENT$:IF ENT$="J" THEN GOTO 230 ELSE END
300 REM LAUFENDER EINZAHLUNGSBETRAG------------------------------------------------
310 PRINT "GEBEN SIE DIE LAUFZEIT N IN JAHREN EIN "
320 INPUT N
330 PRINT "GEBEN SIE DEN GEFORDERTEN KONTOSTAND NACH ";N;" JAHREN EIN"
340 INPUT K
350 GOSUB 840
360 IF M>1 THEN GOTO 380
370 PRINT "JÄHRLICHER EINZAHLUNGSBETRAG = ";E:PRINT:GOTO 390
380 PRINT "UNTERJÄHRIGER EINZAHLUNGSBETRAG = ";E:PRINT
390 ENT$="WIA":PRINT "BERECHNUNG EINES WEITEREN EINZAHLUNGSBETRAGS (J=JA)?"
400 INPUT ENT$:IF ENT$="J" THEN GOTO 300
410 END
420 PRINT "SOLL DIE LAUFZEIT BERECHNET WERDEN (J=JA)?"
430 INPUT LAUF$:IF LAUF$<>"J" THEN GOTO 590
440 REM BERECHNUNG DER LAUFZEIT N--------------------------------------------------
450 N=1:GOSUB 750
460 PRINT "GEFORDERTER KONTOSTAND AM ENDE DER LAUFZEIT ="
470 INPUT KON
480 NU=1+KON*(Q-1)/(E*G)
490 NG=LOG(NU)/LOG(Q)
500 PRINT "LAUFZEIT = ";NG;" JAHRE"
510 N=INT(NG):GOSUB 800
520 PRINT "KONTOSTAND NACH ";N;" JAHREN = ";X
530 N=N+1:GOSUB 800
540 PRINT "KONTOSTAND NACH ";N;" JAHREN = ";X
550 PRINT:ENT$="WIA"
560 PRINT "BERECHNUNG EINER ANDEREN LAUFZEIT (J=JA)?"
570 INPUT ENT$:IF ENT$="J" THEN GOTO 440
580 END
590 REM BERECHNUNG DES EFFEKTIVEN ZINSSATZES---------------------------------------
600 PRINT "LAUFZEIT N IN JAHREN = ":INPUT N
610 PRINT "BERECHNUNG DES EFFEKTIVEN JAHRESZINSES"
620 PRINT "GEFORDERTER KONTOSTAND NACH ";N;" JAHREN = "
630 INPUT K
640 LI=0:P=1:RE=1
650 GOSUB 800
660 IF X>K THEN GOTO 680
670 P=2*P:RE=P:GOTO 650
680 FOR I=1 TO 50
690 P=(LI+RE)/2
700 GOSUB 800
710 IF X<K THEN LI=P ELSE RE=P
720 NEXT I
730 PRINT "EFFEKTIVER JAHRESZINSSATZ = ";P;" %"
740 END
750 REM HILFSPROGRAMM-------------------------------------------------------------
760 Q=1+P/100:F=(Q^N-1)/(Q-1)
```

```
770 IF VOR$="J" THEN HI=M+1 ELSE HI=M-1
780 G=M+HI*P/200
790 RETURN
800 REM BERECHNUNG DES KURSES-----------------------------------------------
810 GOSUB 760
820 X=E*G*F
830 RETURN
840 REM BERECHNUNG DES EINZAHLUNGSBETRAGS-----------------------------------
850 GOSUB 750
860 E=K/(G*F)
870 RETURN
```

Beispiel 28: Bei einem Jahreszinssatz von 5,2 % zahlt jemand monatlich nachschüssig 1000 EUR ein. Nach wie viel Jahren wird der Kontostand von 500 000 EUR erstmals überschritten?

Das Programm liefert:

Laufzeit = 22,42167 Jahre

K_{22} = 484 429,50 EUR,
K_{23} = 521 905,90 EUR.

Beispiel 29: Eine Bausparkasse bietet folgenden Vertrag an: Fünf Jahre lang kann der Sparer nachschüssig jeweils 540 EUR einzahlen. Die Verzinsung erfolgt jährlich mit 4 % Zinseszins. Nach 5 Jahren wird ein Bonus von 16 % auf die Einzahlungsbeträge, nicht jedoch auf die Zinsen gezahlt.

a) Die 5 Einzahlungen ergeben einschließlich Zinseszins nach 5 Jahren den Betrag K_5 = 2924,81 EUR.

b) Der gesamte Bonus ist $B = 5 \cdot 540 \cdot 0{,}16 = 432$ EUR, so daß der Kontostand nach 5 Jahren 3356,81 EUR beträgt.

c) Gesucht ist der effektive Jahreszinssatz, der mit den gleichen Jahreseinzahlungen jedoch ohne Bonus nach 5 Jahren ebenfalls einen Betrag von 3356,81 EUR ergeben würde.

   Mit dem BASIC-Programm erhält man den effektiven Jahreszinssatz $p = 10{,}90719\,\%$.

3.6. Aufgaben

1. Ein Kapital von 100 000 EUR werde zu einem nominellen Jahreszinssatz von 4,5 % angelegt. Berechnen Sie den Kontostand nach 5 Jahren bei folgenden Verzinsungen
   a) jährliche Verzinsung ohne Zinseszins;
   b) jährliche Verzinsung mit Zinseszins;
   c) vierteljährliche Verzinsung mit Zinseszins;
   d) stetige Verzinsung;
   e) Berechnen Sie den effektiven Jahreszins für c) und d).

2. Welchen Betrag muß jemand einmalig anlegen, damit das Kapital bei einer vierteljährlichen Verzinsung mit 1 % mit Zinseszinsen in 9 Jahren auf 40 000 EUR anwächst?

3. Ein Kapital von 25 000 EUR wird auf Zinseszins mit jährlicher Zinszahlung angelegt.

Für die ersten 5 Jahre werden 5% Zinsen gezahlt. Nach jeweils 5 Jahren erhöht sich der Zinssatz um 1%.
a) Berechnen Sie den Endbetrag nach 14 Jahren.
b) Bei welchem gleichbleibendem Zinssatz (effektiver Jahreszins) würde der gleiche Endbetrag erreicht?

4. Bei welchem nominellen Jahreszinssatz p verdreifacht sich ein Kapital in 30 Jahren
a) falls die Zinsen jährlich bezahlt werden,
b) falls die Zinsen jeweils nach 4 Monaten bezahlt werden,
c) bei stetiger Verzinsung?

5. Nach welcher Zeit vermehrt sich ein Kapital um 50% bei einem nominellen Jahreszinssatz von 5,2%
a) bei jährlicher Zinszahlung,
b) bei halbjährlicher Zinszahlung,
c) bei stetiger Verzinsung?

6. Eine Nullkupon-Anleihe (Zerobonds) mit einer Laufzeit von 15 Jahren (Rückzahlung zu 100%) wird zu 38,88% ausgegeben.
Berechnen Sie den effektiven Jahreszinssatz.

7. Der effektive Jahreszinssatz betrage zur Zeit 8%. Eine Firma möchte Zerobonds mit einer Laufzeit von 25 Jahren ausgeben, die zum Ende der Laufzeit einschließlich der angesammelten Zinseszinsen zu 100 EUR zurückgezahlt werden.
a) Berechnen Sie den Ausgabepreis.
b) Nach 10 Jahren betrage der reale Jahreszinssatz nur noch 6%. Berechnen Sie den Marktwert des Zerobonds nach 10 Jahren.
c) Welchen durchschnittlichen gleichbleibenden effektiven Jahreszinssatz erzielt jemand, der die Zerobonds zum Ausgabekurs kauft und 10 Jahre später bei einem effektiven Jahreszinssatz von 6% zum Marktwert verkauft?

8. Bei einem Jahreszinssatz von 4% zahlt ein Sparer 20 Jahre lang jeweils 5000 EUR ein. Berechnen Sie den Kontostand nach 20 Jahren bei
a) vorschüssiger,
b) nachschüssiger Einzahlung.

9. Wieviel muß jährlich
a) vorschüssig,
b) nachschüssig
auf ein Konto eingezahlt werden, damit der Kontostand bei einem Jahreszinssatz von 5% nach 12 Jahren 50000 EUR beträgt?

10. Jemand zahlt bei einem Jahreszinssatz von 6% jährlich 6000 EUR auf ein Konto ein. Nach wie viel Jahren wird der Kontostand 60000 EUR erstmals überschritten bei
a) vorschüssiger,
b) nachschüssiger Einzahlung?
Berechnen Sie die entsprechenden Kontostände.

11. Wieviel muß monatlich vorschüssig auf ein Konto eingezahlt werden, damit bei jährlicher Verzinsung von 5% das Konto innerhalb von 8 Jahren auf 10000 EUR anwächst?

12. Jemand zahlt am 1. und 15. eines jeden Monats 200 EUR auf ein Konto ein. Die Verzinsung erfolge vierteljährlich mit 1,25%.

a) Berechnen Sie den Kontostand nach 10 Jahren.
b) Welcher Betrag müßte jeweils zum Jahresbeginn eingezahlt werden, damit nach 10 Jahren der gleiche Kontostand erreicht würde?

13. Wie viel Jahre muss jemand bei einem Jahreszinssatz $p = 4\%$ monatlich 200 EUR vorschüssig ansparen, bis das Kapital auf mindestens 33 000 EUR anwächst?

14. Ein Konto werde jährlich mit 6% verzinst. Jährlich werden 12 000 EUR eingezahlt. Berechnen Sie den Kontostand nach 10 Jahren bei
a) jährlicher nachschüssiger Einzahlung;
b) jährlicher vorschüssiger Einzahlung;
c) bei monatlicher vorschüssiger Einzahlung von EUR 1000;
d) bei monatlicher nachschüssiger Einzahlung von EUR 1000.

15. Ein Konto werde jährlich mit 6,5% verzinst. Innerhalb von 12 Jahren sollen 50 000 EUR angespart werden. Berechnen Sie die Einzahlungsbeträge bei
a) vorschüssiger jährlicher,
b) nachschüssiger jährlicher,
c) vorschüssiger monatlicher,
d) nachschüssiger monatlicher
Einzahlung.

*16. Jemand zahlt 15 Jahre lang jeweils vorschüssig 6000 EUR auf ein Konto ein und erhält nach 15 Jahren 150 000 EUR ausgezahlt.
a) Berechnen Sie den effektiven Jahreszinssatz.
Wie hoch ist der Jahreszinssatz, falls bei gleicher Auszahlung monatlich
b) vorschüssig,
c) nachschüssig
jeweils 500 EUR eingezahlt werden?

Kapitel 4: Tilgungsrechnung (Rückzahlung von Krediten)

Für eine Schuld (Darlehen) S werden vom Schuldner jeweils am Ende jeder Zinsperiode p % Zinsen mit Zinseszins verlangt. Die Länge der Zinsperiode hängt davon ab, wie oft unterjährig das Konto mit den Zinsen belastet wird.

Zinsberechnung	Länge der Zinsperioden
jährlich	1 Jahr
halbjährlich	6 Monate
vierteljährlich	3 Monate
monatlich	1 Monat

Allgemein wird in diesem Kapitel vorausgesetzt, daß die Schuld S einschließlich der anfallenden Zinsen **nach N Zinsperioden vollständig getilgt** sein muß. Im allgemeinen werden in gleichen Zeitabständen Rückzahlungsleistungen erbracht. Die Zahlungsperioden können dabei mit den Zinsperioden übereinstimmen, eine Zinsperiode kann aber auch in mehrere gleich lange Tilgungsperioden unterteilt werden (**unterjährige Tilgung**). Für einen gesamten Tilgungsplan gibt es dabei folgende Möglichkeiten:

Die **Rückzahlungen** werden vorgenommen
- zu den Verzinsungszeitpunkten
- zwischen und zu den Verzinsungszeitpunkten (unterjährig)
- vorschüssig
- nachschüssig.

Die **Zinsen** werden in jeder Zinsperiode
- vorschüssig
- nachschüssig

erhoben.

Die **Rückzahlungs-** bzw. **Tilgungsbeträge** können dabei
- verschieden hoch
- während der gesamten Laufzeit konstant

sein.

Alle möglichen Kombinationen der einzelnen Fälle würden zu einer sehr großen Anzahl von Tilgungsplänen führen. Aus diesem Grund beschränken wir uns hier auf die gebräuchlichsten Rückzahlungspläne mit **nachschüssiger Tilgung** und **nachschüssiger Zinsberechnung**.

Tilgung und Zinsbelastung erfolge also jeweils am Ende der entsprechenden Periode.

Unter einem **Tilgungsbetrag T** versteht man denjenigen Betrag, um den sich die Restschuld durch die Rückzahlung verringert. Zusätzlich zu diesem Tilgungsbetrag T müssen noch die zum Zahlungstermin fälligen **Zinsen Z** gezahlt werden. Der insgesamt zu zahlende Betrag heißt **Annuität A**, also

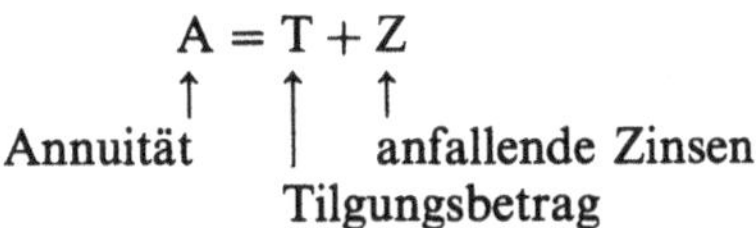

Bei einem Jahreszinssatz von p % entspricht einer **vorschüssigen** Annuitätsrate $\hat{A}$ die nachschüssige Annuitätsrate $A = \hat{A} \cdot q$, $q = 1 + \frac{p}{100}$. Zu einer **vorschüssigen Verzinsung** mit $\hat{p}$ % läßt sich der nachschüssige gleichwertige Ersatzzinssatz p berechnen. Damit können vorschüssige Tilgungen in nachschüssige übergeführt werden.

4.1. Rückzahlungen mit unregelmäßigen Beträgen zu den Zinsterminen

Die Rückzahlungen eines Kredits der Höhe S erfolge jeweils zu den Zinsterminen in nachschüssigen Annuitäten $A_1, A_2, A_3, \ldots$. Mit dem Zinssatz p pro Zinsperiode erhält man die Restschuld S_n nach n Zinsperioden als

$$S_1 = S \cdot q - A_1, \quad q = 1 + \frac{p}{100};$$
$$S_2 = S_1 \cdot q - A_2 = S \cdot q^2 - A_1 \cdot q - A_2;$$
$$S_3 = S_2 \cdot q - A_3 = S \cdot q^3 - A_1 \cdot q^2 - A_2 \cdot q - A_3;$$
$$\cdots\cdots\cdots\cdots\cdots\cdots\cdots\cdots\cdots\cdots$$

Allgemein gilt

$$S_n = S_{n-1} \cdot q - A_n = S \cdot q^n - A_1 \cdot q^{n-1} - A_2 \cdot q^{n-2} - \ldots - A_{n-1} \cdot q - A_n$$

mit $S_0 = S$ (Ausgangsschuld).

Falls der Kredit nach genau N Zinsperioden (Tilgungsdauer) getilgt sein soll, können die ersten $N - 1$ Annuitäten $A_1, A_2, \ldots, A_{N-1}$ beliebig vorgegeben werden. Aus $S_N = 0$ erhält man dann die letzte Annuität als

$$A_N = S \cdot q^N - \sum_{k=1}^{N-1} A_k \cdot q^{N-k}.$$

Beispiel 1: Ein Darlehen von 20000 EUR werde jährlich mit 6,25 % verzinst. Es soll in 6 Jahren vollständig getilgt sein. Am Ende der ersten 5 Jahre sind folgende Annuitäten vereinbart: 7000 EUR, 5000 EUR, 4000 EUR, 3000 EUR, 2500 EUR. Die Rückzahlung am Ende des 6. Jahres erhält man aus dem nachfolgenden Tilgungsplan.

Die Schuld zu Beginn eines jeden Jahres muß mit $\frac{p}{100} = 0{,}0625$ multipliziert werden, womit man die Zinsen für das laufende Jahr erhält. Die Restschuld erhält man als Schuld zu Beginn des Jahres plus Zinsen minus Annuität. Zum Ende des 6. Jahres müssen noch 1960,18 + 122,51 (Zinsen) = 2082,69 EUR (letzte Annuität) gezahlt werden.

Tilgungsplan

Jahr	Schuld zu Beginn $= S_{i-1}$	Zinsen $(= S_{i-1} \cdot 0{,}0625)$ +	Tilgung –	Restschuld am Ende des Jahres
1	20000	1250	7000	14250
2	14250	890,63	5000	10140,63
3	10140,63	633,79	4000	6774,42
4	6774,42	423,40	3000	4197,82
5	4197,82	262,36	2500	1960,18
6	1960,18	+ 122,51	→ 2082,69	0

Beispiel 2: Ein Darlehen über 10000 EUR mit einer Laufzeit von 3 Jahren muß vierteljährlich nachschüssig mit jeweils 2% von der Restschuld verzinst werden. Die Rückzahlungen erfolgen vierteljährlich (nachschüssig) und zwar im 1. Jahr mit jeweils 1500 EUR und im zweiten Jahr mit jeweils 1200 EUR. Damit erhält man folgenden

Tilgungsplan

Jahr	Restschuld zu Beginn	Zinsen +	Annuität –	Restschuld am Ende der Zinsperiode
$^1/_4$	10000	200	1500	8700
$^1/_2$	8700	174	1500	7374
$^3/_4$	7374	147,48	1500	6021,48
1	6021,48	120,43	1500	4641,91
$1^1/_4$	4641,91	92,84	1200	3534,75
$1^1/_2$	3534,75	70,69	1200	2405,44
$1^3/_4$	2405,44	48,11	1200	1253,55
2	1253,55	25,07	1200	78,62

Zum Ende des 2. Jahres muß zusätzlich noch die Restschuld von 78,62 EUR getilgt werden. Somit beträgt die Zahlung zu diesem Zeitpunkt 1278,62 EUR.

4.2. Tilgung einer Schuld in gleichen Tilgungsraten (Ratentilgung)

Bei einer Ratenschuld ist die Tilgungsrate T bei jedem Tilgungstermin konstant. Zusätzlich zu den Tilgungsraten sind noch die zu den Zinsterminen anfallenden Zinsen zu zahlen.

4.2.1. Tilgung einer Ratenschuld zu den Zinsterminen

Bei einem Ratenkredit der Höhe S mit einer Laufzeit von N Zinsperioden wird zu jedem Zinstermin die Tilgungsrate

$$T = \frac{S}{N}$$

fällig. Neben der Tilgungsrate müssen noch die laufenden Zinsen gezahlt werden.

Für die Restschuld S_n nach dem n-ten Jahr gilt

$$S_1 = S - \frac{S}{N} = S \cdot \left(1 - \frac{1}{N}\right);$$

$$S_2 = S_1 - \frac{S}{N} = S - 2 \cdot \frac{S}{N} = S \cdot \left(1 - \frac{2}{N}\right);$$

....

$$S_n = S_{n-1} - \frac{S}{N} = S \cdot \left(1 - \frac{n}{N}\right).$$

Die Restschulden $S_1, S_2, \ldots, S_n, \ldots, S_N = 0$ bilden also den Anfang einer arithmetischen Zahlenfolge mit $d = -T = -\frac{S}{N}$ und $S_N = 0$.

Z_i sei der Zinsaufwand für die i-te Zinsperiode, der zusätzlich zum Tilgungsbetrag $\frac{S}{N}$ bezahlt werden muß. Für die Zinsbeträge erhält man

für die 1. Zinsperiode: $Z_1 = S \cdot \frac{p}{100}$

für die 2. Zinsperiode: $Z_2 = S \cdot \left(1 - \frac{1}{N}\right) \cdot \frac{p}{100} = Z_1 - \frac{S}{N} \cdot \frac{p}{100};$ (1)

....

für die n-te Zinsperiode: $Z_n = S \cdot \left(1 - \frac{n-1}{N}\right) \cdot \frac{p}{100} = Z_{n-1} - \frac{S}{N} \cdot \frac{p}{100}.$

Die Zinsbeträge selbst bilden den Anfang einer arithmetisch fallenden Zahlenfolge mit $d = -\frac{S}{N} \cdot \frac{p}{100}$. Für die Annuität A_n im n-ten Jahr (Tilgung + Zinsen) erhält man mit (1)

$$A_n = \frac{S}{N} + S \cdot \left(1 - \frac{n-1}{N}\right) \cdot \frac{p}{100}.$$

Damit gilt

$$Z_n = S \cdot \left(1 - \frac{n-1}{N}\right) \cdot \frac{p}{100};$$

$$A_n = \frac{S}{N} \cdot \left[1 + \frac{p}{100} \cdot (N - n + 1)\right] \quad \text{für } n = 1, 2, \ldots, N; \qquad (2)$$

$$S_n = S \cdot \left(1 - \frac{n}{N}\right);$$

$$S_N = 0.$$

$T = \frac{S}{N}$ = konstante Tilgungsrate pro Zinsperiode

N = Tilgungsdauer in Zinsperioden

p = Zinssatz pro Zinsperiode

Z_n = Zinsen für die n-te Zinsperiode
A_n = Annuität am Ende der n-ten Zinsperiode (Tilgung + Zinsen)
S_n = Restschuld nach n Zinsperioden

Die gesamten Zinsen, die bei konstanter Tilgungsrate $\frac{S}{N}$ für die gesamte Laufzeit N gezahlt werden müssen, erhält man aus (1) als

$$\begin{aligned} Z &= Z_1 + Z_2 + \ldots + Z_N \\ &= S \cdot \frac{p}{100} \cdot \left[1 + \left(1 - \frac{1}{N}\right) + \left(1 - \frac{2}{N}\right) + \ldots + \left(1 - \frac{N-1}{N}\right)\right] \\ &= S \cdot \frac{p}{100} \cdot \Bigg[N - \frac{1}{N} \cdot \underbrace{(1 + 2 + \ldots + N - 1)}_{\text{arithmetische Reihe}}\Bigg] \\ &= S \cdot \frac{p}{100} \cdot \left[N - \frac{1}{N} \cdot \frac{(N-1) \cdot N}{2}\right] = S \cdot \frac{p}{100} \cdot \left[N - \frac{N-1}{2}\right] \\ &= S \cdot \frac{p}{100} \cdot \frac{1+N}{2}, \quad \text{also} \end{aligned}$$

$$\boxed{Z = \frac{p}{100} \cdot \frac{1+N}{2} \cdot S.} \tag{3}$$

Z = Gesamtzinsen bei konstanter Tilgungsrate und der Laufzeit von
N = Zinsperioden
S = Ausgangsschuld

Beispiel 3: Ein Kredit über 50000 EUR mit dem Jahreszinssatz von 7% soll mit konstanter Tilgungsrate jeweils zum Jahresende in 10 Jahren getilgt werden.

a) Die jährliche Tilgungsrate beträgt 5000 EUR.
b) Die zusätzlich anfallenden Zinsen betragen

$$\text{im n-ten Jahr } Z_n = 50000 \cdot 0{,}07 \cdot \left(1 - \frac{n-1}{10}\right) = 3500 \cdot \left(1 - \frac{n-1}{10}\right).$$

c) Für die während der gesamten Tilgungsdauer anfallenden Zinsen erhält man aus (3)

$$Z = 0{,}07 \cdot \frac{11}{2} \cdot 50000 = 19250 \text{ EUR}.$$

Beispiel 4: Für ein Darlehen über 100000 EUR müssen vierteljährlich 2% Zinsen gezahlt werden. Die Laufzeit beträgt 20 Jahre. Die Tilgung soll vierteljährlich nachschüssig mit konstanten Tilgungsraten vorgenommen werden.

a) Mit $N = 20 \cdot 4 = 80$ vierteljährlichen Zinsperioden beträgt die vierteljährliche Tilgungsrate 1250 EUR.
b) Nach dem n-ten Vierteljahr lauten die zusätzlichen Zinszahlungen nach (1)

$$Z_n = 100000 \cdot 0{,}02 \cdot \left(1 - \frac{n-1}{80}\right) = 2000 \cdot \left(1 - \frac{n-1}{80}\right).$$

c) Während der 20 Jahre (= 80 Zinsperioden) müssen insgesamt

$$Z = 0{,}02 \cdot 100\,000 \cdot \frac{81}{2} = 81\,000 \text{ EUR}$$

Zinsen gezahlt werden.

4.2.2. Unterjährige Tilgung einer Ratenschuld

Jedes Zinsintervall werde in $m > 1$ gleichlange Tilgungsintervalle zerlegt, an deren Ende jeweils Tilgungen vorgenommen werden. Bei einer Gesamtlaufzeit von N Zinsperioden wird die Gesamtschuld S durch $m \cdot N$ Tilgungen der jeweiligen Höhe

$$T = \frac{S}{m \cdot N}$$

getilgt.

4.2.2.1. Unterjährige Verzinsung der unterjährigen Restschuld

Bei vielen Ratenkrediten müssen zu jedem der $m \cdot N$ Tilgungstermine zusätzlich zur Tilgungsrate $T = \frac{S}{m \cdot N}$ die anfallenden Zinsen gezahlt werden. Dabei werden von der unmittelbar vor der Tilgung bestehenden Restschuld $\frac{p}{m}$ % Zinsen berechnet. Bei diesem Modell ist es sinnvoll, die $m \cdot N$ Tilgungsintervalle als neue Zinsintervalle mit dem konformen Zinssatz $\frac{p}{m}$ zu wählen. Durch die Zuordnung

$$p \to \frac{p}{m}; \quad N \to m \cdot N$$

können dann die Formeln aus Abschnitt 4.2.1. direkt übernommen werden.

Dem konformen Zinssatz $\frac{p}{m}$ (pro Tilgungsperiode) entspricht nach (15), Abschnitt 3.3.2. der **effektive Zinssatz** (pro Zinsperiode)

$$p_{eff.} = 100 \cdot \left[\left(1 + \frac{1}{100} \cdot \frac{p}{m}\right)^m - 1\right].$$

4.2.2.2. Unterjährige Verzinsung der gleichen Ausgangsschuld

Früher berücksichtigten viele Kreditinstitute die unterjährigen Tilgungen bei der Zinsberechnung nicht. Sie verlangten bei jeder der m unterjährigen Tilgungen die gleichen Zinsen und zwar $\frac{p}{m}$ % von der Restschuld, die zu Beginn der entsprechenden Zinsperiode vorhanden war. Während der n-ten Zinsperiode mussten dann zu jedem Tilgungstermin die Zinsen

$$\frac{p}{100 \cdot m} \cdot S \cdot \left(1 - \frac{m \cdot (n-1)}{m \cdot N}\right) = \frac{p}{100 \cdot m} \cdot S \cdot \left(1 - \frac{n-1}{N}\right)$$

gezahlt werden. Pro Zinsperiode betrugen die Zinsen das m-fache, also

$$\hat{Z}_n = \frac{p}{100} \cdot S \cdot \left(1 - \frac{n-1}{N}\right).$$

Die Gesamtzinsbelastung pro Zinsperiode stimmt also mit derjenigen bei der Tilgung am Ende der Zinsperioden überein. Die Tatsache, daß unterjährige Tilgungen vorgenommen werden, wird also bei der Zinsberechnung ignoriert, wobei die gesamten Jahreszinsen sogar noch unterjährig verteilt werden.

Summation liefert nach (3) die Gesamtzinsen

$$\hat{Z} = \sum_{n=1}^{N} \hat{Z}_n = \frac{p}{100} \cdot \frac{1+N}{2} \cdot S. \tag{4}$$

Bei Berücksichtigung aller Tilgungen bei der Zinsberechnung erhält man mit dem konformen Zinssatz $\frac{p}{m}$ und der Laufzeit $m \cdot N$ unterjährige Zinsperioden aus (3) die Gesamtzinsen

$$Z = \frac{p}{100 \cdot m} \cdot \frac{1 + m \cdot N}{2} \cdot S. \tag{5}$$

Bei dieser nicht korrekten Zinsberechnung entsteht während der gesamten Laufzeit gegenüber der unterjährigen Verzinsung ein zusätzlicher Zinsaufwand von

$$\Delta Z = \hat{Z} - Z = \frac{p}{100} \cdot S \cdot \left[\frac{1+N}{2} - \frac{1+m \cdot N}{2m}\right] = \frac{p}{m} \cdot S \cdot \frac{m-1}{200}. \tag{6}$$

Falls bei der Zinsberechnung die unterjährigen Tilgungen nicht berücksichtigt werden, müßte der Zinssatz für die Ausgangssumme geändert werden, damit die Gesamtzinsen gleich hoch sind wie bei der Berücksichtigung der unterjährigen Tilgungen. Für den zugehörigen nominellen Ersatzzinssatz $\hat{p}$ pro Zinsperiode erhält man aus (4) und (5) die Bedingung

$$\frac{\hat{p}}{100} \cdot \frac{1+N}{2} \cdot S = \frac{p}{100 \cdot m} \cdot \frac{1+m \cdot N}{2} \cdot S$$

mit der Lösung

$$\hat{p} = \frac{p}{m} \cdot \frac{1+m \cdot N}{1+N}. \tag{7}$$

Damit gilt

$$\boxed{\begin{aligned} \hat{Z}_n &= \frac{p}{100} \cdot S \cdot \left(1 - \frac{n-1}{N}\right); \\ \hat{Z} &= \frac{p}{100} \cdot S \cdot \frac{1+N}{2}; \\ \Delta Z &= \frac{p}{m} \cdot S \cdot \frac{m-1}{200}; \\ \hat{p} &= p \cdot \frac{1+m \cdot N}{m \cdot (1+N)}. \end{aligned}} \tag{8}$$

$\hat{Z}_n$ = Zinsen in der n-ten Zinsperiode
$\hat{Z}$ = Gesamtzinsen bei unterjähriger Tilgung bei der Zinsberechnung von der jeweiligen Restschuld am Anfang der Zinsperiode
ΔZ = Mehrzinsen gegenüber der korrekten unterjährigen Verzinsung
$\frac{p}{m}$ = Zinssatz pro Tilgungsintervall
$\hat{p}$ = nomineller Ersatzzinssatz pro Zinsperiode, der die Nichtberücksichtigung der unterjährigen Tilgungen ausgleicht

Beispiel 5: Ein Ratenkredit über 40000 EUR mit einer Laufzeit von 10 Jahren soll vierteljährlich nachschüssig mit gleichen Raten getilgt werden. Neben den Tilgungsraten sind jeweils 2% Zinsen zu zahlen.

a) Die Tilgungsrate beträgt $T = \frac{40000}{4 \cdot 10} = 1000$ EUR pro Quartal.

b) Falls die Zinsen jeweils von der unterjährigen Restschuld berechnet werden (unterjährige Verzinsung), erhält man den gesamten Zinsaufwand aus (3) mit N = 40 und p = 2 als

$$Z = \frac{2}{100} \cdot \frac{1+40}{2} \cdot 40000 = 16400 \text{ EUR.}$$

c) Falls die Zinsen jeweils von der zu Beginn des Jahres vorhandenen Kreditsumme berechnet werden, erhält man nach (6) mit $\frac{p}{m} = 2$ und $m = 4$ einen zusätzlichen Zinsaufwand von

$$\Delta Z = 2 \cdot 40000 \cdot \frac{3}{200} = 1200 \text{ EUR.}$$

Bei dieser nichtkorrekten Zinsberechnung müssen insgesamt 17600 EUR Zinsen gezahlt werden.

d) Der nominelle Ersatzzinssatz pro Zinsperiode von

$$\hat{p} = 2 \cdot \frac{1 + 4 \cdot 10}{11} = 7{,}4545\,\%$$

würde bei der anteilmäßigen Berechnung von 1,8636% Zinsen von der jeweiligen Ausgangssumme eines Jahres zur gleichen gesamten Zinsbelastung führen wie die vierteljährige Verzinsung der Restschuld mit jeweils 2%.

4.2.2.3. Unterjährige Tilgung – keine unterjährige Verzinsung

Während der Tilgungsbetrag $T = \frac{S}{m \cdot N}$ m-mal unterjährig gezahlt wird, sollen die Zinsen am Ende einer jeden Zinsperiode, also nach jeweils m Tilgungen gezahlt werden.

Z_i sei der zum i-ten Zinszahlungstermin zusätzlich anfallende Zinsbetrag. Zuerst soll Z_1 berechnet werden.

Tilgung		T	T	T	T	T	T	T
Zeit	0	$\frac{1}{m}$	$\frac{2}{m}$	$\frac{3}{m}$	$\frac{4}{m}$	$\frac{m-2}{m}$	$\frac{m-1}{m}$	1
Restschuld	S	S-T	S-2T	S-3T	S-4T	S-(m – 2)T	S-(m – 1)T	S-mT

Für jeweils einen Zeitraum der Länge $\frac{1}{m}$ müssen die Beträge S, S – T, S – 2T, ..., S – (m – 1) · T anteilmäßig mit $\frac{p}{m}$% verzinst werden. Damit erhält man den 1. Zinsbetrag als

$$Z_1 = \frac{p}{100\,m} \cdot [S + (S - T) + (S - 2T) + \ldots + (S - (m-1) \cdot T)]$$

$$= \frac{p}{100\,m} \cdot [m \cdot S - T \cdot (1 + 2 + \ldots + (m-1))].$$

$$= \frac{p}{100\,m} \cdot \left[m \cdot S - T \cdot \frac{(m-1) \cdot m}{2}\right].$$

Damit gilt

$$Z_1 = \frac{p}{100} \cdot \left[S - \frac{(m-1) \cdot S}{2 \cdot m \cdot N}\right] = \frac{p}{100} \cdot S \cdot \left[1 - \frac{1}{N} \cdot \frac{m-1}{2m}\right]. \tag{9}$$

Da sich die Restschuld bei jedem Zinstermin um den Tilgungsbetrag $m \cdot T = \frac{S}{N}$ verringert, gilt für die Zinsbeträge die Rekursionsformel

$$Z_n = Z_{n-1} - \frac{p}{100} \cdot \frac{S}{N} \quad \text{für } n = 2, 3, \ldots, N.$$

Mit (9) folgt hieraus

$$Z_n = \frac{p}{100} \cdot S \cdot \left[1 - \frac{1}{N} \cdot \left(n - 1 + \frac{m-1}{2m}\right)\right] = \frac{p}{100} \cdot S \cdot \left[1 - \frac{1}{N} \cdot \left(n - \frac{m+1}{2m}\right)\right].$$

Damit gilt

$$\boxed{Z_n = \frac{p}{100} \cdot S \cdot \left[1 - \frac{1}{N} \cdot \left(n - \frac{m+1}{2m}\right)\right].} \tag{10}$$

Z_n = Zinsen zum n-ten Zinstermin (nicht unterjährig)
m = Anzahl der nachschüssigen unterjährigen Tilgungen der Höhe $T = \frac{S}{m \cdot N}$ pro Zinsperiode
N = Laufzeit der Ratenschuld in Zinsperioden

Bei einer Tilgungsdauer von N Zinsperioden beträgt der gesamte Zinsaufwand nach (10)

$$Z = \sum_{n=1}^{N} Z_n = \frac{p}{100} \cdot S \cdot \left[N - \frac{1}{N} \cdot (1 + 2 + \ldots + N) + \frac{m+1}{2m}\right]$$

$$= \frac{p}{100} \cdot S \cdot \left[N - \frac{1}{N} \cdot \frac{N \cdot (N+1)}{2} + \frac{m+1}{2m}\right]$$

$$= \frac{p}{100} \cdot S \cdot \left[\frac{N-1}{2} + \frac{m+1}{2m}\right].$$

Also

$$\boxed{Z = \frac{p}{100} \cdot S \cdot \left[\frac{N-1}{2} + \frac{m+1}{2m}\right].} \tag{11}$$

Z = Gesamtzinsen bei der Tilgungsdauer von N Zinsperioden mit jeweils m unterjährigen Tilgungen; keine unterjährige Verzinsung

Beispiel 6: Eine Schuld von 60000 EUR wird jährlich mit 8 % verzinst. 60 Monate lang sollen nachschüssig jeweils 1000 EUR getilgt werden. Gesucht sind die an den Jahresenden zusätzlich anfallenden Zinsen.

Mit m = 12 und N = 5 erhält man aus (10) die Zinsen

Jahr	Zinsen	Differenz
1	$Z_1 = 4360$	
		960
2	$Z_2 = 3400$	
		960
3	$Z_3 = 2440$	
		960
4	$Z_4 = 1480$	
		960
5	$Z_5 = 520$	
	Summe 12200	

Die Gesamtzinsen erhält man auch aus (11) als

$$Z = 0{,}08 \cdot 60000 \cdot \left[\frac{4}{2} + \frac{13}{24}\right] = 12200 \text{ EUR}.$$

4.2.3. Tilgungszahlungen mit laufenden Gebühren

Bei manchen Krediten muß der Schuldner dem Geldgeber zusätzlich zu den Tilgungsraten und den anfallenden Zinsen laufende Gebühren zahlen. Diese Gebühren können von der Tilgungsrate, von der Restschuld oder von der Ausgangsschuld abhängig sein.

4.2.3.1. Tilgungsaufgeld (prozentuale Gebühren von der Tilgungsrate)

Bei jeder Tilgung sollen α % von dem Tilgungsbetrag als Gebühren gezahlt werden. Damit erhält man die gesamten Rückzahlungsbeträge (Annuitäten) als

$$A_n = \underbrace{Z_n}_{\text{Zinsen}} + \underbrace{T_n}_{\text{Tilgung}} + \underbrace{\frac{\alpha}{100} \cdot T_n}_{\text{Gebühren}}.$$

Im Falle gleicher Tilgungsraten $T_n = T$ sind auch die Gebühren $G_n = \frac{\alpha}{100} \cdot T$ konstant. Diese Gebühren haben auf die Zinsberechnung keinen Einfluß.

4.2.3.2. Prozentuale Gebühren von der Restschuld

Falls zu Beginn der n-ten Zinsperiode die Restschuld S_{n-1} vorhanden ist, sollen am Ende der Zinsperiode neben den Zinsen $Z_n = \frac{p}{100} \cdot S_{n-1}$ und der Tilgungsrate T_n noch β % von der Restschuld als Gebühren gezahlt werden. Die Gebühren zum n-ten Zinstermin betragen dann

$$G_n = \frac{\beta}{100} \cdot S_{n-1}.$$

Damit lautet die Gesamtannuität

$$\begin{aligned} A_n &= T_n + Z_n + G_n \\ &= T_n + \frac{(p+\beta)}{100} \cdot S_{n-1}. \end{aligned}$$

Ersetzt man im entsprechenden Tilgungsplan den Zinssatz p durch den Ersatzzinssatz

$$p^* = p + \beta,$$

so sind sämtliche Formeln aus den bisherigen Abschnitten dieses Kapitels direkt anwendbar. Für den Schuldner ist es ja belanglos, ob die Kosten durch Zinsen oder Gebühren entstehen. Ohne zusätzliche Gebühren würde dieser Ersatzzinssatz p^* dem Schuldner die gleichen laufenden Kosten verursachen wie der Zinssatz p und der Gebührensatz β.

Beispiel 7: Ein Kredit über 20000 EUR ist jährlich mit 6 % zu verzinsen und in 10 nachschüssigen gleichen Tilgungsraten zu tilgen.

Neben der Tilgungsrate von 2000 EUR sind noch 2 % von der Restsumme aus dem Vorjahr an Gebühren zu entrichten.

a) Mit p = 6 % erhält man die Gesamtzinsen aus (3) als

$$Z = 0{,}06 \cdot \frac{1+10}{2} \cdot 20000 = 6600 \text{ EUR}.$$

b) Die Gesamtgebühren ergeben sich aus (3) mit p = 2 % als

$$G = 0{,}02 \cdot \frac{1+10}{2} \cdot 20000 = 2200 \text{ EUR}.$$

c) An Tilgungen, Zinsen und Gebühren müssen für den Kredit insgesamt

$$20000 + 6600 + 2200 = 28800 \text{ EUR}.$$

gezahlt werden.

4.3. Tilgung einer Schuld durch gleiche Annuitäten (Annuitätentilgung)

Bei gleichbleibenden Tilgungsraten (Abschnitt 4.2.) nehmen die zusätzlich anfallenden Zinsen im Laufe der Zeit ab. Die Gesamtbelastung (Tilgung + Zinsen) des Schuldners ist somit bei gleichbleibender Tilgungsrate am Anfang der Tilgungszeit am größten und wird laufend kleiner. Bei der **Annuitäten-Tilgung** dagegen wird zu jedem Tilgungstermin die gleiche Annuität A für Zinsen und Tilgung gezahlt. Mit dem Tilgungsbetrag T und dem Zinsbetrag Z gilt bei einer Annuitätentilgung

$$T + Z = A \text{ (konstant)}.$$

Falls die Zinszahlungen Z im Laufe der Zeit kleiner werden, erhöhen sich entsprechend die Tilgungsbeträge.

4.3.1. Annuitätentilgungen zu den Zinsterminen

Bei einem Zinssatz von p % soll zu jedem Zinstermin die konstante Annuität A gezahlt werden. Mit

Z_n = anfallende Zinsen zum n-ten Zinstermin

T_n = Tilgungsbetrag zum n-ten Zinstermin

gilt für jedes n = 1, 2, ...

$$A = Z_n + T_n \text{ (konstant)}.$$

S sei die Ausgangsschuld und S_n die Restschuld nach n Zinsperioden. Aus

$$S_1 = S \cdot q - A$$

und der Rekursionsformel

$$S_n = S_{n-1} \cdot q - A \quad \text{für } n = 2, 3, \ldots$$

folgt

$$S_n = S \cdot q^n - A \cdot (q^{n-1} + q^{n-2} + \ldots + q + 1)$$

$$= S \cdot q^n - A \cdot \frac{q^n - 1}{q - 1}. \tag{12}$$

Die Formel (12) ist plausibel. Ohne Tilgung wächst die Ausgangsschuld S in n Zinsperioden an auf $S \cdot q^n$. Die n nachschüssigen Annuitätenzahlungen ergeben nach Formel (30) aus Abschnitt 3.3.1 einen Endwert $A \cdot \frac{q^n - 1}{q - 1}$. Die Differenz dieser beiden Endwerte liefert die Restschuld S_n.

Falls die Annuität A größer ist als die erste Zinszahlung $Z_1 = S \cdot \frac{p}{100}$, bilden die Restschulden S_n eine fallende Zahlenfolge. Dann sind die Tilgungsbeträge T_n wachsend mit

$$T_n = S_{n-1} - S_n.$$

T_n selbst unterscheidet sich von T_{n-1} durch die Zinsersparnis, die durch die vorhergehende Tilgungsrate T_{n-1} verursacht wird. Damit gilt die Rekursionsformel

$$T_n = T_{n-1} + T_{n-1} \cdot \frac{p}{100} = T_{n-1} \cdot \left(1 + \frac{p}{100}\right) = T_{n-1} \cdot q.$$

Hieraus folgt unmittelbar

$$T_n = T_1 \cdot q^{n-1} \quad \text{für } n = 2, 3, \ldots \tag{13}$$

Aus

$$A = Z_1 + T_1 = S \cdot \frac{p}{100} + T_1 = S \cdot (q-1) + T_1$$

erhält man

$$T_1 = A - S \cdot \frac{p}{100} = A - S \cdot (q-1). \tag{14}$$

Damit liefert (13)

$$T_n = \left[A - S \cdot \frac{p}{100}\right] \cdot q^{n-1} = [A - S \cdot (q-1)] \cdot q^{n-1}. \tag{15}$$

$A = Z_n + T_n$ ergibt schließlich die Zinsen

$$\begin{aligned} Z_n = A - T_n &= A - \left[A - S \cdot \frac{p}{100}\right] \cdot q^{n-1} \\ &= A - [A - S \cdot (q-1)] \cdot q^{n-1}. \end{aligned} \tag{16}$$

Damit gilt

$$\boxed{\begin{aligned} &S_n = S \cdot q^n - A \cdot \frac{q^n - 1}{q-1}; \\ &T_n = \left[A - S \cdot \frac{p}{100}\right] \cdot q^{n-1} = T_1 \cdot q^{n-1}; \\ &Z_n = A - \left[A - S \cdot \frac{p}{100}\right] \cdot q^{n-1}; \\ &\frac{p}{100} = q - 1. \end{aligned}} \tag{17}$$

S = Ausgangsschuld
A = Annuität zu den Zinsterminen
S_n = Restschuld
T_n = Tilgung
Z_n = Zinsen zum n-ten Zinstermin
p = Zinssatz pro Zinsperiode

Berechnung der Tilgungsdauer aus einer vorgegebenen Annuität

Eine Annuitätenschuld ist nach genau N Zinsperioden getilgt, falls $S_N = 0$ ist. Für diese Tilgungsdauer N erhält man aus (12) die Bedingung

$$S \cdot q^N - A \cdot \frac{q^N - 1}{q - 1} = 0.$$

Multiplikation dieser Gleichung mit $(q-1)$ liefert

$$S \cdot (q-1) \cdot q^N - A \cdot q^N + A = 0$$

$$q^N \cdot [A - S \cdot (q-1)] = A$$

$$q^N = \frac{A}{A - S \cdot (q-1)} = \frac{1}{1 - \frac{S \cdot (q-1)}{A}}.$$

Logarithmieren ergibt

$$N \cdot \lg q = -\lg\left(1 - \frac{(q-1) \cdot S}{A}\right).$$

Hieraus folgt

$$\boxed{N = \frac{-\lg\left(1 - \frac{(q-1) \cdot S}{A}\right)}{\lg q}.} \qquad (18)$$

N = Tilgungsdauer in Zinsperioden
A = nachschüssige Annuität pro Zinsperiode
S = Ausgangsschuld
$q = 1 + \frac{p}{100}$
p = Zinssatz pro Zinsperiode

Bei vorgegebenem S, A und p wird das nach (18) berechnete N i. a. nicht ganzzahlig sein. Abrunden liefert einen Zeitpunkt, zu dem die Schuld noch nicht ganz getilgt ist. Aus der Restschuld kann jedoch der restliche Rückzahlungsbetrag für das letzte Teiljahr berechnet werden.

Beispiel 8: Von einem Darlehen über 50000 EUR mit dem Jahreszinssatz von 6% wird jeweils zum Jahresende 4500 EUR einschließlich anfallender Zinsen zurückgezahlt.

a) Für die Laufzeit N erhält man aus (18)

$$N = \frac{-\lg\left(1 - \frac{0{,}06 \cdot 50000}{4500}\right)}{\lg 1{,}06} = 18{,}85 \text{ Jahre}.$$

b) Nach 18 Jahren beträgt die Restschuld nach (17)

$$S_{18} = 50000 \cdot 1{,}06^{18} - 4500 \cdot \frac{1{,}06^{18} - 1}{0{,}06} = 3641{,}52 \text{ EUR}.$$

Am Ende des 19. Jahres muß einschließlich der noch anfallenden Zinsen der Betrag

$S_{18} \cdot 1{,}06 = 3860{,}01$ EUR

zurückgezahlt werden.

Beispiel 9: Für eine Grundschuld müssen vierteljährlich 2 % Zinsen gezahlt werden. Die Rückzahlung erfolgt in nachschüssigen vierteljährlichen Annuitäten von 2,25 % der gesamten Ausgangsgrundschuld. Gesucht ist die gesamte Tilgungsdauer.

Eine Zinsperiode besteht hier aus $^1/_4$ Jahr. Gegeben ist $\frac{A}{S} = 0{,}0225$. Aus (18) folgt für die Anzahl der Zinsperioden

$$N = \frac{-\lg\left(1 - \frac{0{,}02}{0{,}0225}\right)}{\lg 1{,}02} = 110{,}96 \text{ Quartale}.$$

Nach etwa $27^3/_4$ Jahren ist die Grundschuld getilgt.

Den effektiven Jahreszinssatz p_{eff}, der dieser unterjährigen Verzinsung mit jeweils 2 % entspricht, erhält man aus

$$1 + \frac{p_{eff}}{100} = (1 + 0{,}02)^4$$

als

$$p_{eff} = 8{,}2432\,\%.$$

Vorgabe der Laufzeit N

Bei vielen Annuitätenkrediten wird die Laufzeit N mit $S_N = 0$ vorgegeben. Damit erhält man aus (12)

$$A = S \cdot \frac{q^N \cdot (q-1)}{q^N - 1} = \frac{(q-1) \cdot S}{1 - \frac{1}{q^N}};$$

$$S = A \cdot \frac{q^N - 1}{q^N \cdot (q-1)} = A \cdot \frac{1 - \frac{1}{q^N}}{q - 1}. \qquad (19)$$

Bei einer vorgegebenen Laufzeit N kann der Kreditbetrag S auch aufgefaßt werden als **Barwert der N nachschüssigen Einzahlungen** der Höhe A. Dieser Barwert läßt sich darstellen als

$$S = \frac{A}{q} + \frac{A}{q^2} + \ldots + \frac{A}{q^N} = \frac{A}{q} \cdot \left(1 + \frac{1}{q} + \ldots + \frac{1}{q^{N-1}}\right)$$

$$= \frac{A}{q} \cdot \frac{1 - \frac{1}{q^N}}{1 - \frac{1}{q}} = A \cdot \frac{1 - \frac{1}{q^N}}{q - 1},$$

womit ebenfalls die Gleichung (19) erhalten wird.

Mit der Annuität A aus (19) ergibt sich bei einer Laufzeit von N Zinsperioden die Restschuld nach n Zinsperioden nach (17) als

$$
\begin{aligned}
S_n &= A \cdot \frac{1-\frac{1}{q^N}}{q-1} \cdot q^n - A \cdot \frac{q^n-1}{q-1} \\
&= A \cdot \frac{q^n - \frac{q^n}{q^N} - q^n + 1}{q-1} = A \cdot \frac{1-\frac{q^n}{q^N}}{q-1} \\
&= \frac{S \cdot \left(1-\frac{q^n}{q^N}\right)}{1-\frac{1}{q^N}} = S \cdot \frac{q^N - q^n}{q^N - 1}
\end{aligned}
\qquad (20)
$$

für $n = 1, 2, \ldots, N$ mit $S_N = 0$.

Mit $\frac{p}{100} = q - 1$ gilt wegen (14), (15) und (19) für die Tilgungsraten T_n bei vorgegebener Laufzeit N

$$
\begin{aligned}
T_1 &= A - S \cdot \frac{p}{100} = A - S \cdot (q-1) = A \cdot \left(1 - 1 + \frac{1}{q^N}\right) = \frac{A}{q^N}; \\
T_n &= T_1 \cdot q^{n-1} = \frac{A}{q^N} \cdot q^{n-1} \quad \text{für } n = 1, 2, \ldots, N.
\end{aligned}
\qquad (21)
$$

Damit gilt bei vorgegebener Tilgungsdauer N

$$
\boxed{
\begin{aligned}
A &= \frac{S \cdot q^N \cdot (q-1)}{q^N - 1} = \frac{S \cdot (q-1)}{1 - \frac{1}{q^N}}; \\
S &= \frac{A \cdot (q^N - 1)}{q^N \cdot (q-1)} = \frac{A \cdot \left(1 - \frac{1}{q^N}\right)}{q-1}; \\
S_n &= \frac{A \cdot \left(1 - \frac{q^n}{q^N}\right)}{q-1} = \frac{S \cdot (q^N - q^n)}{q^N - 1}; \\
S_N &= 0; \\
T_n &= q^{n-1} \cdot \frac{A}{q^N}; \quad Z_n = A - T_n \quad \text{für } n = 1, 2, \ldots, N.
\end{aligned}
}
\qquad (22)
$$

N = vorgegebene Tilgungsdauer in Zinsperioden
A = Annuität pro Zinstermin
S = Ausgangsschuld
S_n = Restschuld nach n Zinsterminen
T_n = n-te Tilgungsrate
Z_n = n-te Zinsrate

Beispiel 10:

a) Ein Bauspardarlehen in Höhe von 200000 EUR mit einem effektiven Jahreszinssatz von 5% soll mit 15 nachschüssigen konstanten Jahresannuitäten getilgt werden. Die jährliche Annuität erhält man aus (22) als

$$A = \frac{200000 \cdot 1{,}05^{15} \cdot 0{,}05}{1{,}05^{15} - 1} = 19268{,}46 \text{ EUR}.$$

b) Das Bauspardarlehen werde monatlich mit $\frac{5}{12}$ % verzinst. Ferner soll in jedem Monat nachschüssig der gleiche Betrag zurückgezahlt werden.

Mit $p = \frac{5}{12}$ und $N = 15 \cdot 12 = 180$ erhält man den monatlichen Rückzahlungsbetrag als

$$a = \frac{200000 \cdot \left(1 + \frac{5}{1200}\right)^{180} \cdot \frac{5}{1200}}{\left(1 + \frac{5}{1200}\right)^{180} - 1} = 1581{,}59 \text{ EUR}.$$

c) Der monatlichen Verzinsung mit $\frac{5}{12}$ % entspricht der effektive Jahreszinssatz p_{eff}, den man aus

$$1 + \frac{p_{eff}}{100} = \left(1 + \frac{5}{12 \cdot 100}\right)^{12}$$

als

$$p_{eff} = 5{,}1162\,\%$$

erhält.

d) Den zu einem effektiven Jahreszinssatz $p_{eff} = 5\,\%$ konformen Monatszinssatz $\hat{p}$ erhält man aus

$$1{,}05 = \left(1 + \frac{\hat{p}}{100}\right)^{12}$$

als

$$\hat{p} = 100 \cdot [1{,}05^{\frac{1}{12}} - 1] = 0{,}407412\,\%.$$

Diesem Monatszins entspricht die monatliche Annuität

$$\hat{a} = \frac{200000 \cdot \hat{q}^{180} \cdot \frac{\hat{p}}{100}}{\hat{q}^{180} - 1} = 1570{,}04 \text{ EUR}.$$

Beispiel 11: Der effektive Jahreszinssatz für ein Darlehen über 150000 EUR betrage 8%. Die Laufzeit sei 10 Jahre. Jeweils zum Jahresende werde der gleiche Betrag zurückgezahlt.

a) Nach (22) lautet die jährliche Annuität

$$A = \frac{150000 \cdot 1{,}08^{10} \cdot 0{,}08}{1{,}08^{10} - 1} = 22354{,}42 \text{ EUR}.$$

b) Nach sieben Jahren beträgt die Restschuld

$$S_7 = 150000 \cdot \frac{1{,}08^{10} - 1{,}08^7}{1{,}08^{10} - 1} = 57609{,}52 \text{ EUR}.$$

Beispiel 12: Eine Schuld über 20000 EUR werde jährlich mit 6% verzinst.

a) Gesucht ist die nachschüssige jährliche Annuität, mit der diese Schuld in 10 Jahren halbiert wird.

Für die gesuchte Annuität A gilt nach (17) mit $S_{10} = 10000$

$$10000 = 20000 \cdot 1{,}06^{10} - A \cdot \frac{1{,}06^{10} - 1}{0{,}06}.$$

Hieraus folgt

$$A = \frac{(20000 \cdot 1{,}06^{10} - 10000) \cdot 0{,}06}{1{,}06^{10} - 1} = 1958{,}68 \text{ EUR}.$$

b) Die gesamte Laufzeit erhält man aus (18) als

$$N = \frac{-\lg\left(1 - \frac{0{,}06 \cdot 20000}{1958{,}68}\right)}{\lg 1{,}06} = 16{,}28 \text{ Jahre}.$$

Nach 16 Jahren beträgt die Restschuld nach (17)

$$S_{16} = 20000 \cdot 1{,}06^{16} - 1958{,}68 \cdot \frac{1{,}06^{16} - 1}{0{,}06} = 522{,}77 \text{ EUR}.$$

4.3.2. Unterjährige Annuitätentilgungen ohne unterjährige Verzinsung

Während jeder Zinsperiode soll m mal unterjährig die konstante unterjährige Annuität a gezahlt werden.

4.3.2.1. Nachschüssige unterjährige Annuitätentilgungen

Die m nachschüssigen unterjährigen Rückzahlungen der jeweiligen Höhe a können als m unterjährige nachschüssige Einzahlungen interpretiert werden, die nach (37), Abschnitt 3.3.2. nach n Zinsperioden anwachsen auf den Betrag

$$K_n = a \cdot \left[m + \frac{(m-1) \cdot p}{200}\right] \cdot \frac{q^n - 1}{q - 1}.$$

Bei einem Kreditbetrag S ist dann $S_n = S \cdot q^n - K_n$ die Restschuld nach n Zinsperioden.

$$\boxed{S_n = S \cdot q^n - a \cdot \left[m + \frac{(m-1) \cdot p}{200}\right] \cdot \frac{q^n - 1}{q - 1}.} \qquad (23)$$

S_n = Restschuld nach n Zinsperioden bei m unterjährigen nachschüssigen Annuitätenzahlungen der Höhe a

$q \;= 1 + \frac{p}{100}$

$p \;$ = Zinssatz pro Zinsperiode

m unterjährigen Annuitäten der Höhe a entspricht nach (12) und (23) die **konforme Annuität A pro Zinsperiode** mit

$$A = a \cdot \left[m + \frac{(m-1) \cdot p}{200} \right]. \tag{24}$$

a = unterjährige nachschüssige Annuität (m-mal)
A = konforme nachschüssige Annuität pro Zinsperiode

Diese auf die Zinsperiode hochgerechnete Annuität A liefert nach n Zinsperioden dieselbe Restschuld S_n wie die m unterjährigen Annuitätenzahlungen der Höhe a. Somit können mit dieser konformen Annuität A alle Formeln aus Abschnitt 4.3.1. übernommen werden.

4.3.2.2. Vorschüssige unterjährige Annuitätentilgungen

m vorschüssigen unterjährigen Annuitäten der Höhe a' entspricht nach (36), Abschnitt 3.3.2. die konforme nachschüssige Annuität pro Zinsperiode

$$A = a' \cdot \left[m + \frac{(m+1) \cdot p}{200} \right]. \tag{25}$$

a' = unterjährige vorschüssige Annuität (m-mal)
A = konforme nachschüssige Annuität pro Zinsperiode

Auch hiermit können alle Formeln aus Abschnitt 4.3.1. übernommen werden.

Im Falle m = 1 geht die vorschüssige Annuität a' über in die nachschüssige Annuität $A = a' \cdot \left(1 + \frac{p}{100}\right) = a' \cdot q$.

Beispiel 13: Für ein Bauspardarlehen über 100000 EUR muß monatlich 750 EUR zurückgezahlt werden. Die Verzinsung erfolge vierteljährlich mit jeweils 1,25%.

Gesucht ist die Restschuld nach 15 Jahren sowie die Laufzeit bei

a) nachschüssiger; b) vorschüssiger

monatlicher Annuitätenzahlung.

Eine Zinsperiode beträgt 1/4 Jahr mit jeweils drei unterjährigen Rückzahlungen und dem Zinssatz p = 1,25%.

a) Nachschüssige Tilgung

Bei nachschüssiger monatlicher Zahlung von 750 EUR erhält man die konforme vierteljährliche Annuität aus (24) als

$$A = 750 \cdot \left(3 + \frac{2 \cdot 1{,}25}{200}\right) = 2259{,}38 \text{ EUR}.$$

Aus (17) erhält man die Restschuld nach 60 Quartalen (= 15 Jahren) als

$$S_{60} = 100000 \cdot 1{,}0125^{60} - 2259{,}38 \cdot \frac{1{,}0125^{60} - 1}{0{,}0125} = 10594{,}66 \text{ EUR}.$$

Die Laufzeit erhält man aus (18)

$$N = \frac{-\lg\left(1 - \frac{0{,}0125 \cdot 100000}{2259{,}38}\right)}{\lg 1{,}0125} = 64{,}86 \text{ Quartale}.$$

Nach 16 Jahren (= 64 Quartale) beträgt die Restschuld

$$S_{64} = 100000 \cdot 1{,}0125^{64} - 2259{,}38 \cdot \frac{1{,}0125^{64} - 1}{0{,}0125} = 1926{,}02 \text{ EUR}.$$

b) Vorschüssige Tilgung

Bei vorschüssiger monatlicher Tilgung lautet die konforme nachschüssige Quartalsannuität nach (25)

$$A = 750 \cdot \left(3 + \frac{4 \cdot 1{,}25}{200}\right) = 2268{,}75 \text{ EUR}.$$

Hiermit erhält man

Restschuld nach 15 Jahren	$S_{60} = 9764{,}72$ EUR
Laufzeit	$N = 64{,}45$ Quartale
Restschuld nach 16 Jahren	$S_{64} = 1015{,}61$ EUR.

Beispiel 14: Eine Annuitätenschuld über 60000 EUR werde jährlich mit 7,5% verzinst und soll in 10 Jahren getilgt sein.

a) Bei jährlicher nachschüssiger Rückzahlung beträgt die Jahresannuität nach (22)

$$A = \frac{60000 \cdot 0{,}075}{1 - \frac{1}{1{,}075^{10}}} = 8741{,}16 \text{ EUR}.$$

b) Bei nachschüssiger monatlicher Rückzahlung beträgt die monatliche Annuität nach (24)

$$a = \frac{8741{,}16}{12 + \frac{11 \cdot 7{,}5}{200}} = 704{,}22 \text{ EUR}.$$

c) Aus (25) erhält man die vorschüssige monatliche Annuität

$$a' = \frac{8741{,}16}{12 + \frac{13 \cdot 7{,}5}{200}} = 699{,}99 \text{ EUR}.$$

4.3.3. Unterjährige Annuitätentilgung bei korrekter unterjähriger Verzinsung.

Falls bei einem effektiven Jahreszinssatz $p_{eff.}$ bei einer unterjährigen Annuitätentilgung die Zinsberechnung auch m-mal unterjährig mit Zinseszins erfolgt, gilt für den konformen Zinssatz $\hat{p} = \frac{p}{m}$ pro unterjährige Zinsperiode nach (15), Abschnitt 3.3.2.

$$p_{eff.} = 100 \cdot \left[\left(1 + \frac{\hat{p}}{100}\right)^m - 1\right]$$
bzw. (26)
$$\hat{p} = \frac{p}{m} = 100 \cdot \left[\left(1 + \frac{p_{eff}}{100}\right)^{\frac{1}{m}} - 1\right].$$

Mit diesem konformen unterjährigen Zinssatz werden die unterjährigen Tilgungsintervalle als neue Zinsintervalle benutzt.

Beispiel 15: Eine Annuitätenschuld über 30000 EUR soll jährlich mit einem effektiven Zinssatz von 6 % verzinst werden. Die Laufzeit sei 10 Jahre.

a) Bei jährlicher nachschüssiger Annuitätenzahlung erhält man die Jahresannuität aus (22) als

$$A = \frac{30000 \cdot 1{,}06^{10} \cdot 0{,}06}{1{,}06^{10} - 1} = 4076{,}04 \text{ EUR pro Jahr.}$$

b) Bei vierteljährlicher Verzinsung und Tilgung (m = 4) lautet der konforme Vierteljahreszinssatz nach (26)

$$\hat{p} = 100 \cdot [1{,}06^{\frac{1}{4}} - 1] = 1{,}467385\,\%.$$

Mit N = 10 · 4 = 40 Quartalen und $p = \hat{p}$ erhält man aus (22) die vierteljährliche Annuität

$$\hat{A} = \frac{30000 \cdot \hat{q}^{40} \cdot (\hat{q} - 1)}{\hat{q}^{40} - 1} = 996{,}85 \text{ EUR pro Quartal.}$$

Wegen der unterjährigen Tilgung ist die jährliche Belastung von 4 · 996,85 = 3987,40 EUR geringer als bei jährlicher Tilgung in a).

4.3.4. Unterjährige Annuitätenzahlungen bei nichtkorrekter unterjähriger Verzinsung

Früher berechneten viele Kreditinstitute wie in Abschnitt 4.2.2.2. bei unterjährigen Tilgungen die Zinsen nicht von der tatsächlichen Restschuld, sondern sie legten bei jeder der m unterjährigen Zinsberechnungen immer die gleiche zu Beginn der Zinsperiode vorhandene Restschuld zugrunde. Dadurch entstand ein ungerechtfertigter Zinsvorteil für den Darlehensgeber. Bei m unterjährigen nachschüssigen Annuitätenzahlungen der Höhe a und einer jeweiligen Verzinsung der zu Beginn der Zinsperiode vorhandenen Restschuld $\tilde{S}_{n-1}$ mit p % wurde bei jeder der m unterjährigen Tilgungen der gleiche Betrag

$$t_n = a - \tilde{S}_{n-1} \cdot \frac{\hat{p}}{100} = a - \tilde{S}_{n-1} \cdot (\hat{q} - 1)$$

getilgt. Mit der Gesamttilgung innerhalb der n-ten Zinsperiode $T_n = m \cdot t_n$ erhält man hieraus die Rekursionsformel

$$\tilde{S}_n = \tilde{S}_{n-1} - m \cdot \left(a - \tilde{S}_{n-1} \cdot \frac{\hat{p}}{100}\right)$$
$$= \tilde{S}_{n-1} \cdot \left(1 + m \cdot \frac{\hat{p}}{100}\right) - m \cdot a \quad \text{für } n = 1, 2, 3, \ldots$$

mit $\tilde{S}_0 = S$ (Ausgangsschuld).

Mit dem Zinsfaktor $\tilde{q} = 1 + m \cdot \frac{\hat{p}}{100}$ ergibt sich hieraus

$$\tilde{S}_n = S \cdot \tilde{q}^n - m \cdot a \cdot (1 + \tilde{q} + \tilde{q}^2 + \ldots + \tilde{q}^{n-1})$$
$$= S \cdot \tilde{q}^n - m \cdot a \cdot \frac{\tilde{q}^n - 1}{\tilde{q} - 1}.$$

Die Restschuldberechnung wurde also durchgeführt, als ob alle m unterjährigen Annuitätenzahlungen erst am Ende der Zinsperiode geleistet werden. Als Zinssatz p wird der zu $\hat{p}$ gehörige Nominalzinssatz $p = m \cdot \hat{p}$ gewählt. Dieser Zinssatz weicht vom effektiven Jahreszinssatz ab.

Damit gilt

$$\tilde{S}_n = S \cdot \tilde{q}^n - m \cdot a \cdot \frac{\tilde{q}^n - 1}{\tilde{q} - 1};$$
$$\tilde{q} = 1 + m \cdot \frac{\hat{p}}{100}; \qquad (27)$$
$$\hat{p} = 100 \cdot \left[\left(1 + \frac{p_{eff.}}{100}\right)^{\frac{1}{m}} - 1\right].$$

$\tilde{S}_n$ = Restschuld nach n Zinsperioden
a = m-malige unterjährige Annuität
S = Ausgangsschuld
Verzinsung mit jeweils $\hat{p}$ % von der zu Beginn der Zinsperiode vorhandenen Ausgangsschuld

Bei korrekter unterjähriger Zinsberechnung mit jeweils $\hat{p}$ % von der Restsumme würden die n Zinsperioden in $m \cdot n$ unterjährige Zinsperioden unterteilt mit der Restschuld nach n Jahren

$$S_n = S \cdot \hat{q}^{m \cdot n} - a \cdot \frac{\hat{q}^{m \cdot n} - 1}{\hat{q} - 1}; \quad \hat{q} = 1 + \frac{\hat{p}}{100}. \qquad (28)$$

S_n = Restschuld nach n Zinsperioden bei korrekter Verzinsung mit Zinseszins

andere Bezeichnungen s. (27).

Damit das nichtkorrekte Modell (27) die gleiche Laufzeit wie das Modell (28) bei korrekter unterjähriger Verzinsung liefert, muß entweder die unterjährige Annuität a oder der Zinssatz $\hat{p}$ (pro Zinsperiode) geändert werden.

Beispiel 16: Für eine Annuitätenschuld über 50000 EUR seien vierteljährlich nachschüssig 2 % von der Ausgangssumme, also 1000 EUR zurückzuzahlen. Das Kreditinstitut berechnet vierteljährlich $\frac{7}{4} = 1{,}75\,\%$ Zinsen.

a) Bei korrekter Zinsberechnung von der Quartalsrestschuld beträgt die Restschuld nach 10 Jahren nach (28)

$$S_{10} = 50000 \cdot 1{,}0175^{40} - 1000 \cdot \frac{1{,}0175^{40} - 1}{0{,}0175} = 42845{,}73 \text{ EUR}.$$

Der vierteljährlichen Verzinsung mit 1,75 % entspricht der effektive Jahreszinssatz p_{eff} mit

$$1 + \frac{p_{eff}}{100} = 1{,}0175^4.$$

Hieraus folgt

$$p_{eff} = 7{,}1859\,\%.$$

b) Falls die Zinsen in jedem Quartal mit 1,75 % von der Ausgangsschuld des Jahres berechnet werden, erhält man aus (27) mit

$$\tilde{q} = 1 + 4 \cdot \frac{1{,}75}{100} = 1{,}07$$

die Restschuld nach 10 Jahren als

$$\tilde{S}_{10} = 50000 \cdot 1{,}07^{10} - 4 \cdot 1000 \cdot \frac{1{,}07^{10} - 1}{0{,}07} = 43091{,}78 \text{ EUR}.$$

Bei diesem Modell erhält das Kreditinstitut in 10 Jahren einen Zinsvorteil von $\tilde{S}_{10} - S_{10} = 246{,}05$ EUR.

4.3.5. Annuitätentilgung mit unterjähriger Verzinsung und nichtunterjähriger Tilgung

Falls bei einer Annuitätenschuld zwar die Verzinsung, nicht jedoch die Tilgung unterjährig erfolgt, ist es sinnvoll die Zinstermine über den Effektivzinsfuß den Tilgungsterminen anzupassen. Einer m-maligen unterjährigen Verzinsung mit dem jeweiligen Zinssatz p entspricht die einmalige Verzinsung am Ende der Zinsperiode mit dem effektiven Zinssatz p_{eff} mit

$$1 + \frac{p_{eff}}{100} = \left(1 + \frac{p}{100}\right)^m.$$

Mit diesem effektiven Zinssatz sind dann bei Verzinsung zu den Tilgungsterminen alle Formeln aus Abschnitt 4.3.1. anwendbar.

Beispiel 17:

a) Eine Annuitätenschuld über 50000 EUR ist halbjährlich mit jeweils 4 % zu verzinsen und jeweils zum Jahresende zu tilgen. Die Tilgungsdauer betrage 20 Jahre. Mit dem effektiven Verzinsungsfaktor $q = 1 + \frac{p_{eff}}{100} = 1{,}04^2 = 1{,}0816$

und dem effektiven Jahreszinssatz $p_{eff} = 8{,}16\,\%$ lautet die jährliche nachschüssige Jahresannuität nach (22)

$$A = \frac{50000 \cdot 1{,}0816^{20} \cdot 0{,}0816}{1{,}0816^{20} - 1} = 5153{,}40 \text{ EUR pro Jahr.}$$

Bei einer halbjährlichen Tilgung und Verzinsung lautet die Halbjahresannuität wegen $N = 20 \cdot 2$ und $q = 1{,}04$

$$a = \frac{50000 \cdot 1{,}04^{40} \cdot 0{,}04}{1{,}04^{40} - 1} = 2526{,}17 \text{ EUR pro Halbjahr.}$$

b) Bei einer vierteljährlichen Verzinsung mit jeweils 2 % gilt

$$1 + \frac{p_{eff}}{100} = 1{,}02^4.$$

Damit erhält man die Jahresannuität

$$\hat{A} = \frac{50000 \cdot 1{,}02^{80} \cdot (1{,}02^4 - 1)}{1{,}02^{80} - 1} = 5185{,}13 \text{ EUR pro Jahr.}$$

Bei vierteljährlicher Verzinsung und Tilgung beträgt die vierteljährliche Annuität

$$\hat{a} = \frac{50000 \cdot 1{,}02^{80} \cdot 0{,}02}{1{,}02^{80} - 1} = 1258{,}04 \text{ EUR pro Quartal.}$$

4.3.6. Annuitätentilgungen mit zusätzlichem Tilgungsaufgeld

Zusätzlich zur konstanten Annuität A soll bei jeder Tilgung $\alpha\,\%$ vom entsprechenden Tilgungsbetrag als Gebühren an den Darlehensgeber gezahlt werden. Da die Gebühren zusätzlich zur Annuität A erhoben werden, haben sie auf die Berechnung der **Annuität keinen Einfluß**. Die Annuität A kann also unabhängig vom Aufgeld aus den Formeln der Abschnitte 4.3.1. und 4.3.2. berechnet werden. Zusätzlich dazu sind noch laufend Gebühren zu berechnen und zu bezahlen.

Falls keine unterjährige Rückzahlung stattfindet, müssen zum n-ten Zinstermin zusätzlich zur Annuität

$$A = \underset{\text{Zinsen}}{Z_n} + \underset{\text{Tilgung}}{T_n}$$

die Gebühren

$$G_n = \frac{\alpha}{100} \cdot T_n$$

gezahlt werden. Die Gesamtbelastung zum n-ten Zinstermin beträgt damit

$$A_n = A + G_n = Z_n + T_n \left(1 + \frac{\alpha}{100}\right).$$

Bei einer Laufzeit von N Zinsterminen erhält man die laufenden Gebühren aus (22) als

$$G_n = \frac{\alpha}{100} \cdot T_n = \frac{\alpha}{100} \cdot \frac{A}{q^N} \cdot q^{n-1}. \tag{29}$$

Diese Gebühren sind wachsend. Ihre Summe beträgt natürlich $G = \frac{\alpha}{100} \cdot S$, was man mit $G = \sum_{n=1}^{N} G_n$ mit (29) und (22) auch direkt nachrechnen kann.

Damit gilt

$$G_n = \frac{\alpha}{100} \cdot \frac{A}{q^N} \cdot q^{n-1}. \tag{30}$$

G_n = zusätzliche Gebühren zum n-ten Zinstermin
N = Laufzeit in Zinsperioden
A = Annuität pro Zinsperiode ohne Tilgungsaufschlag
α = prozentualer zusätzlicher Tilgungsaufschlag in %.

Beispiel 18: Eine Annuitätenschuld von 50 000 EUR mit dem Jahreszinssatz von 7 % soll in 5 Jahren nachschüssig zurückgezahlt werden. Bei jeder Tilgung werde ein zusätzliches Tilgungsaufgeld von 5 % erhoben.

a) Aus (22) erhält man die jährliche Annuität ohne Tilgungsaufschlag

$$A = \frac{50000 \cdot 1{,}07^5 \cdot 0{,}07}{1{,}07^5 - 1} = 12194{,}53 \text{ EUR}.$$

b) Mit dieser Annuität lautet der Tilgungsplan

Jahr	Schuld zu Beginn	Zinsen (7 %)	Tilgung	Aufgeld	Gesamt-belastung
1	50 000	3 500	8 694,53	434,73	12 629,26
2	41 305,47	2 891,38	9 303,15	465,16	12 659,69
3	32 002,32	2 240,16	9 954,37	497,72	12 692,25
4	22 047,95	1 543,36	10 651,17	532,56	12 727,09
5	11 396,78	797,77	11 396,76	569,84	12 764,37
6	0,02 (Restschuld nach 5 Jahren)			Summe 2 500,01	

Dafür, daß die Restschuld nach 5 Jahren nicht exakt gleich 0 ist, sind Rundungsfehler verantwortlich.

Beispiel 19: Eine jährlich mit 6 % zu verzinsende Annuitätenschuld über 100 000 EUR soll in 20 gleichen nachschüssigen Jahresraten getilgt werden. Zusätzlich werde ein Tilgungsaufgeld von 8 % erhoben.

Die Annuität beträgt nach (22)

$$A = \frac{100000 \cdot 1{,}06^{20} \cdot 0{,}06}{1{,}06^{20} - 1} = 8718{,}46 \text{ EUR}.$$

Die zusätzlichen Gebühren betragen im 1. Jahr nach (30)

$$G_1 = \frac{0{,}08 \cdot 8718{,}46}{1{,}06^{20}} = 217{,}48 \text{ EUR}$$

und im letzten Jahr

$$G_{20} = G_1 \cdot 1{,}06^{19} = \frac{0{,}08 \cdot 8718{,}46}{1{,}06} = 658 \text{ EUR.}$$

4.3.7. Annuitätentilgung mit eingeschlossenem Tilgungsaufgeld

Falls das Tilgungsaufgeld von α % in der vorgegebenen Annuität A^* bereits enthalten ist, gilt beim n-ten Zinstermin für die Zinsrate Z_n und die Tilgungsrate T_n die Bedingung

$$A^* = Z_n + T_n + \frac{\alpha}{100} \cdot T_n = Z_n + \left(1 + \frac{\alpha}{100}\right) \cdot T_n .$$

Für die erste Tilgungsrate T_1 gilt wegen $Z_1 = \frac{p}{100} \cdot S$

$$A^* = \frac{p}{100} \cdot S + \left(1 + \frac{\alpha}{100}\right) \cdot T_1; \quad T_1 = \frac{A^* - \frac{p}{100} \cdot S}{\left(1 + \frac{\alpha}{100}\right)}. \tag{31}$$

$\left(1 + \frac{\alpha}{100}\right) \cdot T_n$ (Tilgung + Aufgeld) unterscheidet sich vom vorangehenden Gesamtbetrag $\left(1 + \frac{\alpha}{100}\right) \cdot T_{n-1}$ durch den Zinsbetrag, welcher durch die vorangehende Tilgung der Höhe T_{n-1} gespart wird. Damit gilt die Rekursionsformel

$$\left(1 + \frac{\alpha}{100}\right) \cdot T_n = \left(1 + \frac{\alpha}{100}\right) \cdot T_{n-1} + \frac{p}{100} \cdot T_{n-1} .$$

Hieraus folgt

$$T_n = T_{n-1} \cdot \left(1 + \frac{p}{100 \cdot \left(1 + \frac{\alpha}{100}\right)}\right) = q^* \cdot T_{n-1}$$

$$\text{für } n = 2, 3, \ldots \text{ mit } q^* = 1 + \frac{p}{100 \cdot \left(1 + \frac{\alpha}{100}\right)}. \tag{32}$$

Mit (31) erhält man hieraus

$$T_n = T_1 \cdot q^{*n-1} = \frac{A^* - \frac{p}{100} \cdot S}{\left(1 + \frac{\alpha}{100}\right)} \cdot q^{*n-1} \quad \text{für } n = 2, 3, \ldots. \tag{33}$$

Der gesamte Tilgungsbetrag bis zum n-ten Zinstermin ist

$$B_n = \sum_{k=1}^{n} T_k = T_1 \cdot \sum_{k=1}^{n} q^{*(k-1)} = T_1 \cdot \frac{q^{*n} - 1}{q^* - 1} = \frac{A^* - \frac{p}{100} \cdot S}{\left(1 + \frac{\alpha}{100}\right)} \cdot \frac{q^{*n} - 1}{q^* - 1}.$$

Damit ergibt sich die Restschuld nach n Zinsperioden als

$$S_n = S - B_n = S - \frac{A^* - \frac{p}{100} \cdot S}{\left(1 + \frac{\alpha}{100}\right)} \cdot \frac{q^{*n} - 1}{q^* - 1} \quad \text{für } n = 2, 3, \ldots . \tag{34}$$

Hieraus folgt

$$S_n = S + S \cdot \frac{p}{100 \cdot \left(1 + \frac{\alpha}{100}\right)} \cdot \frac{q^{*n} - 1}{q^* - 1} - \frac{A^*}{1 + \frac{\alpha}{100}} \cdot \frac{q^{*n} - 1}{q^* - 1}.$$

Mit $q^* - 1 = \frac{p^*}{100} = \frac{p}{100 \cdot \left(1 + \frac{\alpha}{100}\right)}$

geht diese Gleichung über in

$$S_n = S \cdot q^{*n} - \frac{A^*}{1 + \frac{\alpha}{100}} \cdot \frac{q^{*n} - 1}{q^* - 1}. \tag{34'}$$

Falls die Laufzeit N bis zur vollständigen Tilgung vorgegeben ist, erhält man mit $S_N = 0$ aus (34') die Annuität

$$A^* = \frac{S \cdot \left(1 + \frac{\alpha}{100}\right) \cdot q^{*N} \cdot (q^* - 1)}{q^{*N} - 1}. \tag{35}$$

Diese Annuität enthält bereits das Tilgungsaufgeld.

Zur vorgegebenen Annuität A* erhält man die Laufzeit N aus (35) nach elementarer Rechnung als

$$N = \frac{-\lg\left(1 - \frac{p \cdot S}{100 \cdot A^*}\right)}{\lg q^*}. \tag{36}$$

Zu vorgegebener Laufzeit N läßt sich die Gesamtannuität A*, welche die Gebühren enthält, auch durch folgende Überlegungen berechnen.

Zur Berechnung von A* wird nicht die ausgezahlte Ausgangsschuld S benutzt, sondern eine fiktive Ersatzschuld S*, welche die Tilgungsaufgelder umfaßt.

1. Die Aufgelder werden zu den Tilgungsbeträgen zugeschlagen, so daß anstelle der Schuld S die **Ersatzschuld** $S^* = S \cdot \left(1 + \frac{\alpha}{100}\right)$ zu tilgen ist.
2. Da das gesamte Aufgeld $S \cdot \frac{\alpha}{100}$ nicht verzinst wird, muß für diese Ersatzschuld ein anderer Zinssatz, ein sog. **Ersatzzinssatz** p* benutzt werden. p* ist so zu bestimmen, daß er bezüglich S* die gleichen Zinsen liefert wie p bezüglich S.

Damit erhält man die Bedingung

$$S \cdot \frac{p}{100} = S \cdot \left(1 + \frac{\alpha}{100}\right) \cdot \frac{p^*}{100} \qquad \text{mit der Lösung}$$

$$p^* = \frac{p}{1 + \frac{\alpha}{100}}.$$

Ersatzmodell:

Anstelle der Schuld S ist die **Ersatzschuld** $S^* = S \cdot \left(1 + \frac{\alpha}{100}\right)$ mit dem sog. **wirksamen Ersatzzinssatz** $p^* = \dfrac{p}{1 + \frac{\alpha}{100}}$ zu verzinsen. Den Zinsen in diesem Modell entsprechen die Zinsen und Gebühren im Ausgangsmodell.

Mit der Ersatzschuld S^* und dem wirksamen Ersatzzinssatz p^* erhält man aus (22) die Annuität

$$A^* = \frac{S \cdot \left(1 + \frac{\alpha}{100}\right) \cdot q^{*N} \cdot (q^* - 1)}{q^{*N} - 1} \qquad \text{mit } q^* = 1 + \frac{p^*}{100},$$

die mit (35) übereinstimmt.

Die Ersatzschuld $S^* = S \cdot \left(1 + \frac{\alpha}{100}\right)$ ist zwar zur Berechnung der Annuität aus der Laufzeit N geeignet. Sie darf jedoch nicht zur Berechnung der Restschuld S_n benutzt werden, da die Restschuld aus der Ausgangsschuld S mit Hilfe des Tilgungsaufgeldes berechnet wird. Sie muß nach (34) bzw. (34′) berechnet werden.

$$S_n = S - \frac{A^* - \frac{p}{100} \cdot S}{1 + \frac{\alpha}{100}} \cdot \frac{q^{*n} - 1}{q^* - 1} = S \cdot q^{*n} - \frac{A^*}{1 + \frac{\alpha}{100}} \cdot \frac{q^{*n} - 1}{q^* - 1};$$

$$T_n = \frac{A^* - \frac{p}{100} \cdot S}{\left(1 + \frac{\alpha}{100}\right)} \cdot q^{*n-1};$$

$$A^* = \frac{S \cdot \left(1 + \frac{\alpha}{100}\right) \cdot q^{*N} \cdot (q^* - 1)}{q^{*N} - 1} \qquad \text{mit } S_N = 0; \tag{37}$$

$$N = \frac{-\lg\left(1 - \frac{p \cdot S}{100 \cdot A^*}\right)}{\lg q^*} \qquad \text{mit } q^* = 1 + \frac{p^*}{100}; \quad p^* = \frac{p}{1 + \frac{\alpha}{100}}.$$

Tilgungsaufgeld α %
S $=$ Ausgangsschuld mit dem Zinssatz p
A^* = vorgegebene Gesamtannuität (einschließlich Tilgungsaufgeld)
T_n = n-te Tilgungsrate (einschließlich Tilgungsaufgeld)
S_n = Restschuld nach n Zinsperioden
p^* = Ersatzzinssatz
N = Laufzeit zur vorgegebenen Annuität A^*

Beispiel 20: Ein Kredit über 20000 EUR ist jährlich mit 6,6% zu verzinsen und einschließlich eines Tilgungsaufgelds von 10% in 10 gleichen nachschüssigen Jahresraten zurückzuzahlen.

a) Der Ersatzkredit lautet $S^* = 1{,}1 \cdot S = 22000$ EUR und der Ersatzzinssatz

$$p^* = \frac{6{,}6}{1{,}1} = 6\,\%.$$

b) Aus (37) erhält man hiermit die das Tilgungsaufgeld enthaltende Annuität

$$A^* = \frac{22000 \cdot 1{,}06^{10} \cdot 0{,}06}{1{,}06^{10} - 1} = 2989{,}10 \text{ EUR}.$$

Aus den Zinsen Z_n für das n-te Jahr erhält man die Tilgungsrate

$$T_n = \frac{A^* - Z_n}{1 + \frac{\alpha}{100}} = \frac{2989{,}10 - Z_n}{1{,}1}.$$

Mit den Ausgangsdaten S = 20000 und p = 6,6% erhält man den Tilgungsplan

Jahr	Anfangsschuld	Zinsen Z_n	Tilgung T_n	Restschuld
1	20000	1320	1517,36	18482,64
2	18482,64	1219,85	1608,41	16874,23
2	16874,23	1113,70	1704,91	15169,32
4	15169,32	1001,18	1807,20	13362,12
5	13362,12	881,90	1915,64	11446,48
6	11446,48	755,47	2030,57	9415,91
7	9415,91	621,45	2152,41	7263,50
8	7263,50	479,39	2281,55	4981,95
9	4981,95	328,81	2418,45	2563,50
10	2563,50	169,19	2563,55	−0,05

Wegen Rundungsfehlern – vor allem bei der Berechnung von A^* – weicht in diesem Tilgungsplan die Restschuld nach 10 Jahren von 0 ab.

Die Restschuld nach 5 Jahren erhält man auch direkt aus (37) als

$$S_5 = 20000 - \frac{2989{,}10 - 0{,}066 \cdot 20000}{1{,}1} \cdot \frac{1{,}06^5 - 1}{0{,}06} = 11446{,}48 \text{ EUR}.$$

c) Ohne Tilgungsaufgeld würde die Annuität nach (22)

$$A = \frac{20000 \cdot 1{,}066^{10} \cdot 0{,}066}{1{,}066^{10} - 1} = 2795{,}13 \text{ EUR}.$$

betragen.

4.3.8. Annuitätentilgung mit zusätzlicher Restschuldgebühr

Ähnlich wie in Abschnitt 4.2.3.2. soll bei jeder Zinsberechnung β % von der vorhergehenden Restschuld als Gebühren berechnet werden. Falls keine unterjährige Tilgung stattfindet, betragen die zum n-ten Zinstermin zusätzlich anfallenden Gebühren

$$G_n = \frac{\beta}{100} \cdot S_{n-1}, \quad n = 1, 2, \ldots . \tag{38}$$

Dabei ist S_{n-1} die zu Beginn der n-ten Zinsperiode vorhandene Restschuld.

Bei einer Laufzeit von N Zinsperioden folgt aus (22)

$$G_n = \frac{\beta}{100} \cdot \frac{A}{q-1} \cdot \left(1 - \frac{q^{n-1}}{q^N}\right). \tag{39}$$

Im Gegensatz zum Tilgungsaufgeld sind diese Gebühren fallend. Insgesamt erhält man die Gesamtgebühren

$$\begin{aligned} G = \sum_{n=1}^{n} G_n &= \frac{\beta}{100} \cdot \frac{A}{q-1} \cdot \left[N - \frac{\sum_{k=0}^{N-1} q^k}{q^N}\right] \\ &= \frac{\beta}{100} \cdot \frac{A}{q-1} \cdot \left[N - \frac{q^N - 1}{q^N \cdot (q-1)}\right]. \end{aligned} \tag{40}$$

Damit gilt

$$\boxed{\begin{aligned} G_n &= \frac{\beta}{100} \cdot \frac{A}{q-1} \cdot \left(1 - \frac{q^{n-1}}{q^N}\right); \\ G &= \frac{\beta}{100} \cdot \frac{A}{q-1} \cdot \left[N - \frac{q^N - 1}{q^N \cdot (q-1)}\right]. \end{aligned}} \tag{41}$$

N = Laufzeit in Zinsperioden
A = Annuität ohne Gebühren
G_n = Gebühren zum n-ten Zinstermin = β % von der Restschuld S_{n-1}
G = Gesamtgebühren

Beispiel 21: Bei einem Jahreszinssatz von 7,5 % soll eine nachschüssige Annuitätenschuld über 20000 EUR in 4 gleichen Jahresannuitäten getilgt werden. Zusätzlich zu dieser Annuität soll in jedem Jahr 3 % von der zu Beginn des Jahres bestehenden Restschuld an Gebühren gezahlt werden.

a) Ohne Tilgungsaufschlag lautet nach (22) die Annuität

$$A = \frac{20000 \cdot 1{,}075^4 \cdot 0{,}075}{1{,}075^4 - 1} = 5971{,}35 \text{ EUR}.$$

b) Mit dieser Annuität erhält man den Tilgungsplan

Jahr	Schuld zu Beginn	Zinsen	Tilgung	Gebühren	Gesamt-belastung
1	20000	1500	4471,35	600	6571,35
2	15528,65	1164,65	4806,70	465,86	6437,21
3	10721,95	804,15	5167,20	321,66	6293,01
4	5554,75	416,61	5554,74	166,64	6137,99
5	0,01		Summe	1554,16	

(Restschuld nach 5 Jahren)

Die Gesamtgebühren erhält man auch aus (41) als

$$G = 0{,}03 \cdot \frac{5971{,}35}{0{,}075} \cdot \left(4 - \frac{1{,}075^4 - 1}{1{,}075^4 \cdot 0{,}075}\right) = 1554{,}16 \text{ EUR}.$$

4.3.9. Annuitätentilgung mit eingeschlossener Restschuldgebühr

Falls die Gebühren von β% von der vorhergehenden Restschuld in der Annuität A enthalten sind, gilt

$$A = T_n + Z_n + G_n = T_n + S_{n-1} \cdot \left(\frac{p+\beta}{100}\right). \tag{42}$$

Da es für den Schuldner belanglos ist, ob die Kosten durch Zinsen oder Gebühren verursacht werden, ist es naheliegend, die Gebühren zu den Zinsen zu schlagen und die Annuitätentilgung mit dem effektiven Ersatzzinssatz

$$\tilde{p} = p + \beta$$

durchzuführen. Mit diesem Ersatzzinssatz läßt sich die Annuität berechnen und der Tilgungsplan aufstellen.

Aus den mittels $\tilde{p}$ berechneten Ersatzzinsen Z_n zum Zinszeitpunkt n erhält man die Zinsen

$$Z_n = \frac{p}{p+\beta} \cdot \tilde{Z}_n$$

und die Gebühren

$$G_n = \frac{\beta}{p+\beta} \cdot \tilde{Z}_n.$$

Beispiel 22: Ein Kleinkredit über 20000 EUR ist jährlich mit 8 % zu verzinsen. Neben den Zinsen werden jedes Jahr Gebühren berechnet und zwar $^1/_2$ % von der vorangehenden Restschuld. Nach 10 Jahren soll der Kleinkredit mit einer konstanten Rückzahlungsrate, in der die Gebühren enthalten sind, vollständig getilgt sein.

a) Mit q = 1,085 (Zinsen + Gebühren) erhält man aus (22) die Annuität

$$A = \frac{20000 \cdot 1{,}085^{10} \cdot 0{,}085}{1{,}085^{10} - 1} = 3048{,}15 \text{ EUR}.$$

b) Für die während der gesamten Laufzeit anfallenden Zinsen und Gebühren erhält man

$$Z + G = 10 \cdot A - S = 10481{,}50 \text{ EUR}.$$

Die Gesamtgebühren betragen $G = \frac{0{,}5}{8{,}5} \cdot 10481{,}50 = 616{,}56$ EUR

und die Zinsen $Z = 9864{,}94$ EUR.

c) Ohne Gebühren von der Restschuld würde die Annuität nur

$$A_0 = \frac{20000 \cdot 1{,}08^{10} \cdot 0{,}08}{1{,}08^{10} - 1} = 2980{,}59 \text{ EUR}$$

betragen. In diesem Modell lauten die Gesamtzinsen $\tilde{Z} = 10 \cdot A_0 - 20000 = 9805{,}90$ EUR.

Dieser Betrag weicht von dem in b) berechneten ab. Der Grund hierfür liegt darin, daß beim Zuschlag der Gebühren zu den Zinsen durch die gemeinsame Annuität die einzelnen Tilgungsleistungen verändert und damit zeitlich verschoben werden. Diese Verschiebungen wirken sich auf die Zinsberechnung aus.

4.4. Kredite mit Auszahlungsgebühren (Disagio)

Bei vielen Hypothekendarlehen wird bei der Auszahlung γ % von der Schuldsumme als sog. **Auszahlungsgebühr** abgezogen. Der Schuldner muß in diesem Fall den vollen Betrag verzinsen und tilgen, obwohl ihm davon nur (100-γ) % zur Verfügung gestellt wurde. Bei einem Kreditbetrag $\hat{S}$ beträgt dieses sog. **Disagio** $\frac{\gamma}{100} \cdot \hat{S}$, so daß bei einer Kreditauszahlung von $S = \hat{S} \cdot \left(1 - \frac{\gamma}{100}\right)$ der volle Betrag $\hat{S} = \frac{S}{1 - \frac{\gamma}{100}}$ zu verzinsen und tilgen ist.

Das Disagio bis zu 10% ist häufig aus steuerlichen Gründen interessant, vor allem bei der Finanzierung von Wohnungseigentum. Bei einer 100%igen Auszahlung ($\gamma = 0$) ist S mit dem marktüblichen effektiven Zinssatz p' zu verzinsen. Im Falle $\gamma > 0$ sollte der auf $\hat{S} = \frac{S}{1 - \frac{\gamma}{100}}$ anwendbare Zinssatz p_γ kleiner sein.

Bei einer fest vereinbarten Annuität A_γ beträgt die Restschuld nach n Zinsperioden

$$\hat{S}_n = \hat{S} \cdot q_\gamma^n - A_\gamma \cdot \frac{q_\gamma^n - 1}{q_\gamma - 1} \quad \text{mit} \quad q_\gamma = 1 + \frac{p_\gamma}{100}; \quad \hat{S} = \frac{S}{1 - \frac{\gamma}{100}}. \tag{43}$$

$\gamma = 0$ ergibt mit der gleichen Annuität A_γ die Restschuld

$$S_n = S \cdot q'^n - A_\gamma \cdot \frac{q'^n - 1}{q' - 1} \quad \text{mit} \quad q' = 1 + \frac{p'}{100}; \tag{44}$$

p' = effektiver Zinssatz.

Die Zinsfestschreibung gelte für m Zinsperioden. Dann läßt sich aus (43) die Restschuld $\hat{S}_m$ berechnen. Bei 100% Auszahlung und der Verzinsung der effektiven Kreditsumme S zum Effektivzinssatz p' erhält man mit der gleichen Annuität A_γ die Restschuld S_m aus (44).

Damit läßt sich bei gleicher Annuität der effektive Jahreszinssatz p' berechnen aus

$$\hat{S}_m = S \cdot q'^m - A_\gamma \cdot \frac{q'^m - 1}{q' - 1}, \tag{45}$$

was mit dem abschließenden BASIC-Programm aus Abschnitt 4.8. möglich ist.

Beispiel 23: Eine Grundschuld von 134000 EUR wird zu 95% ausgezahlt und ist vierteljährlich mit 2,15% zu verzinsen. Zum Ende eines jeden Quartals ist als Annuität 3216,00 DM zu bezahlen. Die Zinsbindung gilt für 6 Jahre.

a) Bei korrekter vierteljährlicher Verzinsung mit 2,15% lautet die Restschuld nach 6 Jahren (= 24 Quartalen)

$$S_{24} = 134000 \cdot 1{,}0215^{24} - 3216 \cdot \frac{1{,}0215^{24} - 1}{0{,}0215} = 123620{,}05 \text{ EUR.}$$

b) Am Ende eines jeden Quartals werde die gleiche Annuität von 3216 EUR verlangt, während die Zinsen mit jeweils 2,15% von der zu Beginn des Jahres vorhandenen Restschuld berechnet werden. Da die Unterjährigkeit der Tilgung ignoriert wird, kann die Restschuld mit der jährlichen Annuität A = 4 · 3216 = 12864 EUR und dem Jahreszinssatz p = 8,6% berechnet werden. Damit erhält man bei dieser nicht ganz korrekten Verzinsung die Restschuld nach 6 Jahren als

$$\hat{S}_6 = 134000 \cdot 1{,}086^6 - 12864 \cdot \frac{1{,}086^6 - 1}{0{,}086} = 124019{,}96 \text{ EUR.}$$

Die effektiven Jahreszinssätze dieser beiden Finanzierungen werden in Beispiel 30 berechnet.

4.5. Kredite mit tilgungsfreier Zeit

Bei manchen Krediten wird die Tilgung am Anfang für l Zinsperioden ausgesetzt.

Danach beginne die Tilgung nachschüssig, d.h. die erste Tilgung wird zum (1 + l)-ten Zinstermin fällig.

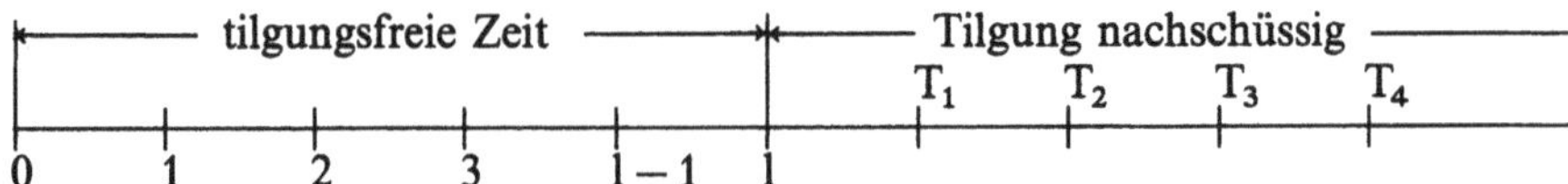

4.5.1. Bezahlung der Zinsen während der tilgungsfreien Zeit

Falls während der tilgungsfreien Zeit zu jedem Zinstermin die fälligen Zinsen der Höhe $\frac{p}{100} \cdot S$ gezahlt werden, bleibt bis zum Tilgungsbeginn die Schuldsumme S gleich. Damit können auf den Tilgungsbeginn (Zeitverschiebung) alle Formeln dieses Kapitels übertragen werden.

4.5.2. Keine Bezahlung der Zinsen während der tilgungsfreien Zeit

Falls während der tilgungsfreien Zeit auch keine Zinsen gezahlt werden, wächst die Schuld S bis zum Beginn der nachschüssigen Tilgungsphase an auf

$$S_l = S \cdot \left(1 + \frac{p}{100}\right)^l = S \cdot q^l. \tag{46}$$

Mit diesem angewachsenen Schuldbetrag S_l wird der Tilgungsplan durchgeführt.

Beispiel 24: Ein Kredit über 50000 EUR wird jährlich mit 7% verzinst. Für die Rückzahlung ist folgendes vereinbart: Am Ende des 10. Jahres und dann jährlich wird eine Annuität von 8000 EUR fällig. Falls die erste Annuität nachschüssig gezahlt wird, sind 9 tilgungsfreie Jahre festgesetzt.

a) Falls während der tilgungsfreien Zeit die laufenden jährlichen Zinsen von 3500 EUR gezahlt werden, lautet zu Beginn des 10. Jahres die Ausgangsschuld S = 50000 EUR. Damit erhält man die Tilgungsdauer

$$N = \frac{-\lg\left(1 - \frac{0{,}07 \cdot 50000}{8000}\right)}{\lg 1{,}07} = 8{,}5 \text{ Jahre}.$$

Nach 8 (abgerundet) Tilgungsjahren beträgt die Restschuld

$$S_8 = 50000 \cdot 1{,}07^8 - 8000 \cdot \frac{1{,}07^8 - 1}{0{,}07} = 3830{,}89 \text{ EUR}.$$

Am Ende des 9. Tilgungsjahres beträgt die Restannuität

$$A_9 = S_8 \cdot 1{,}07 = 4099{,}05 \text{ EUR}.$$

Diesen Restbetrag erhält man auch als $A_9 = 8000 - S_9$.

Unter Berücksichtigung der tilgungsfreien Zeit läuft der Kredit dann insgesamt 18 Jahre.

b) Falls während der tilgungsfreien Zeit keine Zinsen gezahlt werden, wächst die Schuldsumme nach 9 Jahren an auf

$$\tilde{S} = 50000 \cdot 1{,}07^9 = 91922{,}96 \text{ EUR}.$$

In diesem Fall lautet die reine Tilgungsdauer

$$N = \frac{-\lg\left(1 - \frac{0{,}07 \cdot 91922{,}96}{8000}\right)}{\lg 1{,}07} = 24{,}11 \text{ Jahre}.$$

Nach 24 Tilgungsjahren beträgt die Restschuld

$$\tilde{S}_{24} = 91922{,}96 \cdot 1{,}07^{24} - 8000 \cdot \frac{1{,}07^{24} - 1}{0{,}07} = 853{,}62 \text{ EUR}.$$

Entweder muß am Ende des 24. Tilgungsjahres zusätzlich 853,62 EUR gezahlt werden oder beträgt die 25. Annuität $A_{25} = 853{,}62 \cdot 1{,}07 = 913{,}37$ EUR.

4.6. Änderung der Rückzahlungsbedingungen während der Laufzeit

Bei Hypotheken wird ein fester Zinssatz in der Regel nur für eine bestimmte Zeit festgeschrieben, z. B. für 5 oder 10 Jahre. Danach wird der Zinssatz, die Annuität und die weitere Laufzeit neu festgelegt. Zur Berechnung der Restschulden muß zunächst die Restschuld am Ende der ersten Zinsfestschreibungsphase berechnet werden. Danach beginnt der Rückzahlungsprozeß mit dieser Restschuld neu (zeitliche Verschiebung).

Beispiel 25: Für eine Hypothek über 100000 EUR wird für 10 Jahre ein effektiver Zinssatz von 7,25% festgelegt. Die Tilgung erfolgt mit einer Annuität von 8250 EUR.

a) Nach 10 Jahren lautet die Restschuld nach (17)

$$S_{10} = 100000 \cdot 1{,}0725^{10} - 8250 \cdot \frac{1{,}0725^{10} - 1}{0{,}0725} = 86019{,}32 \text{ EUR}.$$

b) Nach 10 Jahren erhöhe sich der Zinssatz auf 8%. Für die Rückzahlung werde die gleiche Annuität beibehalten. Mit $n = 10$ erhält man aus (17) die Restschuld nach 20 Jahren als

$$R_{20} = 86019{,}32 \cdot 1{,}08^{10} - 8250 \cdot \frac{1{,}08^{10} - 1}{0{,}08} = 66195{,}12 \text{ EUR}.$$

4.7. Rückzahlung mit einer Tilgungsrücklage (Rücklagentilgung)

Eine Schuld S, die zu jedem der N Zinstermine mit p% verzinst werden muß, kann auch am Ende der Laufzeit N auf einmal getilgt werden. Falls während der Laufzeit die anfallenden Zinsen nicht gezahlt werden, wird am Ende der Laufzeit der Gesamtbetrag $S \cdot \left(1 + \frac{p}{100}\right)^N = S \cdot q^N$ fällig. Werden jedoch während der Laufzeit die jeweils anfallenden Zinsen gezahlt, so ist am Ende der Laufzeit die Ausgangsschuld S zu tilgen.

Der Endbetrag kann im Laufe der Zeit angespart werden. Bei der Bildung einer sog. **Tilgungsrücklage** wird zu jedem Zinstermin die gleiche Rücklage R zu einem Zinssatz $\hat{p}$ angelegt. Dieser Guthabenzinssatz $\hat{p}$ kann vom Schuldzinssatz p verschieden sein. Im Falle $\hat{p} > p$ (Zinserhöhung) ist für den Schuldner die Bildung einer Tilgungsrücklage anstelle der normalen Tilgung sicherlich vorteilhaft.

4.7.1. Tilgungsrücklage bei Zahlung der anfallenden Zinsen

Zu jedem Zinstermin werden die für die Gesamtschuld S anfallenden Zinsen $S \cdot \frac{p}{100}$ gezahlt. Gleichzeitig werde der Betrag R in die Tilgungsrücklage gestellt. Die Rücklagen werden mit $\hat{p}$ % verzinst. Damit kann die Gesamtbelastung $S \cdot \frac{p}{100} + R$ als Annuität aufgefaßt werden mit

$$A = \underbrace{S \cdot \frac{p}{100}}_{\text{Zinsen}} + \underbrace{R}_{\text{Tilgungsrücklage}}.$$

Für $p = \hat{p}$ stellt R praktisch eine konstante „Tilgungsrate" dar.

Bis zum Ende der Laufzeit N (Anzahl der Tilgungsperioden) ergeben die laufenden nachschüssigen Rücklageneinzahlungen nach (30) aus Abschnitt 3.3.1. einschließlich der Zinsen einen Endbetrag

$$R_N = R \cdot \frac{100}{\hat{p}} \cdot \left[\left(1 + \frac{\hat{p}}{100}\right)^N - 1\right] = R \cdot \frac{\hat{q}^N - 1}{\hat{q} - 1} = S \quad \text{mit} \quad \hat{q} = 1 + \frac{\hat{p}}{100}. \qquad (47)$$

Falls mit der Rücklagenbildung erst nach einigen Zinsperioden begonnen wird, muß in (47) N entsprechend reduziert werden.

Die Gleichung (47) kann bei vorgegebenem $\hat{p}$ und S nach R oder nach N aufgelöst werden.

Beispiel 26: Die Laufzeit einer Schuld über 50000 EUR mit einem effektiven Jahreszinssatzz von 6 % betrage 20 Jahre. Jeweils zum Jahresende werden die laufenden Zinsen gezahlt und eine Rücklage R zum Zinssatz von 5,5% angelegt. Damit die Rücklagentilgung nach 20 Jahren vorgenommen werden kann, erhält man aus (47) für die Rücklagenrate den Wert

$$R = 50000 \cdot \frac{5{,}5}{100} \cdot \frac{1}{1{,}055^{20} - 1} = 1433{,}97 \text{ EUR}.$$

Beispiel 27: Eine Schuld über 200000 EUR ist jährlich mit 5 % zu verzinsen. Für die Rückzahlung stehen nachschüssig jährlich insgesamt 15000 EUR zur Verfügung und zwar 10000 EUR für die laufenden Zinsen und 5000 EUR für eine Tilgungsrücklage, die jährlich zu 4,5 % mit Zinseszins angelegt wird. Gesucht ist die Laufzeit N, nach der die Gesamtschuld S mit der Tilgungsrücklage getilgt werden kann.

Aus (47) folgt

$$1{,}045^N = 1 + \frac{200000 \cdot 0{,}045}{5000} = 2{,}8.$$

Logarithmieren liefert

$$N = \frac{\lg 2{,}8}{\lg 1{,}045} = 23{,}39 \text{ Jahre}.$$

Nach 23 bzw. 24 Jahren lauten die Tilgungsrücklagen nach (47)

$$R_{23} = 5000 \cdot \frac{1{,}045^{23} - 1}{0{,}045} = 194685{,}15 \text{ EUR}.$$

$$R_{24} = 5000 \cdot \frac{1{,}045^{24} - 1}{0{,}045} = 208445{,}98 \text{ EUR}.$$

4.7.2. Tilgungsrücklage ohne Zahlung der anfallenden Zinsen

Falls die laufenden Zinsen nicht gezahlt werden, wächst die Schuld S bis zum Ende der Laufzeit N auf $S_N = S \cdot \left(1 + \frac{p}{100}\right)^N$ an. Damit am Ende der Laufzeit N die Gesamtschuld S_N mit Hilfe der Tilgungsrücklage R_N zurückgezahlt werden kann, muß $R_N = S_N$ gelten. Aus (47) erhält man

$$R_N = R \cdot \frac{100}{\hat{p}} \cdot \left[\left(1 + \frac{\hat{p}}{100}\right)^N - 1\right] = S \cdot \left(1 + \frac{p}{100}\right)^N = S_N. \tag{48}$$

Beispiel 28: Eine Schuld über 80000 EUR muss bei einer Laufzeit von 15 Jahren jährlich mit 6,5 % verzinst werden. Die Tilgung einschließlich der anfallenden Zinsen soll mit Hilfe einer jährlichen nachschüssigen Tilgungsrate R erfolgen, die mit 6,4 % verzinst wird.

Aus (48) erhält man diese Tilgungsrate als

$$R = 80000 \cdot 1{,}065^{15} \cdot 0{,}064 \cdot \frac{1}{1{,}064^{15} - 1} = 8\,573{,}61 \text{ EUR}.$$

4.8. BASIC-Programm für Annuitätentilgungen

Das nachfolgende BASIC-Programm behandelt vor- oder nachschüssige unterjährige Annuitätentilgungen. In der konstanten Annuität A sollen bereits alle Kosten enthalten sein. Dabei können die Zahlungen vor- oder nachschüssig vorgenommen werden. Die unterjährige Verzinsung kann mit (korrekt) oder ohne (nichtkorrekt) Berücksichtigung der Unterjährigkeit der Tilgungen erfolgen. Auszahlungsgebühren und Tilgungsaufgelder werden in 1)–3) berücksichtigt. Folgende Fallunterscheidungen sind möglich:

1) Berechnung der **Annuität A** aus der Laufzeit N.
2) Berechnung der **Laufzeit** N und der **Restannuität** aus einer vorgegebenen Annuität.
3) Berechnung der **Restschuld** S_n nach n Zinsperioden aus einer vorgegebenen Annuität. Dabei kann auch die in 1) berechnete Annuität verwendet werden.
4) Berechnung des **effektiven Zinssatzes p' bei korrekter unterjähriger Verzinsung**.

Aus dem effektiv ausgezahlten Kreditbetrag S und der (vorgegebenen) unterjährigen vor- oder nachschüssigen Annuität A wird derjenige Zinssatz p' berechnet, der nach n Zinsperioden bei korrekter unterjähriger Verzinsung einen vorgegebenen (evtl. nach anderen Methoden berechneten) Restkredit S_n liefert. Der berechnete Zinssatz p' berücksichtigt somit Tilgungsaufgelder, Auszahlungsgebühren (Disagio) und nichtkorrekte Verzinsungsmethoden. Zur Berechnung von p' wird nach Anpassung der unterjährigen Termine die Formel (45) benutzt.

Falls n die Gesamtlaufzeit ist, muß $S_n = 0$ eingegeben werden.

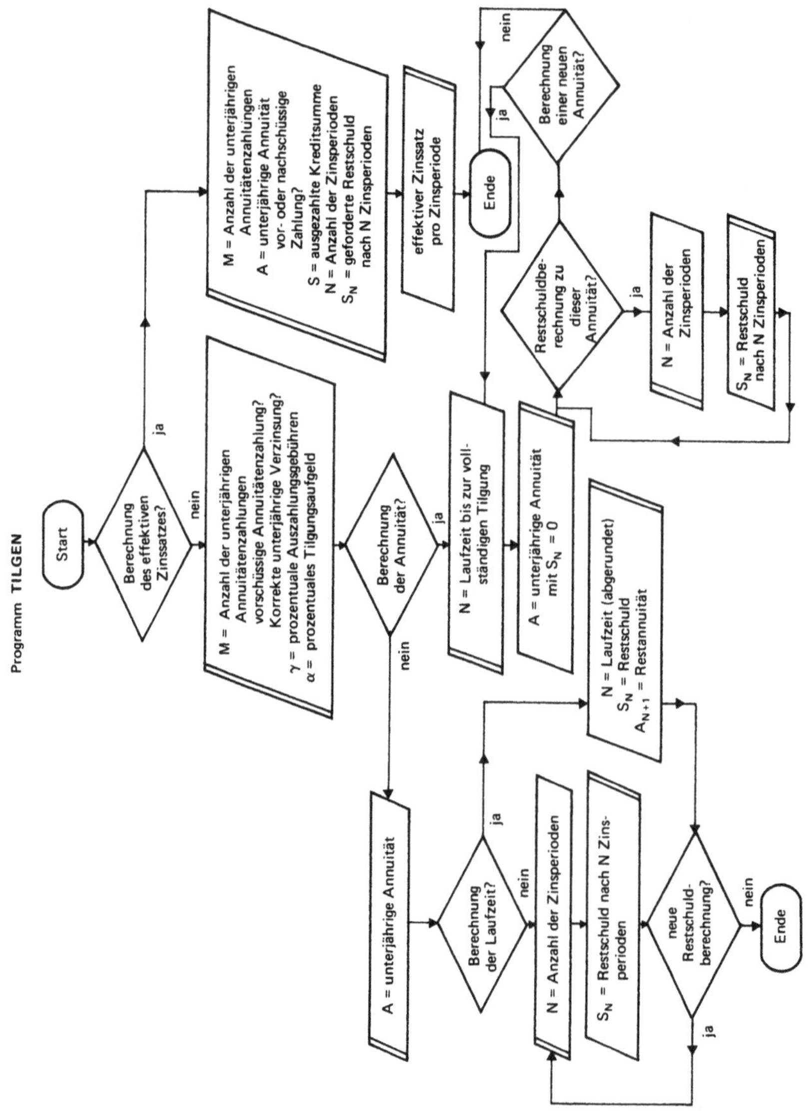
Programm TILGEN
Start
Berechnung des effektiven Zinssatzes?
ja
nein
M = Anzahl der unterjährigen Annuitätenzahlungen
vorschüssige Annuitätenzahlung?
Korrekte unterjährige Verzinsung?
γ = prozentuale Auszahlungsgebühren
α = prozentuales Tilgungsaufgeld
M = Anzahl der unterjährigen Annuitätenzahlungen
A = unterjährige Annuität
vor- oder nachschüssige Zahlung?
S = ausgezahlte Kreditsumme
N = Anzahl der Zinsperioden
S_N = geforderte Restschuld nach N Zinsperioden
effektiver Zinssatz pro Zinsperiode
Ende
Berechnung der Annuität?
nein
ja
A = unterjährige Annuität
N = Laufzeit bis zur vollständigen Tilgung
A = unterjährige Annuität mit S_N = 0
Restschuldberechnung zu dieser Annuität?
ja
Berechnung einer neuen Annuität?
ja
nein
N = Anzahl der Zinsperioden
S_N = Restschuld nach N Zinsperioden
Berechnung der Laufzeit?
ja
nein
N = Anzahl der Zinsperioden
S_N = Restschuld nach N Zinsperioden
N = Laufzeit (abgerundet)
S_N = Restschuld
A_N+1 = Restannuität
neue Restschuldberechnung?
ja
nein
Ende

```
5 REM TILGEN-------------------------------------------------------PROGRAMM NR II
10 REM A N N U I T Ä T E N S C H U L D E N BEI BELIEBIGER LAUFZEIT
20 REM BERECHNUNG DER RESTSCHULD UND DER EFFEKTIVEN VERZINSUNG
30 REM  AUSZAHLUNGSGEBÜHREN UND TILGUNGSAUFGELDER WERDEN BERÜCKSICHTIGT
40 REM  DIE UNTERJÄHRIGEN ANNUITÄTEN ENTHALTEN BEREITS DAS AUFGELD
50 PRINT "SOLL EIN EFFEKTIVER ZINSSATZ BERECHNET WERDEN (J=JA)"
60 INPUT EF$:IF EF$="J" THEN GOTO 140
70 PRINT "WIEVIEL % AUSZAHLUNGSGEBÜHREN WERDEN BERECHNET"
80 INPUT G
90 PRINT "WIEVIEL BETRÄGT DER AUSGEZAHLTE KREDITBETRAG S"
100 INPUT S: S=S/(1-G/100)
110 PRINT "ZU VERZINSEN IST DER BETRAG S* =";S
120 PRINT "WIEVIEL % TILGUNGSAUFGELD WIRD VERLANGT"
130 INPUT AL:AL=1+AL/100
140 PRINT "SIND DIE ANNUITÄTENZAHLUNGEN VORSCHÜSSIG (J=JA)?"
150 INPUT VOR$:M=1
160 PRINT "SIND DIE ANNUITÄTENZAHLUNGEN UNTERJÄHRIG  (J=JA)?"
170 INPUT UNT$:IF UNT$<>"J" THEN GOTO 220
180 PRINT "ANZAHL M DER UNTERJÄHRIGEN ZAHLUNGEN =?"
190 INPUT M:IF EF$="J" THEN GOTO 270
200 PRINT " WIRD BEI DER VERZINSUNG ZU DEN ZINSTERMINEN DIE UNTERJÄHRIGKEIT DER
ANNUITÄTENZAHLUNGEN BERÜCKSICHTIGT (J=JA)?"
210 INPUT KOR$
220 IF EF$="J" THEN GOTO 270
230 PRINT "ZINSSATZ P PRO ZINSPERIODE FÜR DIE SCHULD S* = ";S
240 INPUT P:PST=P/AL:QST=1+PST/100:Q=1+P/100
250 PRINT "IST DIE ANNUITÄT BEKANNT (J=JA)?"
260 INPUT AN$:IF AN$<>"J" THEN GOTO 400
270 IF M>1 THEN GOTO 290
280 PRINT "ANNUITÄT A PRO ZINSPERIODE = ":GOTO 300
290 PRINT "WELCHE ANNUITÄT MUSS ";M;" MAL PRO ZINSPERIODE GEZAHLT WERDEN ?"
300 INPUT A:IF EF$="J" THEN GOTO 740
310 PRINT "IST DIE LAUFZEIT N GESUCHT (J=JA)?"
320 INPUT LAUF$:IF LAUF$="J" THEN GOTO 560
330 PRINT "NACH WIEVIEL ZINSPERIODEN N SOLL DIE RESTSCHULD BERECHNET WERDEN?"
340 INPUT N:PRINT
350 GOSUB 920
360 PRINT "RESTSCHULD NACH ";N;" ZINSPERIODEN = ";SN
370 PRINT:ENT$="WIA"
380 PRINT"RESTSCHULDBERECHNUNG NACH EINER ANDEREN ZEIT (J=JA) ?"
390 INPUT ENT$:IF ENT$="J" THEN GOTO 330
400 REM BERECHNUNG DER ANNUITÄT AUS DER LAUFZEIT--------------------------------
410 PRINT "SOLL DIE ANNUITÄT AUS DER LAUFZEIT BERECHNET WERDEN (J=JA)?"
420 INPUT BAN$:IF BAN$<>"J" THEN END
430 PRINT "GESAMTLAUFZEIT N BIS ZUR VOLLSTÄNDIGEN TILGUNG IN ZINSPERIODEN ="
440 INPUT N:V=QST^N
450 A=S*AL*V*(QST-1)/(V-1)
460 GOSUB 990
470 A=A/F:IF M>1 THEN GOTO 490
480 PRINT "ANNUITÄT PRO ZINSPERIODE = ";A:GOTO 510
490 PRINT "PRO ZINSPERIODE MUSS ";M;" -MAL DIE UNTERJÄHRIGE ANNUITÄT"
500 PRINT A;" GEZAHLT WERDEN"
510 PRINT "SOLL DIE RESTSCHULD ZU DIESER ANNUITÄT BERECHNET WERDEN (J=JA)?"
520 INPUT RES$:IF RES$="J" THEN GOTO 330
530 PRINT:ENT$="WIA"
540 PRINT "ANNUITÄTENBERECHNUNG FÜR EINE ANDERE LAUFZEIT (J=JA)?"
550 INPUT ENT$:IF ENT$="J" THEN GOTO 430: END
560 REM BERECHNUNG DER LAUFZEIT------------------------------------------------
570 GOSUB 990
580 RT=S*AL*(QST-1)/(A*F-P*S/100)+1
590 NG=LOG(RT)/LOG(QST)
600 N=INT(NG)
610 PRINT "LAUFZEIT = ";NG;" ZINSPERIODEN"
620 GOSUB 930
630 PRINT "RESTSCHULD NACH ";N;"ZINSPERIODEN = ";SN
640 AN=SN*(AL+P/100):WE$ = "WIA":PRINT
650 IF M>1 THEN GOTO 680
660 PRINT "ZUR ";N+1;" .ZINSPERIODE WIRD DIE RESTANNUITÄT ";AN;" FÄLLIG"
670 GOTO 690
680 PRINT "WÄHREND DER ";N+1;".(LETZTEN)ZINSPERIODE WERDEN DIE ";M;" UNTERJÄHRI(
EN RESTANNUITÄTEN ";AN/F;" FÄLLIG":PRINT
690 PRINT "SOLL EINE WEITERE RESTSCHULD ZU DIESER ANNUITÄT BERECHNET"
700 PRINT "WERDEN (J=JA)?":INPUT WE$
710 IF WE$="J" THEN GOTO 330
720 END
730 REM -----------------------------------------------------------------------
740 REM BERECHNUNG DES E F F E K T I V E N  ZINSSATZES EINER ANNUITÄTENSCHULD
```

```
750 REM EINGABE ANNUITÄT UND GEFORDERTE RESTSCHULD NACH N ZINSPERIODEN
760 REM FÜR DIE BERECHNUNG WIRD DIE KORREKTE UNTERJÄHRIGE VERZINSUNG BENUTZT
770  PRINT "AUSGEZAHLTER KREDITBETRAG = ?":INPUT S
780 PRINT "NACH WIEVIEL ZINSPERIODEN N IST DIE RESTSCHULD GEGEBEN ?"
790 INPUT N:KOR$="J"
800 PRINT "RESTSCHULD NACH ";N;" ZINSPERIODEN = ?"
810 INPUT RNN:AL=1
820 LI=0:P=1
830 P=2*P:RE=P:GOSUB 930
840 IF SN<RNN THEN GOTO 830
850 FOR I=1 TO 40
860 P=(LI+RE)/2:GOSUB 930
870 IF SN>RNN THEN RE=P ELSE LI=P
880 NEXT I
890 PRINT
900 PRINT "EFFEKTIVER ZINSSATZ PRO ZINSPERIODE = ";P;" %"
910 END
920 REM-----------------------------------------------------------------
930 REM BERECHNUNG DER RESTSCHULD ---------------------------------------
940 PST=P/AL:QST=1+PST/100
950 GOSUB 990
960 B=QST^N:HK=(A*F-P*S/100)/AL
970 SN=S-HK*(B-1)/(QST-1)
980 RETURN
990 REM HILFSPROGRAMM UNTERJÄHRIG---------------------------------------
1000 IF KOR$="J" THEN GOTO 1030
1010 IF VOR$="J" THEN F=M*(1+P/100) ELSE F=M
1020 RETURN
1030 IF VOR$="J" THEN HI=M+1 ELSE HI=M-1
1040 F=M+HI*P/200
1050 RETURN
```

Beispiel 29: Ein Bauherr benötigt S = 100 000 EUR. Ein Kreditinstitut bietet für 10 Jahre folgende Bedingungen an:

nomineller Jahreszinssatz p = 7%, Auszahlung 90%.

Mit 7% zu verzinsen ist also der Betrag $S^* = \dfrac{S}{0{,}9} = 111\,111{,}11$ EUR.

Die Jahresannuität sei 8% von der Schuldsumme S*, die auf 4 Quartalsannuitäten der Höhe 2 222,22 EUR aufgeteilt werden.

a) Bei korrekter vierteljährlicher Verzinsung mit jeweils 1,75% liefert das obige Programm die Restschuld nach 10 Jahren

   $S_{10} = 95\,212{,}84$ EUR.

   Mit S = 10000 EUR, n = 10 und $S_{10} = 92\,535{,}78$ liefert das Programm für die zehnjährige Laufzeit den effektiven Jahreszinssatz

   $p' = 8{,}867367\,\%$.

b) Falls bei der Verzinsung die Unterjährigkeit der Tilgung nicht berücksichtigt wird, lautet die Restschuld nach 10 Jahren

   $\tilde{S}_{10} = 95\,759{,}62$ EUR.

   Bei dieser Verzinsung beträgt der effektive Jahreszinssatz

   $p' = 8{,}905359\,\%$.

Beispiel 30 (vgl. Beispiel 23): Für die beiden Finanzierungsarten aus Beispiel 23 erhält man mit n = 24 (= 6 Jahre) den effektiven Quartalszinssatz

a) $p' = 2{,}436247\,\%$ pro Quartal;
b) $p' = 2{,}446133\,\%$ pro Quartal.

Den effektiven Jahreszinssatz p_{eff} erhält man aus

$$1 + \frac{p_{eff}}{100} = \left(1 + \frac{p'}{100}\right)^4$$

als

a) $p_{eff} = 10{,}1068\,\%$ pro Jahr;
b) $p_{eff} = 10{,}1494\,\%$ pro Jahr.

4.9. Aufgaben

1. Ein Kredit über 50 000 EUR muss jährlich mit 6 % verzinst werden. Die Tilgung erfolgt in 20 gleichen Tilgungsraten jeweils zum Jahresende. Daneben sind die anfallenden Zinsen zu bezahlen.
   a) Wieviel Zinsen müssen für das 10., das 15., und das letzte Jahr gezahlt werden?
   b) Wieviel Zinsen fallen während der gesamten Laufzeit an?

2. Für einen Ratenkredit über 60 000 EUR muss monatlich nachschüssig 500 EUR für die reine Tilgung aufgebracht werden.
   a) Zusätzlich zu der monatlichen Tilgungsrate müssen 0,6 % Zinsen für die zum Monatsbeginn vorhandene Restschuld gezahlt werden. Wieviel Zinsen müssen
      α) für den letzten Tilgungsmonat;
      β) insgesamt
      gezahlt werden?
   b) Berechnen Sie diese Zinsen, falls bei der Zinsberechnung mit 0,6 % jeweils die zu Jahresbeginn vorhandene Restschuld benutzt wird. Bei welchem nominellen Ersatzzinssatz $\hat{p}$ wäre in diesem Fall die gesamte Zinsbelastung gleich hoch wie bei der korrekten monatlichen Verzinsung?

3. Ein Ratenkredit über 20 000 EUR wird jährlich mit 7 % verzinst. Zum Jahresende müssen neben der Tilgungsrate von 2000 EUR noch die laufenden Zinsen sowie Gebühren gezahlt werden. Stellen Sie den Tilgungsplan auf bei
   a) 5 % Tilgungsaufgeld;
   b) 2 % Gebühren von der zum Jahresbeginn vorhandenen Restschuld.
   Berechnen Sie jeweils die während der gesamten Laufzeit anfallenden Zinsen und Gebühren.

4. Eine Schuld über 20 000 EUR wird jährlich mit 5 % verzinst. Sie soll in 10 gleichbleibenden nachschüssigen Annuitäten zurückgezahlt werden.
   a) Bestimmen Sie die Annuität.
   b) Bestimmen Sie die Restschuld nach 6 Jahren.
   c) Bestimmen Sie die Tilgungsrate am Ende des 6. Jahres.

5. Zur Rückzahlung eines Kredits mit einem effektiven Jahreszinssatz von 5 % kann jemand 15 Jahre lang jeweils einen Betrag von 8000 EUR aufbringen. Wie hoch kann der Kreditbetrag höchstens sein?

6. Eine Hypothek über 200 000 EUR mit einem effektiven Zinssatz von 6,25 % soll in 15 gleichen Jahresannuitäten zurückgezahlt werden.
   a) Berechnen Sie die Annuität.
   b) Wieviel Zinsen müssen insgesamt gezahlt werden?
   c) Wie hoch ist die Tilgung im letzten Jahr?

7. Eine Schuld in Höhe von 75 000 EUR muß jährlich mit 8 % verzinst und jährlich mit 9000 EUR nachschüssig zurückgezahlt werden.
   a) Bestimmen Sie die Laufzeit.
   b) Bestimmen Sie die Restschuld am Ende des letzten ganzen Jahres der Laufzeit.
   c) Welche Restannuität muß am Ende des darauffolgenden Jahres gezahlt werden?

8. Ein Kredit über 80 000 EUR wird halbjährlich mit 4 % verzinst. Die Rückzahlung erfolgt in nachschüssigen monatlichen Annuitäten von 1000 EUR.
   a) Berechnen Sie die konforme nachschüssige Halbjahresannuität.
   b) Berechnen Sie die Laufzeit.
   c) Welche verringerten Monatsannuitäten müssen im letzten Halbjahr gezahlt werden?

9. Ein Kredit über 350 000 EUR mit einer Laufzeit von 10 Jahren ist jeweils vierteljährlich mit 1,75 % zu verzinsen. Bestimmen Sie die konstante Annuität, falls die nachschüssige Annuitätenzahlung
   a) jährlich;
   b) halbjährlich;
   c) vierteljährlich;
   d) monatlich

   erfolgt.

10. Für ein Hypothekendarlehen der Höhe 50 000 EUR müssen vierteljährlich einschließlich der anfallenden Zinsen 2 000 EUR gezahlt werden. Die Verzinsung erfolge vierteljährlich mit
    α) 2 % von der vorausgehenden Restschuld;
    β) 2 % von der zu Jahresbeginn vorhandenen Restschuld.

    Berechnen Sie für beide Modelle
    a) die Restschuld nach 8 Jahren;
    *b) den effektiven Jahreszinssatz bei einer Zinsfestschreibung von 8 Jahren.

    Mit welchem Zinssatz müßte in b) jeweils die Ausgangsschuld verzinst werden, damit nach 8 Jahren in a) und b) die Restschulden gleich hoch wären?

11. Eine Schuldsumme von 100 000 EUR wird jährlich mit 6,5 % verzinst und ist in 10 gleichen jährlichen Annuitäten zu tilgen.
    a) Berechnen Sie die Annuität A ohne Tilgungsaufgeld.
    b) Zusätzlich zur Annuität A sollen jeweils 3 % von der Tilgungssumme als Gebühren gezahlt werden. Stellen Sie den gesamten Tilgungsplan auf. Wieviel Gebühren müssen insgesamt gezahlt werden?
    c) Stellen Sie den Tilgungsplan auf, falls bei jeder Tilgung zusätzlich 1 % von der zu Beginn des entsprechenden Jahres vorhandenen Restschuld als Gebühren bezahlt werden müssen. Berechnen Sie die gesamten Gebühren mit Hilfe einer geeigneten Formel.

12. Eine Annuitätenschuld über 50 000 EUR ist jährlich mit 5,5 % zu verzinsen und einschließlich eines Tilgungsaufschlags von 8 % in 6 gleichen nachschüssigen Jahresraten zurückzuzahlen. Die konstante Jahresrate enthalten also Tilgung, Zinsen und Gebühren. Stellen Sie den Tilgungsplan auf.

13. In 11 b) und c) sollen die entsprechenden Gebühren in den Annuitäten bereits enthalten sein. Berechnen Sie diese Annuitäten.

*14. Für einen Kredit der Höhe 20000 EUR muss 5 Jahre lang nachschüssig jeweils 4877,81 DM zurückgezahlt werden. Danach sei der Kredit getilgt. Berechnen Sie den effektiven Jahreszinssatz.

*15. Ein Darlehen der Höhe 55000 EUR soll in 5 Jahren getilgt sein. Berechnen Sie den effektiven Jahreszinssatz für folgende Annuitätenzahlungen
a) jährlich nachschüssig jeweils EUR 13200,–;
b) vierteljährig nachschüssig EUR 3300,–;
c) vierteljährlich vorschüssig EUR 3300,– EUR;
d) monatlich nachschüssig EUR 1100,–;
e) monatlich vorschüssig EUR 1100,–.

16. Ein Hypothekendarlehen über 150000 EUR werde nur zu 92 % ausgezahlt. Der Gesamtbetrag ist jährlich mit 6 % zu verzinsen. In 20 Jahren soll das Darlehen durch konstante nachschüssige Annuitätenzahlungen getilgt sein.
a) Berechnen Sie die Annuität.
*b) Berechnen Sie den effektiven Zinssatz bei dieser Finanzierung.

17. Ein im Grundbuch abgesichertes Darlehen über 120000 EUR werde auf 10 Jahre mit folgenden Bedingungen festgeschrieben:
Auszahlung 95 %; Jahreszinssatz 6,2 %; Ausgangsschuld 120000 EUR; jährliche Annuität 8,2 % der Ausgangssumme. Berechnen Sie die Restschuld nach 10 Jahren bei
a) jährlicher nachschüssiger Annuitätenzahlung und jährlicher Verzinsung;
b) Aufteilung der Jahresannuität aus a) in vier gleiche Quartalsannuitäten bei vierteljährlicher Verzinsung mit 1,55 % der jeweiligen
α) zu Beginn des Quartals;
β) zu Beginn des entsprechenden Jahres
vorhandenen Restschuld.
*) Berechnen Sie für alle diese Zinsmodelle den effektiven Jahreszinssatz.

18. Eine Schuld $S = 70000$ EUR wird jährlich mit 6 % verzinst. Nach 5 tilgungsfreien Jahren soll sie in weiteren 10 gleichen nachschüssigen Annuitäten zurückgezahlt werden. Berechnen Sie diese Annuität, falls während der tilgungsfreien Zeit
a) die laufenden Zinsen gezahlt;
b) keine Zinsen gezahlt werden.

19. Für eine Annuitätenschuld von 80000 EUR wird 10 Jahre lang nachschüssig jeweils 8000 EUR zurückgezahlt. Für diese 10 Jahre ist ein Jahreszinssatz von 7 % vereinbart. Nach 10 Jahren beträgt der neue Zinssatz 8 %. Wie hoch muß die neue Annuität sein, damit die Schuld nach weiteren 10 Jahren getilgt ist?

20. Die Laufzeit eines Kredits über 100000 EUR mit einem Jahreszinssatz von 7 % betrage 15 Jahre. Zur Rückzahlung wird folgende Vereinbarung getroffen: Vom 6. Jahr an wird jährlich nachschüssig mit dem inzwischen gestiegenden Zinssatz von 7,25 % eine Tilgungsrücklage R mit Zinseszins angelegt.
Wie groß muss R sein, damit am Ende der Laufzeit der Kredit mit Hilfe der Tilgungsrücklage getilgt werden kann, falls
a) die jährlich anfallenden Zinsen für den Kredit (auch in der Anfangsphase) zusätzlich gezahlt werden,
b) keine Kreditzinsen gezahlt werden?

Kapitel 5: Rentenrechnung

5.1. Rentenzahlungen

Unter einer **Rente** versteht man laufende Zahlungen, die in regelmäßigen Zeitabschnitten (periodisch) – meistens in gleicher Höhe – wiederkehren. Dabei können diese Zahlungen am Anfang (vorschüssig) oder am Ende (nachschüssig) des entsprechenden Zeitintervalls erfolgen.

Finanzmathematisch sind dabei zwei Gesichtspunkte von Interesse:

1) Die eingehenden Rentenbeträge werden auf ein Konto auf Zinseszins eingezahlt. Dann können die laufenden Kontostände nach den Formeln der Zins- und Zinseszinsrechnung für mehrfache Einzahlungen aus Kapitel 3 berechnet werden.
2) Die Rentenzahlungen erfolgen aus einem Kapital, das auf Zinseszins angelegt ist. Falls nur die laufenden Zinsen als Rente ausgezahlt werden, kann die Rentenzahlung beliebig lange erfolgen (ewige Rente), sonst ist eine Rentenauszahlung nur so lange möglich, bis das Kapital aufgezehrt ist (endliche Rente).

Dieses Problem läßt sich mit Hilfe der Tilgungsrechnung (Kap. 4) lösen, da die Bank oder der Rentengeber das angesammelte Kapital ja dem Kunden schuldet und in Rentenraten (Annuitäten) zurückzahlt.

Die Rentenzahlungen können dabei entweder zu den Zinsterminen oder innerhalb der Zinstermine (unterjährig) vorgenommen werden.

Bei den verschiedenen Rentenmodellen wird der Rentenendwert nach n Zinszahlungen sowie der Rentenbarwert, d. h. der Barwert aller Rentenzahlungen bis zum n-ten Zinstermin berechnet.

5.2. Konstante Rentenzahlungen

In diesem Abschnitt wird vorausgesetzt, daß die Rentenzahlungen zu den Zeitpunkten erfolgen, an denen die Zinsberechnungen stattfinden. Dabei werde zu jedem Zinstermin das gesamte Kapital mit p % mit Zinseszins verzinst.

5.2.1. Die nachschüssige konstante Rente

Rentenbeträge		r	r	r	r	r		r	r	r
Zinstermin	0	1	2	3	4	5	----	n − 2	n − 1	n
Laufzeit in Zinsperioden		n − 1	n − 2	n − 3	n − 4	n − 5		2	1	0

Jeweils am Ende einer Zinsperiode werde der Rentenbetrag r mit dem Zinssatz p mit Zinseszins angelegt. Der Betrag R_n, den n Renteneinzahlungen nach der n-ten Zinsperiode mit Zinseszins ergeben, heißt der **Rentenendwert** R_n. Mit dem Aufzinsungsfaktor $q = 1 + \frac{p}{100}$ erhält man diesen Rentenendwert als

$$R_n = r \cdot (1 + q + q^2 + \ldots + q^{n-1}) = r \cdot \frac{q^n - 1}{q - 1} = r \cdot s_n .$$

Dabei heißt $s_n = \frac{q^n - 1}{q - 1}$ der nachschüssige **Rentenendwertfaktor**. Es gilt also

$$\boxed{R_n = r \cdot \frac{q^n - 1}{q - 1} = r \cdot s_n.} \tag{1}$$

R_n = nachschüssiger Rentenendwert für n Zinsperioden
r = nachschüssige Rente zu den Zinsterminen
$q = 1 + \frac{p}{100}$
p = Zinssatz pro Zinsperiode

Beispiel 1: Welcher nachschüssige jährliche Rentenbetrag r ergibt bei einer jährlichen Verzinsung mit 6% nach 20 Jahren einen Rentenendwert von 100000 EUR?
Aus (1) folgt

$$r = R_{20} \cdot \frac{q - 1}{q^{20} - 1} = 100000 \cdot \frac{0{,}06}{1{,}06^{20} - 1} = 2718{,}46 \text{ EUR}.$$

Der auf den Anfangszeitpunkt t = 0 **abgezinste Barwert** von n nachschüssigen Rentenzahlungen ist der Betrag, der einmalig zum Zeitpunkt t = 0 angelegt nach n Zinsperioden den gleichen Endbetrag R_n ergibt wie die n Renteneinzahlungen. Für diesen **Rentenbarwert** R_0 gilt

$$R_0 \cdot q^n = R_n = r \cdot \frac{q^n - 1}{q - 1}.$$

Daraus folgt

$$\boxed{R_0 = \frac{R_n}{q^n} = r \cdot \frac{1}{q^n} \cdot \frac{q^n - 1}{q - 1} = r \cdot \frac{1 - \frac{1}{q^n}}{q - 1} = r \cdot a_n.} \tag{2}$$

R_0 = Rentenbarwert von n nachschüssigen Rentenbeträgen r

Dabei ist $a_n = \frac{1}{q^n} \cdot \frac{q^n - 1}{q - 1} = \frac{1 - \frac{1}{q^n}}{q - 1}$ der **nachschüssige Rentenbarwertfaktor**.

Beispiel 2: Jemand hat gegenüber einer Gesellschaft 15 Jahre lang jeweils zum Jahresende eine Forderung von 2000 EUR. Die Firma hat inzwischen Konkurs angemeldet. Als Forderung an den Konkursverwalter kann nur der abgezinste Barwert geltend gemacht werden. Bei einem Diskontsatz von 4% p.a. erhält man diesen Barwert als

$$R_0 = 2000 \cdot \frac{1}{1{,}04^{15}} \cdot \frac{1{,}04^{15} - 1}{0{,}04} = 22236{,}77 \text{ EUR}.$$

Rentenzahlungen aus einem Ausgangskapital K

Zur nachschüssigen Rentenzahlung stehe ein Kapital K zur Verfügung, das auf Zinseszins mit p % Zinsen pro Zinsperiode angelegt ist. Zu jedem Zinstermin werde der Rentenbetrag r ausgezahlt. Ersetzt man in (17) Abschnitt 4.3.1. S durch K und A durch r, so lautet der Kontostand K_n nach n Zinsperioden (Rentenzahlungen)

$$\boxed{K_n = K \cdot q^n - r \cdot \frac{q^n - 1}{q - 1}.} \tag{3}$$

K_n = Kapital nach n nachschüssigen Rentenzahlungen der Höhe r
K = Ausgangskapital

Mit dem Rentenendwert R_n geht (3) über in

$$\boxed{K_n = K \cdot q^n - R_n.} \tag{3'}$$

Diese allgemein gültige Formel ist auch plausibel. $K \cdot q^n$ stellt den Kontostand nach n Zinsperioden dar, falls während dieser Laufzeit kein Betrag abgehoben wird. Die Rentenauszahlungen könnten theoretisch auf einem Kreditkonto mit dem gleichen Zinssatz p belastet werden. Nach n Zinsperioden ist der Gesamtkredit einschließlich der belasteten Zinsen gleich dem Rentenendwert R_n. Die Differenz zwischen dem Guthaben $K \cdot q^n$ und dem Kredit R_n ergibt dann den Gesamtkontostand K_n.

Die ewige Rente

Im Falle $r_e = K \cdot \frac{p}{100} = K \cdot (q - 1)$ wird zu jedem Zinstermin die konstante Zinsgutschrift zur Rentenzahlung benutzt. Wegen $K_n = K$ für alle n kann die Rente beliebig lange gezahlt werden, ohne daß das Kapital kleiner wird. Man spricht in diesem Fall von einer **ewigen Rente**.

Für $r < K \cdot \frac{p}{100}$ (Rentenbetrag ist kleiner als die Zinsen) ist ebenfalls eine ewige Rentenzahlung möglich, wobei das Kapital sogar noch anwächst.

Bei einem Zinssatz von p % ist eine maximale ewige nachschüssige Rente r_e nur möglich, wenn das angelegte Kapital K die Bedingung erfüllt

$$\boxed{r_e = K \cdot (q - 1).} \tag{4}$$

K = Kapital für die ewige nachschüssige Rente r_e
p = Zinssatz pro Zinsperiode

Die zeitlich begrenzte Rente

Falls mehr als die laufenden Zinsen als Rente ausgezahlt werden, also für $r > K \cdot \frac{p}{100} = K \cdot (q - 1)$ ist K_n eine gegen 0 fallende Zahlenfolge. Dann wird irgendeinmal der Zeitpunkt erreicht, zu dem der Kontostand nicht mehr zur Bezahlung des Rentenbetrages r ausreicht.

Bestimmung des Ausgangskapitals aus der Rentenhöhe und Rentenlaufzeit

Das Kapital K ist nach N Rentenzahlungen der Höhe r genau dann aufgebraucht, falls

$$K_N = Kq^N - r \cdot \frac{q^N - 1}{q - 1} = 0$$

gilt. Die Lösung K dieser Gleichung stellt gleichzeitig den Barwert R_0 von N nachschüssigen Rentenzahlungen dar.

$$\boxed{K = R_0 = r \cdot \frac{1}{q^N} \cdot \frac{q^N - 1}{q - 1} = r \cdot a_N.} \qquad (5)$$

K = Ausgangskapital = Barwert für N nachschüssige Rentenzahlungen der Höhe r
a_N = nachschüssiger Rentenbarwertfaktor
$q = 1 + \frac{p}{100}$
p = Zinssatz pro Zinsperiode

Beispiel 3: Gesucht ist das Kapital K, das bei einer monatlichen Verzinsung von 0,5 % 20 Jahre lang eine monatliche nachschüssige Rente von 1500 EUR ergibt.

Mit $N = 20 \cdot 12 = 240$ erhält man aus (5) die Lösung

$$K = 1500 \cdot \frac{1}{1{,}005^{240}} \cdot \frac{1{,}005^{240} - 1}{0{,}005} = 209\,371{,}16 \text{ EUR}.$$

Bestimmung des (maximalen) Rentenbetrags aus dem Ausgangskapital K und der Laufzeit N

Löst man (5) nach r auf, so erhält man

$$\boxed{r = \frac{K \cdot q^N \cdot (q - 1)}{q^N - 1} = \frac{K}{a_N}.} \qquad (6)$$

r = nachschüssiger Rentenbetrag
K = Ausgangskapital
N = Laufzeit in Zinsperioden
$q = 1 + \frac{p}{100}$
p = Zinssatz pro Zinsperiode

Multiplikation der Gleichung (5) mit $q^N \cdot (q - 1)$ liefert

$$K \cdot q^N \cdot (q - 1) = r \cdot q^N - r \quad \text{und}$$

$$q^N = \frac{r}{r - K \cdot (q - 1)} = \frac{1}{1 - \frac{K \cdot (q - 1)}{r}}.$$

Logarithmieren ergibt die **Laufzeit**

$$N = \frac{-\lg\left(1 - \frac{K \cdot (q-1)}{r}\right)}{\lg q} \tag{7}$$

N = Laufzeit der nachschüssigen Rente der Höhe r
K = Ausgangskapital

$q = 1 + \frac{p}{100}$

I. a. ist die Lösung N nicht ganzzahlig. In einem solchen Fall muß N auf die nächste ganze Zahl abgerundet werden.

Beispiel 4: 200000 EUR sind bei einer monatlichen Verzinsung mit jeweils 0,5% angelegt.

a) Die höchstmögliche nachschüssige monatliche ewige Rente beträgt

$r_e = 200000 \cdot 0{,}005 = 1000$ EUR.

b) Bei einer nachschüssigen monatlichen Rente von 1200 EUR lautet die Laufzeit

$$N = \frac{-\lg\left(1 - \frac{200000 \cdot 0{,}005}{1200}\right)}{\lg 1{,}005} = 359{,}25 \text{ Monate}.$$

Die Rente von 1200 EUR kann also 359 (abgerundet!) Monate lang gezahlt werden.

c) Nach 359 Monaten lautet der Kontostand nach (3)

$$K_{359} = 200000 \cdot 1{,}005^{359} - 1200 \cdot \frac{1{,}005^{359} - 1}{0{,}005} = 295{,}51 \text{ EUR}.$$

Dieser Restbetrag könnte zusammen mit der 359. Rentenzahlung ausgezahlt werden.

d) Das Kapital von 200000 EUR ist nach genau 359 Monaten aufgebraucht, falls $K_{359} = 0$ ist. Die zugehörige maximale Rente erhält man aus (6) als

$$r = \frac{200000 \cdot 1{,}005^{359} \cdot 0{,}005}{1{,}005^{359} - 1} = 1200{,}30 \text{ EUR}.$$

Beispiel 5: Wieviel muß jemand 20 Jahre lang monatlich nachschüssig einzahlen, damit er anschließend 20 Jahre lang eine nachschüssige monatliche Rente von 2000 EUR erhält? Die Verzinsung erfolge monatlich mit 0,5%.

Mit $N = 20 \cdot 12 = 240$ Monaten erhält man den Barwert der Rente nach 20 Jahren aus (5) als

$$K = 2000 \cdot \frac{1}{1{,}005^{240}} \cdot \frac{1{,}005^{240} - 1}{0{,}005} = 279161{,}54 \text{ EUR}.$$

Bei nachschüssiger monatlicher Einzahlung des Betrages E wächst das Konto in 240 Monaten an auf

$$K_{240} = E \cdot \frac{1{,}005^{240} - 1}{0{,}005}.$$

Aus $K_{240} = K$ erhält man die monatliche Einzahlungsrate E = 604,19 EUR.

5.2.2. Die vorschüssige konstante Rente

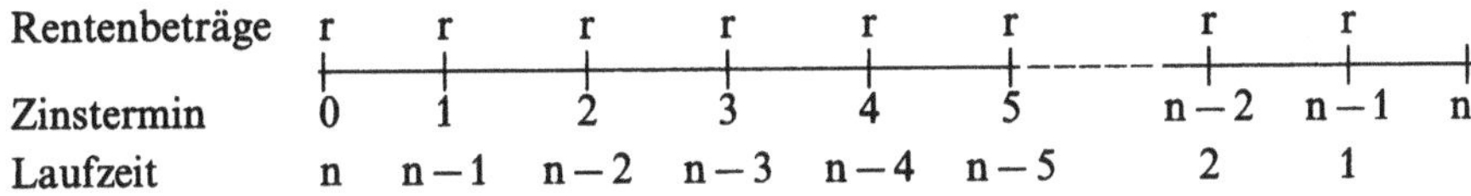

Falls der Rentenbetrag r jeweils zu Beginn einer Zinsperiode gezahlt wird, lautet der Rentenendwert nach n Zinsperioden

$$R'_n = r \cdot (q + q^2 + \ldots + q^n) = q \cdot R_n.$$

Aus (1) folgt

$$\boxed{R'_n = q \cdot R_n = r \cdot q \cdot \frac{q^n - 1}{q - 1} = r \cdot s'_n.} \quad (8)$$

R'_n = vorschüssiger Rentenendwert für n Rentenzahlungen
r = vorschüssige Rente

Dabei ist $s'_n = q \cdot \frac{q^n - 1}{q - 1} = q \cdot s_n$ der **vorschüssige Rentenendwertfaktor**.

Für den zugehörigen Rentenbarwert R'_0 folgt aus

$$R'_0 \cdot q^n = R'_n$$

$$\boxed{R'_0 = q \cdot R_0 = r \cdot \frac{1}{q^{n-1}} \cdot \frac{q^n - 1}{q - 1} = r \cdot a'_n.} \quad (9)$$

R'_0 = Rentenbarwert von n vorschüssigen Rentenbeträgen r

Dabei ist $a'_n = q \cdot a_n$ der vorschüssige Rentenbarwertfaktor.

Beispiel 6 (vgl. Beispiel 2): Falls die Forderungen aus Beispiel 2 jeweils zum Jahresbeginn fällig sind, lautet der vorschüssige Barwert

$$R'_0 = 1{,}04 \cdot R_0 = 23126{,}24 \text{ EUR}.$$

Rentenzahlungen aus einem Ausgangskapital K

Falls zur vorschüssigen Rentenzahlung ein Kapital K zur Verfügung steht, welches nachschüssig mit jeweils p % verzinst wird, lautet der Kontostand nach n Zinsperioden

$$K_n' = K \cdot q^n - R_n' = K \cdot q^n - r \cdot q \cdot \frac{q^n - 1}{q - 1} = K \cdot q^n - r \cdot s_n'. \tag{10}$$

K_n' = Kapital nach n vorschüssigen Rentenzahlungen der Höhe r
K = Ausgangskapital
R_n' = vorschüssiger Rentenendwert
s_n' = vorschüssiger Rentenendwertfaktor

Die ewige Rente

Für die ewige vorschüssige Rente r_e' muss die Bedingung $K_1' = K$ erfüllt sein. Hiermit erhält man aus (10) die Gleichung

$$K = K \cdot q - r_e' \cdot q$$

mit der Lösung

$$r_e' = \frac{K \cdot (q - 1)}{q} = \frac{r_e}{q}. \tag{11}$$

r_e' = ewige vorschüssige Rente
K = Ausgangskapital
r_e = ewige nachschüssige Rente

Mit dieser maximalen ewigen Rente gilt $K_n' = K$ für alle n.

Bei einem Zinssatz von p % pro Zinsperiode ist eine ewige vorschüssigen Rente der Höhe r_e' nur möglich, falls das Ausgangskapital K zur Verfügung steht mit

$$K = \frac{q}{q - 1} \cdot r_e'. \tag{12}$$

K = Kapital für eine ewige vorschüssige Rente der Höhe r_e'

Die zeitlich begrenzte Rente

Im Falle $r > \frac{K \cdot (q - 1)}{q}$ ist der Rentenbetrag größer als die laufend anfallenden Zinsen. Dann ist K_n' eine gegen 0 fallende Zahlenfolge. In diesem Fall ist die Rentenzahlung zeitlich begrenzt.

Bestimmung des Ausgangskapitals aus der Rentenhöhe und der Rentenlaufzeit

Nach N Rentenzahlungen ist das Kapital K genau dann aufgebraucht, wenn

$$K_N' = K \cdot q^N - r \cdot q \cdot \frac{q^N - 1}{q - 1} = 0$$

gilt. Die Lösung K dieser Gleichung stellt gleichzeitig den Rentenbarwert R_0' von N vorschüssigen Rentenzahlungen dar, also

$$K = R_0' = r \cdot \frac{1}{q^{N-1}} \cdot \frac{q^N - 1}{q - 1} = r \cdot a_N'. \quad (13)$$

K = Ausgangskapital (Barwert) für N vorschüssige Rentenzahlungen der Höhe r
$a_N' = q \cdot a_N$ = vorschüssiger Rentenbarwertfaktor

Beispiel 7 (vgl. Beispiel 3): Falls die monatliche Rente von 1500 EUR 20 Jahre lang vorschüssig gezahlt wird, ist dazu ein Ausgangskapital von

$K = 1{,}005 \cdot 209\,371{,}16 = 210\,418{,}01$ EUR

erforderlich.

Bestimmung der Rentenhöhe aus dem Anfangskapital und der Rentenlaufzeit

Löst man (13) nach r auf, so erhält man

$$r = \frac{K \cdot q^{N-1} \cdot (q-1)}{q^N - 1} = \frac{K}{a_N'}. \quad (14)$$

r = vorschüssiger Rentenbetrag bei N Rentenzahlungen
K = Ausgangskapital

Bestimmung der Laufzeit aus der Rentenhöhe und dem Ausgangskapital

Mit dem Barwert $R_0' = K$ (Ausgangskapital) gilt nach (13) für die Laufzeit N

$$K = r \cdot \frac{1}{q^{N-1}} \cdot \frac{q^N - 1}{q - 1}.$$

Multiplikation dieser Gleichung mit $q^{N-1} \cdot (q-1)$ liefert

$$q^{N-1} \cdot K \cdot (q-1) = r \cdot q^N - r;$$

$$q^{N-1} \cdot [r \cdot q - K \cdot (q-1)] = r;$$

$$q^{N-1} = \frac{r}{r \cdot q - K \cdot (q-1)} = \frac{1}{q - \dfrac{K \cdot (q-1)}{r}}.$$

Logarithmieren ergibt die Laufzeit

$$N = 1 + \frac{-\lg\left(q - \dfrac{K \cdot (q-1)}{r}\right)}{\lg q}. \quad (15)$$

N = Laufzeit der vorschüssigen Rente der Höhe r
K = Ausgangskapital
$q = 1 + \frac{p}{100}$

Beispiel 8 (vgl. Beispiel 4): Ein Kapital von 200000 EUR werde monatlich mit 0,5 % verzinst.

a) Die höchstmögliche vorschüssige monatliche ewige Rente beträgt

$$r'_e = \frac{200000 \cdot 0{,}005}{1{,}005} = 995{,}02 \text{ EUR}.$$

b) Bei einer vorschüssigen monatlichen Rente von 1200 EUR erhält man die Laufzeit

$$N = 1 + \frac{-\lg\left(1{,}005 - \dfrac{200000 \cdot 0{,}005}{1200}\right)}{\lg 1{,}005} = 354{,}32.$$

Die Rente reicht also für 354 (abgerundet) Monate.

Nach 354 Monaten, also zum Fälligkeitstermin der 355. Rentenzahlung, beträgt der Kontostand nach (10)

$$K'_{354} = 200000 \cdot 1{,}005^{354} - 1200 \cdot 1{,}005 \cdot \frac{1{,}005^{354} - 1}{0{,}005} = 385{,}25 \text{ EUR}.$$

Mit der letzten (354.) Rentenzahlung könnte somit der abgezinste Betrag $\frac{K'_{354}}{1{,}005}$ = 383,34 EUR zusätzlich ausgezahlt werden.

c) Das Kapital von 200000 EUR reicht nach (14) für genau 354 Rentenzahlungen aus bei einer Rentenhöhe

$$r = \frac{200000 \cdot 1{,}005^{353} \cdot 0{,}005}{1{,}005^{354} - 1} = 1200{,}40 \text{ EUR}.$$

5.3. Arithmetisch fortschreitende Rentenzahlungen

Die laufenden Rentenzahlungen

$r, r + d, r + 2d, r + 3d, \ldots$

sollen eine arithmetische Zahlenfolge bilden. Im Falle $d > 0$ ist diese Zahlenfolge wachsend, für $d < 0$ fallend, während $d = 0$ die in Abschnitt 5.2. behandelten konstanten Rentenzahlungen liefert.

5.3.1. Nachschüssige arithmetisch fortschreitende Rentenzahlungen

Am Ende der k-ten Zinsperiode werde eine Rente der Höhe

$r_k = r + (k-1) \cdot d, \quad k = 1, 2, \ldots$

gezahlt.

Rentenzahlungen		r	$r+d$	$r+2d$	$r+3d$	$r+(n-2)d$	$r+(n-1)d$
Laufzeit in	0	1	2	3	4	$n-1$	n
Zinsperioden		$n-1$	$n-2$	$n-3$	$n-4$	1	0

Der Rentenendwert nach n Zinsperioden lautet

$$\begin{aligned} R_n &= r \cdot q^{n-1} + (r+d) \cdot q^{n-2} + (r+2d) \cdot q^{n-3} + \ldots + (r + (n-2)d)q \\ &\quad + (r + (n-1)d) \\ &= r \cdot (1 + q + q^2 + \ldots + q^{n-1}) + d \cdot [(n-1) + (n-2) \cdot q \\ &\quad + (n-3) \cdot q^2 + \ldots + q^{n-2}] \\ &= r \cdot \frac{q^n - 1}{q - 1} + d \cdot [n \cdot (1 + q + \ldots + q^{n-2}) \\ &\quad - (1 + 2q + 3q^2 + \ldots + (n-1) \cdot q^{n-2})]. \end{aligned}$$

Mit

$$1 + 2q + 3q^2 + \ldots + (n-1) \cdot q^{n-2} = \frac{nq^{n-1}}{q-1} - \frac{q^n - 1}{(q-1)^2} \tag{16}$$

erhält man

$$R_n = r \cdot \frac{q^n - 1}{q - 1} + d \cdot \left[n \cdot \frac{q^{n-1} - 1}{q - 1} - n \cdot \frac{q^{n-1}}{q - 1} + \frac{q^n - 1}{(q-1)^2} \right].$$

Elementare Umformung liefert

$$\boxed{R_n = \left(r + \frac{d}{q-1} \right) \cdot \frac{q^n - 1}{q - 1} - \frac{n \cdot d}{q - 1} = r \cdot s_n + \frac{d}{q-1} \cdot (s_n - n).} \tag{17}$$

R_n = Rentenendwert bei n nachschüssigen arithmetisch fortschreitenden Rentenzahlungen der Höhe $r + (k-1)d$, $k = 1, 2, \ldots n$

$s_n = \dfrac{q^n - 1}{q - 1}$ = nachschüssiger Rentenendwertfaktor.

In (17) entsteht der erste Summand $r \cdot s_n$ durch die Anfangsrente r, während der zweiten Summand $\dfrac{d}{q-1} \cdot (s_n - n)$ auf die laufenden Rentenerhöhungen zurückzuführen ist.

Für den Rentenbarwert von n nachschüssigen arithmetisch steigenden Rentenzahlungen erhält man aus

$R_0 \cdot q^n = R_n$

mit (17)

$$\boxed{\begin{aligned} R_0 &= \frac{R_n}{q^n} = \left(r + \frac{d}{q-1} \right) \cdot \frac{q^n - 1}{q^n \cdot (q-1)} - \frac{n \cdot d}{q^n \cdot (q-1)} \\ &= \left(r + \frac{d}{q-1} \right) \cdot a_n - \frac{n \cdot d}{q^n \cdot (q-1)} \\ &= r \cdot a_n + \frac{d}{q-1} \cdot \left(a_n - \frac{n}{q^n} \right). \end{aligned}} \tag{18}$$

R_0 = Rentenbarwert von n nachschüssigen arithmetisch fortschreitenden Rentenzahlungen $r_k = r + (k-1)d$, $k = 1, 2, \ldots, n$

$a_n = \dfrac{q^n - 1}{q - 1} \cdot \dfrac{1}{q^n}$ = nachschüssiger Rentenbarwertfaktor

Beispiel 9: Zum Ende des gerade beginnenden Monats werde eine Rente über 1000 EUR fällig. Die Rentenbeträge für die nachfolgenden Monate sollen um jeweils 5 EUR erhöht werden. Die Verzinsung erfolge monatlich mit 0,4%.

a) Mit $n = 10 \cdot 12 = 120$ erhält man aus (17) den Rentenendwert nach 10 Jahren mit $r = 1000$ und $d = 5$ als

$$R_{120} = \left(1000 + \frac{5}{0{,}004}\right) \cdot \frac{1{,}004^{120} - 1}{0{,}004} - \frac{120 \cdot 5}{0{,}004} = 195671{,}91 \text{ EUR}.$$

b) Den Rentenbarwert einer zehnjährigen Rente erhält man als

$$R_0 = R_{120} \cdot \frac{1}{1{,}004^{120}} = 121194{,}51 \text{ EUR}.$$

Rentenzahlungen aus einem Ausgangskapital K

Die Rente soll aus einem zum Zeitpunkt $t = 0$ mit p % Zinsen angelegten Kapital K erfolgen. Für die Kontostände K_n nach n Zinsperioden erhält man mit (17)

$$K_n = K \cdot q^n - R_n = K \cdot q^n - \left(r + \frac{d}{q-1}\right) \cdot \frac{q^n - 1}{q-1} + \frac{n \cdot d}{q-1} \qquad (19)$$

K_n = Kontostand nach n nachschüssigen arithmetisch fortschreitenden Rentenzahlungen der Höhe $r_k = r + (k-1)d$, $k = 1, 2, \ldots, n$
K = Ausgangskapital

Zu vorgegebenem r, d, N und q kann aus (19) berechnet werden, welches Ausgangskapital K für diese N Rentenzahlungen notwendig ist. Aus $K_N = 0$ folgt

$$\begin{aligned} K = R_0 &= \frac{1}{q^N} \cdot \left[\left(r + \frac{d}{q-1}\right) \cdot \frac{q^N - 1}{q-1} - \frac{N \cdot d}{q-1}\right] \\ &= r \cdot a_N + \frac{d}{q-1} \cdot \left(a_N - \frac{N}{q^N}\right). \end{aligned} \qquad (20)$$

K = Ausgangskapital für genau N arithmetisch fortschreitende Rentenzahlungen.
a_N = nachschüssiger Rentenbarwertfaktor

Beispiel 10: Fünf Jahre lang sollen jeweils zum Jahresende die Rentenbeträge 10000; 11000; 12000; 13000; 14000 EUR fällig werden.

a) Gesucht ist das Ausgangskapital K, welches bei einem Jahreszinssatz von 5% durch diese 5 Rentenzahlungen aufgezehrt wird. Mit $r = 10000$, $d = 1000$, $N = 5$ und $q = 1{,}05$ erhält man aus (20) $K = 51531{,}68$ EUR.

b) Für die Rentenberechnung gilt folgender Tilgungsplan

Jahr	Kapital zu Beginn des Jahres	verzinstes Kapital vor der Rentenzahlung	Renten-zahlung	Kapital am Ende des Jahres
1	51531,68	54108,26	10000	44108,26
2	44108,26	46313,67	11000	35313,67
3	35313,67	37079,35	12000	25079,35
4	25079,35	26333,32	13000	13333,32
5	13333,32	13999,99	14000	−0,01

Daß der Endbetrag nach 5 Jahren nicht exakt Null ist, liegt an der Rundung auf ganze Centbeträge. Diese gerundeten Beträge werden für die laufenden Zinsberechnungen zugrunde gelegt.

Bemerkung: Bei vorgegebenem K, r, d und q läßt sich die Gleichung (20) nicht geschlossen nach N auflösen. Zur Berechnung von N müssen Iterationsverfahren benutzt werden. Im BASIC-Programm RENTEN in Abschnitt 5.9. wird das Intervallhalbierungsverfahren benutzt.

5.3.2. Vorschüssige arithmetisch fortschreitende Rentenzahlungen

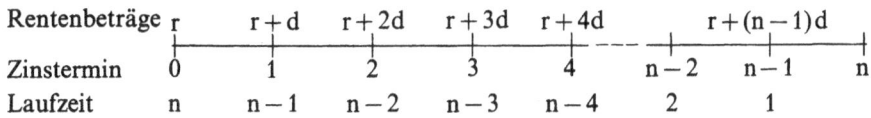

Rentenbeträge	r	$r+d$	$r+2d$	$r+3d$	$r+4d$		$r+(n-1)d$	
Zinstermin	0	1	2	3	4	$n-2$	$n-1$	n
Laufzeit	n	$n-1$	$n-2$	$n-3$	$n-4$	2	1	

Falls die Rentenzahlungen der Höhe

$$r_k = r + (k-1)d, \quad k = 1, 2, \ldots, n$$

jeweils zu Beginn der Zinsperiode vorgenommen werden, müssen die eingezahlten Renten jeweils um eine Zinsperiode länger verzinst werden. Somit erhält man für den vorschüssigen Rentenendwert R'_n für n Zinsperioden aus (17)

$$\begin{aligned} R'_n = q \cdot R_n &= q \cdot \left(r + \frac{d}{q-1}\right) \cdot \frac{q^n - 1}{q-1} - \frac{n \cdot d \cdot q}{q-1} \\ &= q \cdot r \cdot s_n + \frac{q \cdot d}{q-1} \cdot (s_n - n) = r \cdot s'_n + \frac{d}{q-1} \cdot (s'_n - nq). \end{aligned} \tag{21}$$

R'_n = Rentenendwert nach n Zinsperioden bei vorschüssigen arithmetisch fortschreitenden Rentenzahlungen der Höhe $r_k = r + (k-1)d$

$s'_n = q \cdot s_n = \dfrac{q \cdot (q^n - 1)}{q-1}$ = vorschüssiger Rentenendwertfaktor.

Für den Barwert R'_0 gilt

$$R'_0 \cdot q^n = R'_n = q \cdot R_n.$$

Hieraus folgt

$$R'_0 = \frac{1}{q^n} \cdot R'_n = \frac{1}{q^{n-1}} \cdot R_n = q \cdot \frac{1}{q^n} \cdot R_n = q \cdot R_0$$

und mit (18)

$$R_0' = q \cdot R_0 = \frac{R_n'}{q^n} = \left(r + \frac{d}{q-1}\right) \cdot \frac{q^n - 1}{q^{n-1} \cdot (q-1)} - \frac{n \cdot d}{q^{n-1} \cdot (q-1)}$$
$$= \left(r + \frac{d}{q-1}\right) \cdot a_n' - \frac{n \cdot d}{q^{n-1} \cdot (q-1)}$$
$$= r \cdot a_n' + \frac{d}{q-1} \cdot \left(a_n' - \frac{n}{q^{n-1}}\right). \qquad (22)$$

R_0' = Rentenbarwert für n Zinsperioden bei n vorschüssigen arithmetisch fortschreitenden Rentenzahlungen der Höhe $r_k = r + (k-1)d$
a_n' = vorschüssiger Rentenbarwertfaktor

Beispiel 11 (vgl. Beispiel 9): Falls die Rentenzahlungen aus Beispiel 9 vorschüssig erfolgen, lautet der Rentenendwert nach 10 Jahren (120 Monaten) $R_{120}' = 1{,}004 \cdot R_{120} = 196\,454{,}60$ EUR und der Rentenbarwert nach 10 Jahren

$$R_0' = \frac{1}{1{,}004^{120}} \cdot R_{120}' = 121\,679{,}29 \text{ EUR} = q \cdot R_0 .$$

Rentenzahlungen aus einem Ausgangskapital K

Falls für die Rentenzahlungen ein zum Beginn der Laufzeit angelegtes Kapital K zur Verfügung steht, lautet der Kontostand nach n Zinsperioden

$$K_n' = K \cdot q^n - R_n' = K \cdot q^n - q \cdot \left(r + \frac{d}{q-1}\right) \cdot \frac{q^n - 1}{q-1} + \frac{n \cdot d \cdot q}{q-1}. \qquad (23)$$

K_n' = Kontostand nach n Zinsperioden bei vorschüssiger arithmetisch fortschreitender Rentenzahlung $r_k = r + (k-1)d$, $k = 1, 2, \ldots, n$
K = Ausgangskapital

Das Kapital K reicht genau dann für N Rentenzahlungen aus, falls $K_N' = 0$ ist. Aus (22) und (23) folgt

$$K = R_0' = \frac{1}{q^{N-1}} \cdot \left[\left(r + \frac{d}{q-1}\right) \cdot \frac{q^N - 1}{q-1} - \frac{N \cdot d}{q-1}\right]. \qquad (24)$$

K = Kapital, das genau für N vorschüssige arithmetisch fortschreitende Rentenzahlungen ausreicht.

Beispiel 12 (vgl. Beispiel 10): Falls die Rentenbeträge aus Beispiel 10 vorschüssig gezahlt werden, muß dafür ein Kapital von $K = 1{,}05 \cdot 51\,531{,}68 = 54\,108{,}26$ EUR zur Verfügung stehen. Das Kapital ist dann zu Beginn des 5. Jahres nach der 5. Rentenzahlung aufgebraucht.

5.4. Geometrisch fortschreitende Rentenzahlungen

Falls sich die Rentenzahlungen von Termin zu Termin jeweils um α% ändern, bilden die Rentenbeträge eine geometrische Zahlenfolge. Mit der Ausgangsrente r lautet dann die k-te Rentenzahlung

$$r_k = r \cdot \left(1 + \frac{\alpha}{100}\right)^{k-1} = r \cdot a^{k-1}, \quad k = 1, 2, \ldots \quad \text{mit } a = 1 + \frac{\alpha}{100}.$$

Für $\alpha > 0$ finden laufend Rentenerhöhungen statt, $\alpha < 0$ ergibt fallende Rentenbeträge, während $\alpha = 0$ das Modell mit konstanten Rentenbeträgen liefert.

5.4.1. Nachschüssige geometrisch fortschreitende Rentenzahlungen

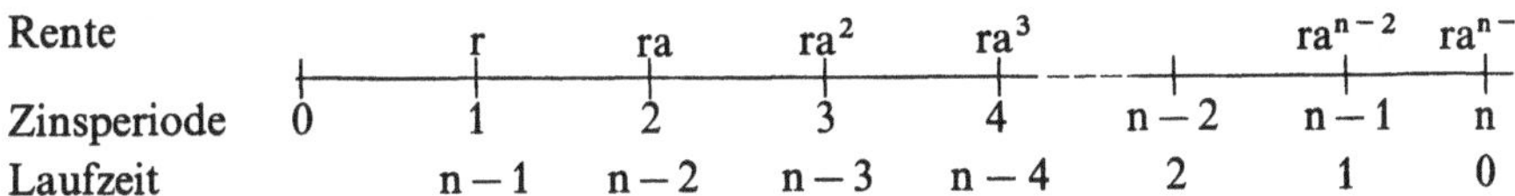

Für den Rentenendwert nach n Zinsperioden erhält man

$$R_n = rq^{n-1} + raq^{n-2} + ra^2q^{n-3} + \ldots + ra^{n-2}q + ra^{n-1}$$

$$= rq^{n-1} \cdot \left[1 + \left(\frac{a}{q}\right) + \left(\frac{a}{q}\right)^2 + \ldots + \left(\frac{a}{q}\right)^{n-1}\right]$$

$$= r \cdot q^{n-1} \cdot \left[\frac{\left(\frac{a}{q}\right)^n - 1}{\frac{a}{q} - 1}\right] = r \cdot \frac{a^n - q^n}{a - q} \quad \text{für } a \neq q \quad \text{und}$$

$$R_n = n \cdot r \cdot q^{n-1} \quad \text{für } a = q.$$

Damit gilt

$$R_n = \begin{cases} n \cdot r \cdot q^{n-1} & \text{für } a = q; \\ r \cdot \dfrac{a^n - q^n}{a - q} & \text{für } a \neq q. \end{cases} \tag{25}$$

R_n = Rentenendwert von n nachschüssigen geometrisch fortschreitenden Rentenzahlungen der Höhe $r_k = ra^{k-1}$, $k = 1, 2, \ldots, n$

Für den Rentenbarwert R_0 mit $R_0 \cdot q^n = R_n$ erhält man aus (25)

$$R_0 = \frac{R_n}{q^n} = \begin{cases} \dfrac{n \cdot r}{q} & \text{für } a = q; \\ r \cdot \dfrac{\left(\frac{a}{q}\right)^n - 1}{a - q} & \text{für } a \neq q. \end{cases} \tag{26}$$

R_0 = Rentenbarwert von n nachschüssigen geometrisch fortschreitenden Rentenzahlungen $r_k = r \cdot a^{k-1}$, $k = 1, 2, \ldots, n$.

Beispiel 13: Eine Rente werde jeweils zum Jahresende ausgezahlt. Der erste Betrag sei 10000 EUR. Danach steige die Rente jährlich um 5%.

a) Bei einem Jahreszinssatz von 5,2% erhält man den Rentenendwert nach 10 Jahren aus (25) mit r = 10000, a = 1,05 und q = 1,052 als

$$R_{10} = 10000 \cdot \frac{1{,}05^{10} - 1{,}052^{10}}{1{,}05 - 1{,}052} = 156469{,}31 \text{ EUR.}$$

b) Der Barwert von 10 nachschüssigen Jahresrenten beträgt

$$R_0 = \frac{R_{10}}{1{,}052^{10}} = 94247{,}92 \text{ EUR.}$$

c) Bei einem Jahreszinssatz von 5% (a = q) lautet der Rentenendwert nach 10 Jahren

$$R_{10} = 10 \cdot 10000 \cdot 1{,}05^9 = 155132{,}82 \text{ EUR.}$$

Rentenzahlungen aus einem Ausgangskapital K

Falls die Rentenzahlungen aus einem vorschüssig mit p % Zinsen angelegten Kapital K erfolgen, lautet der Kontostand nach n Zinsperioden

$$\boxed{K_n = K \cdot q^n - R_n.} \qquad (27)$$

K_n = Kontostand nach n Jahren
K = Ausgangskapital, aus dem die geometrisch fortschreitende Rente gezahlt wird
R_n = Rentenendwert s. (25)

Zur Finanzierung von N Rentenzahlungen wird der Rentenbarwert R_0 benötigt, also

$$\boxed{K = R_0 = \begin{cases} \dfrac{N \cdot r}{q} & \text{für } a = q; \\[2ex] r \cdot \dfrac{\left(\dfrac{a}{q}\right)^N - 1}{a - q} & \text{für } a \neq q. \end{cases}} \qquad (28)$$

$K = R_0$ = benötigtes Kapital für N nachschüssige geometrisch fortschreitende Rentenzahlungen $r_k = ra^{k-1}$, $k = 1, 2, \ldots, N$.

Beispiel 14: Beim Ausscheiden aus einem Betrieb erhält jemand für 10 Jahre eine jährliche nachschüssige Rentenzusage und zwar am Ende des 1. Jahres 20000 EUR. Dieser Betrag wird jährlich um 3% erhöht. Bei der Aufstellung der Bilanz zu Beginn des 1. Jahres muß die Firma den Barwert R_0 als Pensionsrückstellungen buchen. Bei einem Jahreszinssatz von 6,5% betragen sie

$$K = R_0 = 20000 \cdot \frac{1 - \left(\dfrac{1{,}03}{1{,}065}\right)^{10}}{1{,}065 - 1{,}03} = 162320{,}43 \text{ EUR.}$$

Bestimmung der Laufzeit N

Bei vorgegebenen Werten K, r, a und q kann die Rente genau Nmal gezahlt werden, falls $K = R_0$ der Rentenbarwert für N Zinsperioden ist. Aus (28) folgt:

1. Fall: $a = q$

$$N = \frac{q \cdot K}{r}.$$

2. Fall: $a \neq q$

In diesem Fall folgt aus (28)

$$\frac{K \cdot (a-q)}{r} + 1 = \left(\frac{a}{q}\right)^N.$$

Logarithmieren ergibt

$$N = \frac{\lg\left(1 + \frac{K \cdot (a-q)}{r}\right)}{\lg\left(\frac{a}{q}\right)}.$$

Damit gilt

$$N = \begin{cases} \frac{K \cdot q}{r} & \text{für } a = q; \\ \frac{\lg\left(1 + \frac{K \cdot (a-q)}{r}\right)}{\lg\left(\frac{a}{q}\right)} & \text{für } a \neq q. \end{cases} \tag{29}$$

N = Anzahl der nachschüssigen geometrisch fortschreitenden Rentenzahlungen der Höhe $r_k = ra^{k-1}$, $k = 1, 2, \ldots, N$

K = zur Verfügung stehendes Kapital

Beispiel 15: Bei einem Jahreszinssatz von 6,1 % stehe ein Kapital von 150000 EUR vorschüssig zu nachschüssigen Zahlungen einer Jahresrente zur Verfügung. Die Ausgangsrente betrage 15000 EUR.

a) Bei einer jährlichen Rentenerhöhung um 4% gilt für die Laufzeit

$$N = \frac{\lg\left(1 + \frac{150000 \cdot (1{,}04 - 1{,}061)}{15000}\right)}{\lg\left(\frac{1{,}04}{1{,}061}\right)} = 11{,}79 \text{ Jahre}.$$

Das Kapital reicht also für 11 Rentenzahlungen aus.

b) Vor der Auszahlung der 11. Rente in Höhe von $15000 \cdot 1{,}04^{10} = 22203{,}66$ EUR. beträgt der Kontostand

$$q \cdot K_{10} = 1{,}061 \cdot \left(150000 \cdot 1{,}061^{10} - 15000 \cdot \frac{1{,}04^{10} - 1{,}061^{10}}{1{,}04 - 1{,}061}\right)$$
$$= 39462{,}31 \text{ EUR.}$$

c) Nach der Zahlung der 11. Rente steht noch das Restkapital von

$$39462{,}31 - 22203{,}66 = 17258{,}65 \text{ EUR}$$

zur Verfügung. Bis zum nächsten Rententermin wächst dieses Kapital auf 18311,43 EUR an. Es reicht nicht mehr zur Auszahlung des nächsten Rentenbetrages von $1{,}04 \cdot 22203{,}66 = 23091{,}81$ EUR aus. Bei der Auszahlung dieses Betrages würde eine Fehlbetrag von $-4780{,}38$ EUR ($= K_{12}$) entstehen.

5.4.2. Vorschüssige geometrisch fortschreitende Rentenzahlungen

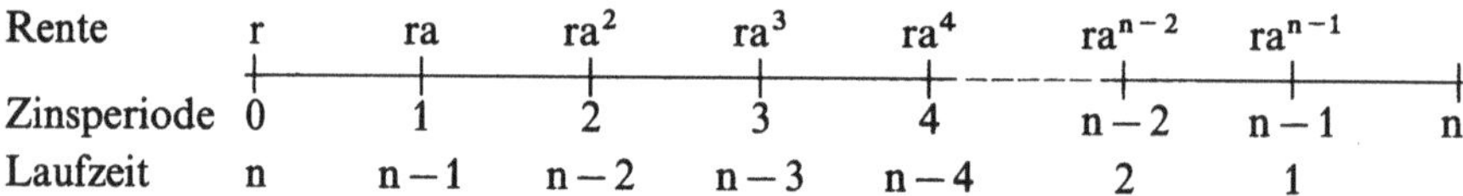

Rente	r	ra	ra^2	ra^3	ra^4	ra^{n-2}	ra^{n-1}	
Zinsperiode	0	1	2	3	4	$n-2$	$n-1$	n
Laufzeit	n	$n-1$	$n-2$	$n-3$	$n-4$	2	1	

Bei vorschüssiger Rentenzahlung werden alle n Rentenbeträge eine Zinsperiode länger verzinst als bei der nachschüssigen Rentenzahlung. Daher gilt für den Rentenendbetrag R_n' und den Barwert R_0'

$$R_n' = q \cdot R_n; \quad R_0' \cdot q^n = R_n' = q \cdot R_n; \quad R_0' = \frac{R_n'}{q^n} = q \cdot \frac{R_n}{q^n} = q \cdot R_0.$$

Aus (25) und (26) folgt hiermit

$$R_n' = q \cdot R_n = \begin{cases} n \cdot r \cdot q^n & \text{für } a = q; \\ r \cdot q \cdot \dfrac{a^n - q^n}{a - q} & \text{für } a \neq q. \end{cases}$$
$$R_0' = q \cdot R_0 = \begin{cases} n \cdot r & \text{für } a = q; \\ r \cdot q \cdot \dfrac{\left(\dfrac{a}{q}\right)^n - 1}{a - q} & \text{für } a \neq q. \end{cases} \qquad (30)$$

R_n' = Rentenendwert
R_0' = Rentenbarwert bei n vorschüssigen geometrisch fortschreitenden Rentenzahlungen der Höhe $r_k = r \cdot a^{k-1}$, $k = 1, 2, \ldots, n$

$q = 1 + \frac{p}{100}$

p = Jahreszinssatz

Beispiel 16 (vgl. Beispiel 13):

a) Falls die Rente aus Beispiel 13 vorschüssig gezahlt wird, lautet der Rentenendwert nach 10 Jahren

$$R_{10}' = 1{,}052 \cdot R_{10} = 164605{,}71 \text{ EUR.}$$

b) Der Barwert für 10 Zinsperioden lautet

$$R_0' = 1{,}052 \cdot R_0 = \frac{R_{10}}{1{,}052^{10}} = 99148{,}81 \text{ EUR.}$$

c) Bei einem Zinssatz von 5% (a = q) lautet der Rentenendwert nach 10 Jahren

$$R_{10}' = 10 \cdot 10000 \cdot 1{,}05^{10} = 162889{,}46 \text{ EUR}$$

und der Rentenbarwert $R_0' = 100000$ EUR.

Rentenzahlungen aus einem Ausgangskapital K

Falls die Rentenzahlungen aus einem zum Zeitpunkt t = 0 mit p % Zinseszins angelegten Kapital K erfolgen, lautet der Kontostand nach n Zinsperioden

$$\boxed{K_n = K \cdot q^n - R_n'.} \qquad (31)$$

K_n = Kapital nach n Zinsperioden
K = Ausgangskapital
R_n' = Rentenendwert von n vorschüssigen geometrisch fortschreitenden Rentenzahlungen

Zur Finanzierung von N Rentenzahlungen wird der Barwert R_0' benötigt.

Bestimmung der Laufzeit von N

Ein Kapital K reicht für N Rentenzahlungen aus, falls K mit dem Rentenbarwert R_0' für N Zinsperioden übereinstimmt. Aus (30) folgt

1. Fall: a = q

$$N = \frac{K}{r}.$$

2. Fall: a ≠ q

Aus

$$K = r \cdot q \cdot \frac{\left(\frac{a}{q}\right)^N - 1}{a - q}$$

folgt

$$\frac{K \cdot (a - q)}{r \cdot q} + 1 = \left(\frac{a}{q}\right)^N.$$

Logarithmen liefert

$$N = \frac{\lg\left(1 + \frac{K \cdot (a - q)}{r \cdot q}\right)}{\lg\left(\frac{a}{q}\right)}.$$

Damit gilt

$$N = \begin{cases} \dfrac{K}{r} & \text{für } a = q; \\[2ex] \dfrac{\lg\left(1 + \dfrac{K \cdot (a-q)}{r \cdot q}\right)}{\lg\left(\dfrac{a}{q}\right)} & \text{für } a \neq q. \end{cases} \tag{32}$$

N = Anzahl der vorschüssigen Rentenzahlungen (Laufzeit) einer geometrisch fortschreitenden Rente
K = Ausgangskapital

Beispiel 17 (vgl. Beispiel 15):

a) Falls die Renten aus Beispiel 15 vorschüssig gezahlt werden, erhält man für die Laufzeit

$$N = \frac{\lg\left(1 + \dfrac{150000 \cdot (1{,}04 - 1{,}061)}{15000 \cdot 1{,}061}\right)}{\lg \dfrac{1{,}04}{1{,}061}} = 11{,}03 \text{ Jahre}.$$

Damit kann auch die vorschüssige Rente 11mal gezahlt werden.

b) Unmittelbar nach der 11. Rentenzahlung der Höhe $r_{11} = 15000 \cdot 1{,}04^{10}$ lautet der Kontostand zu Beginn des 11. Jahres nach (31) und (30)

$$\begin{aligned} K_{10} - r_{11} &= 150000 \cdot 1{,}061^{10} - 15000 \cdot 1{,}061 \cdot \frac{1{,}04^{10} - 1{,}061^{10}}{1{,}04 - 1{,}061} - 15000 \cdot 1{,}04^{10} \\ &= 717{,}15 = \frac{K_{11}}{1{,}061}. \end{aligned}$$

Hieraus erhält man den Kontostand am Ende des 11. Jahres als $K_{11} = 760{,}90$ EUR.

Beispiel 18: Für eine mit 5% Wachstum und mit 30000 EUR beginnende geometrisch fortschreitende jährliche Rente sind 400000 EUR mit 5% Jahreszins angelegt. Hier gilt also $a = q = 1{,}05$.

a) Bei **nachschüssiger** Rentenzahlung lautet die Laufzeit nach (29)

$$N = \frac{400000 \cdot 1{,}05}{30000} = 14 \text{ Jahre}.$$

Nach 14 Rentenzahlungen beträgt der Kontostand nach (27) und (25)

$$K_{14} = 400000 \cdot 1{,}05^{14} - 14 \cdot 30000 \cdot 1{,}05^{13} = 0.$$

b) Bei **vorschüssiger** Rentenzahlung erhält man aus (32) die Laufzeit

$$N = \frac{400000}{30000} = 13{,}33 \text{ Jahre}.$$

Vorschüssig können also nur 13 Renten ausgezahlt werden. Unmittelbar nach Auszahlung der 13. Rente $r_{13} = 30000 \cdot 1{,}05^{12}$ lautet der Kontostand zu Beginn des 13. Jahres nach (31) und (30)

$$K_{12} - r_{13} = 400000 \cdot 1{,}05^{12} - 12 \cdot 30000 \cdot 1{,}05^{12} - 30000 \cdot 1{,}05^{12}$$
$$= 17958{,}56 \text{ EUR.}$$

Multiplikation dieses Wertes mit $q = 1{,}05$ liefert den Kontostand am Ende des 13. Jahres als $K_{13} = 1{,}05 \cdot 17958{,}56 = 18856{,}49$ EUR.

5.5. Allgemeine arithmetisch fortschreitende Rentenzahlungen

Bei diesem Modell soll zunächst eine konstante Rente gezahlt werden. Nach jeweils w Zinsperioden werden die Renten um den konstanten Wert d geändert. $d > 0$ bedeutet dabei eine Rentenerhöhung, $d < 0$ eine Rentenreduzierung. Da w Zinsperioden lang konstante Renten gezahlt werden, stimmen für $n \leqq w$ Rentenendwert und Rentenbarwert mit den entsprechenden Werten aus Abschnitt 5.3. überein.

Für $w = 1$ erhält man die arithmetisch fortschreitende Rente aus Abschnitt 5.3.

5.5.1. Nachschüssige Rentenzahlungen

Während w Zinsperioden soll nachschüssig die konstante Rente r gezahlt werden. Nach jeweils w Zinsperioden werde die alte Rente um d erhöht.

Zur Berechnung des Rentenendwertes R_n sind bezüglich der Laufzeit n Fallunterscheidungen notwendig.

Für $n \geqq kw$ sei $R_n^{(k)}$ der Rentenendwert nach n Zinsperioden, falls insgesamt nur $(k-1)$-mal Rentenerhöhungen um d vorgenommen würden und danach die konstante Rente $r + (k-1)\,d$ ohne weitere Erhöhung weitergezahlt würde.

Für $(k-1)\,w < n \leqq kw$, $k = 1, 2, \ldots$ stellt dann $R_n^{(k)}$ den Rentenendwert bei der laufenden Rentenerhöhung dar.

Im ersten Zeitabschnitt ($k = 1$) wird laufend die konstante Rente r gezahlt. Damit lautet der Rentenendwert nach (1)

$$R_n^{(1)} = r \cdot \frac{q^n - 1}{q - 1}. \tag{33}$$

$R_n^{(k)}$ unterscheidet sich von $R_n^{(k-1)}$ dadurch, daß vom $(k-1) \cdot w$-ten Zinstermin an jeweils eine zusätzliche Rente der Höhe d gezahlt wird. Bis zum Zeitpunkt n wird dieser zusätzliche Betrag $(n - (k-1)w)$-mal gezahlt und liefert zum Rentenendwert $R_n^{(k-1)}$ einen zusätzlichen Anteil von

$$d \cdot \frac{q^{n-(k-1)w} - 1}{q - 1}.$$

Damit gilt die Rekursionsformel

$$R_n^{(k)} = R_n^{(k-1)} + d \cdot \frac{q^{n-(k-1)w} - 1}{q - 1} \tag{34}$$

für $k = 2, 3, \ldots$ mit dem Anfangswert $R_n^{(1)}$ aus (33).

Aus dieser Rekursionsformel folgt

$$R_n^{(2)} = \frac{1}{q-1} \cdot [r \cdot (q^n - 1) + d \cdot (q^{n-w} - 1)].$$

$$R_n^{(3)} = \frac{1}{q-1} \cdot (r \cdot (q^n - 1) + d \cdot [(q^{n-w} - 1) + (q^{n-2w} - 1)]).$$

Für $n \geqq kw$ erhält man allgemein

$$R_n^{(k)} = \frac{1}{q-1} \cdot [r \cdot (q^n - 1) + d \cdot \sum_{i=1}^{k-1} (q^{n-iw} - 1)].$$

Mit

$$\sum_{i=1}^{k-1} q^{n-iw} = q^n \cdot \sum_{i=1}^{k-1} \left(\frac{1}{q^w}\right)^i = \frac{q^n}{q^w} \cdot \sum_{i=0}^{k-2} \left(\frac{1}{q^w}\right)^i = q^{n-w} \cdot \frac{1 - \left(\frac{1}{q^w}\right)^{k-1}}{1 - \frac{1}{q^w}}$$

$$= \frac{q^n \cdot (1 - q^{-(k-1)w})}{q^w - 1} = \frac{q^n - q^{n-(k-1)w}}{q^w - 1}$$

erhält man

$$\boxed{\begin{aligned} R_n = R_n^{(k)} &= \frac{1}{q-1} \cdot \left[r \cdot (q^n - 1) + d \cdot \left(\frac{q^n - q^{n-(k-1)w}}{q^w - 1} - (k-1)\right)\right]; \\ R_0 = R_n^{(k)} &\cdot \frac{1}{q^n} \qquad \text{für } (k-1)w < n \leqq kw. \end{aligned}} \quad (35)$$

$R_n^{(k)}$ = nachschüssiger Rentenendwert für n Zinsperioden im Bereich der (k – 1)-ten Erhöhung
R_0 = nachschüssiger Rentenbarwert für n Zinsperioden
r = nachschüssige Ausgangsrente
Rentenerhöhung um d nach jeweils w Zinsperioden

Beispiel 19: Ein Konto werde monatlich mit 0,4 % verzinst. Darauf werde jeweils zum Monatende eine Rente von 1000 EUR gezahlt. Diese Rente werde jährlich um 100 EUR erhöht. Eine Zinsperiode besteht aus einem Monat.

a) Hier gilt $w = 12$. Mit $k = 10$ und $n = 10w = 120$ erhält man aus (35) den Rentenendwert nach 10 Jahren (= 120 Monate) als

$$R_{120} = R_{120}^{(10)} = \frac{1}{0{,}004} \cdot \left[1000 \cdot (1{,}004^{120} - 1) + 100 \cdot \left(\frac{1{,}004^{120} - 1{,}004^{12}}{1{,}004^{12} - 1} - 9\right)\right]$$
$$= 216\,717{,}98 \text{ EUR}.$$

b) Der Rentenbarwert für diese zehnjährige Rente lautet

$$R_0 = \frac{R_{120}}{1{,}004^{120}} = 134\,229{,}94 \text{ EUR}.$$

c) Während der zehnjährigen Laufzeit wird folgende Rente ausgezahlt

$$S = 12 \cdot [1000 + (1000 + 100) + (1000 + 200) + \ldots + (1000 + 900)]$$
$$= 12 \cdot [10000 + 100 \cdot (1 + 2 + \ldots + 9)] = 12 \cdot \left[10000 + \frac{100 \cdot 9 \cdot 10}{2}\right]$$
$$= 174\,000 \text{ EUR}.$$

5.5.2. Vorschüssige Rentenzahlungen

Falls die Rentenzahlungen vorschüssig erfolgen, werden die Beträge einmal mehr verzinst als bei nachschüssiger Rentenzahlung. Aus diesem Grund muß der Rentenendwert aus (35) nur mit dem Faktor q multipliziert werden.

Damit gilt

$$R'_n = R_n'^{(k)} = q \cdot R_n = \frac{q}{q-1} \cdot \left[r \cdot (q^n - 1) + d \cdot \left(\frac{q^n - q^{n-(k-1)w}}{q^w - 1} - (k-1) \right) \right]$$

$$R'_0 = \frac{R'_n}{q^n} \qquad \text{für } (k-1)w < n \leqq kw \qquad (36)$$

R'_n = vorschüssiger Rentenendwert nach n Zinsperioden
R'_0 = vorschüssiger Rentenbarwert
r = vorschüssige Anfangsrente
Erhöhung um d nach jeweils w Zinsperioden

Beispiel 20 (vgl. Beispiel 19): Falls die arithmetisch fortschreitende Rente aus Beispiel 19 vorschüssig gezahlt wird, lautet der Rentenendwert nach 10 Jahren (= 120 Monate)

$R'_{120} = 1{,}004 \cdot R_{120} = 217\,584{,}85$ EUR.

Der Barwert lautet

$R'_0 = 134\,766{,}86$ EUR.

5.6. Allgemeine geometrisch fortschreitende Rentenzahlungen

Die Rentenbeträge sollen während w Zinsperioden konstant bleiben und nach jeweils w Zinsperioden um α % angehoben, also also mit $a = 1 + \frac{\alpha}{100}$ multipliziert werden. Nach jeder Zinsperiode werde das Gesamtkapital mit p % verzinst.

w = 1 ergibt den Spezialfall der **geometrisch fortschreitenden Rentenzahlungen** aus Abschnitt 5.4.

5.6.1. Nachschüssige Rentenzahlungen

In der n-ten Zinsperiode mit $(k-1)w < n \leqq kw$ wird jeweils nachschüssig der konstante Rentenbetrag $r \cdot a^{(k-1)}$ gezahlt für $k = 1, 2, \ldots$.

Zur Berechnung des Rentenendwertes R_n nach n Zinsperioden setzen wird wie in Abschnitt 5.5.1. für n mit $(k-1)w < n \leqq kw$ $R_n = R_n^{(k)}$.

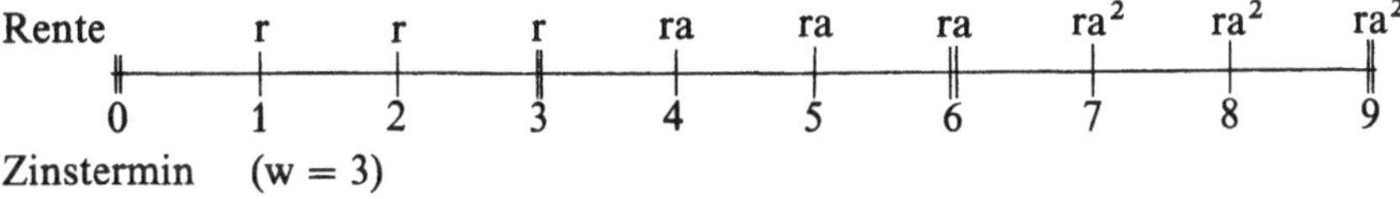

Zinstermin (w = 3)

Für k = 1 wird nur die konstante Anfangsrente r nachschüssig gezahlt. Damit gilt für den Rentenendwert nach (1)

$$R_n = R_n^{(1)} = r \cdot \frac{q^n - 1}{q - 1} \quad \text{für } 0 < n \leqq w. \tag{37}$$

Wir betrachten nun ein n mit $(k-1)w < n \leqq kw$.

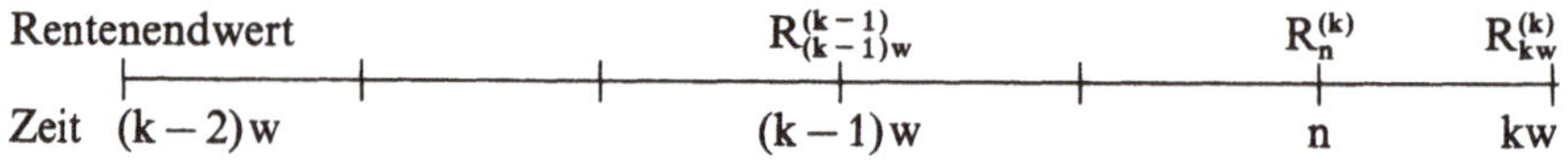

Rentenendwert			$R_{(k-1)w}^{(k-1)}$		$R_n^{(k)}$	$R_{kw}^{(k)}$
Zeit	$(k-2)w$		$(k-1)w$		n	kw

Nach $(k-1) \cdot w$ Zinsperioden lautet der Rentenendwert $R_{(k-1)w}^{(k-1)}$. Dieser Betrag wird bis zum Ende der n-ten Zinsperiode $(n-(k-1)w)$-mal verzinst, was zum Rentenendwert $R_n^{(k)}$ einen Beitrag von

$$R_{(k-1)w}^{(k-1)} \cdot q^{n-(k-1)w}$$

liefert. Im Intervall $[(k-1)w, n]$ wird für $n-(k-1)w$ Zinsperioden jeweils die nachschüssige Rente der Höhe $r \cdot a^{k-1}$ gezahlt. Diese Zahlungen liefern zum Rentenendwert $R_n^{(k)}$ nach (37) einen zusätzlichen Beitrag von

$$r \cdot a^{k-1} \cdot R_{n-(k-1)w}^{(1)} = r \cdot a^{k-1} \cdot \frac{q^{n-(k-1)w} - 1}{q-1}.$$

Addition dieser beiden Anteile liefert die Rekursionsformel

$$R_n^{(k)} = R_{(k-1)w}^{(k-1)} \cdot q^{n-(k-1)w} + r \cdot a^{k-1} \cdot \frac{q^{n-(k-1)w} - 1}{q-1} \tag{38}$$

für $k = 2, 3, \ldots$ mit dem Anfangswert $R_n^{(1)}$ aus (37).

Für die Zinsperioden $n = kw$ folgt aus (38)

$$R_{kw}^{(k)} = R_{(k-1)w}^{(k-1)} \cdot q^w + r \cdot a^{k-1} \cdot \frac{q^w - 1}{q-1}. \tag{39}$$

$k = 1$ ergibt aus (37)

$$R_w^{(1)} = \frac{r \cdot (q^w - 1)}{q-1}.$$

Hiermit erhält man aus (39)

$$R_{2w}^{(2)} = \frac{r \cdot (q^w - 1)}{q-1} \cdot (q^w + a);$$

$$R_{3w}^{(3)} = \frac{r \cdot (q^w - 1)}{q-1} \cdot [q^{2w} + aq^w + a^2].$$

Allgemein gilt

$$R_{kw}^{(k)} = \frac{r \cdot (q^w - 1)}{q-1} \cdot \left[\sum_{\nu=0}^{k-1} a^\nu \cdot q^{(k-1)w - \nu w}\right].$$

Für den letzten Faktor erhält man

$$\sum_{\nu=0}^{k-1} a^{\nu} \cdot q^{(k-1)w-\nu w} = q^{(k-1)w} \cdot \sum_{\nu=0}^{k-1} \left(\frac{a}{q^w}\right)^{\nu}$$

$$= \begin{cases} k \cdot q^{(k-1)w} & \text{für } a = q^w; \\ \dfrac{q^{kw} - a^k}{q^w - a} & \text{für } a \neq q^w. \end{cases}$$

Damit lautet der Rentenendwert zu den Rentenerhöhungszeitpunkten kw und für n mit $(k-1)w < n \leqq kw$

$$R_{kw} = \begin{cases} \dfrac{r \cdot (q^w - 1)}{q - 1} \cdot k \cdot q^{(k-1)w} & \text{für } a = q^w; \\ \dfrac{r \cdot (q^w - 1)}{q - 1} \cdot \dfrac{q^{kw} - a^k}{q^w - a} & \text{für } a \neq q^w; \end{cases} \qquad (40)$$

$$R_n = R_{(k-1)w} \cdot q^{n-(k-1)w} + \frac{r}{q-1} \cdot a^{k-1} \cdot (q^{n-(k-1)w} - 1) \quad \text{für}$$
$$(k-1)w < n \leqq kw.$$

R_{kw}; R_n = nachschüssige Rentenendwerte nach kw bzw. n Zinsperioden
r = Ausgangsrente
Rente bleibt w Zinsperioden konstant und wird nach jeweils w Zinsperioden mit a multipliziert (geometrisch fortschreitend)

Beispiel 21: Halbjährlich werde eine nachschüssige Rente von 9000 EUR gezahlt, die jedes Jahr um 6,09 % angehoben wird. Die Verzinsung erfolge halbjährlich mit 3%.

Als Zinsperioden werden halbe Jahre gewählt. Mit w = 2 gilt

$$q^w = 1{,}03^2 = 1{,}0609 = a.$$

Den Rentenendwert nach 10 Jahren erhält man aus (40) als

$$R_{10 \cdot 2} = \frac{9000 \cdot (1{,}0609 - 1)}{0{,}03} \cdot 10 \cdot 1{,}03^{18} = 311\,034{,}52 \text{ EUR}.$$

Dies ergibt den Rentenbarwert

$$R_0 = \frac{R_{10 \cdot 2}}{1{,}03^{20}} = 172\,212{,}27 \text{ EUR}.$$

5.6.2. Vorschüssige Rentenzahlungen

Bei vorschüssiger Rentenzahlung wird für jeden Rentenbetrag bezüglich des Rentenendwerts eine Zinsperiode gewonnen. Damit erhält man den Rentenendwert aus (40) durch Multiplikation mit q als

$$R'_{kw} = q \cdot R_{kw} = \begin{cases} \frac{r \cdot q \cdot (q^w - 1)}{q-1} \cdot k \cdot q^{(k-1)w} & \text{für } a = q^w; \\ \frac{r \cdot q \cdot (q^w - 1)}{q-1} \cdot \frac{q^{kw} - a^k}{q^w - a} & \text{für } a \neq q^w; \end{cases}$$

$$R'_n = q \cdot R_n = R'_{(k-1)w} \cdot q^{n-(k-1)w} + \frac{r \cdot q}{q-1} \cdot a^{k-1} \cdot (q^{n-(k-1)w} - 1) \quad \text{für} \quad (k-1)w < n \leqq kw. \tag{41}$$

r = vorschüssige Ausgangsrente
übrige Bezeichnungen s. (40)

Beispiel 22: Im ersten Jahr soll monatlich eine konstante Rente von 2000 EUR gezahlt werden. Nach jedem Jahr werde die Rente um 4% erhöht. Die Verzinsung erfolge monatlich mit 0,5%.

Hier gilt also $a = 1{,}04$; $w = 12$; $p = 0{,}005$.

a) Bei nachschüssiger Rentenzahlung erhält man den Rentenendwert nach $k = 15$ Jahren aus (40) als

$$R_{15 \cdot 12} = \frac{2000 \cdot (1{,}005^{12} - 1)}{0{,}005} \cdot \frac{1{,}005^{180} - 1{,}04^{15}}{1{,}005^{12} - 1{,}04}$$

$$= 743\,338{,}24 \text{ EUR.}$$

Der abgezinste Barwert beträgt

$$R'_0 = \frac{R_{15 \cdot 12}}{1{,}005^{180}} = 302\,897{,}27 \text{ EUR.}$$

b) Bei vorschüssiger Rentenzahlung erhält man den Rentenendwert

$$R'_{15 \cdot 12} = 1{,}005 \cdot R_{15 \cdot 12} = 747\,054{,}93 \text{ EUR}$$

und den Rentenbarwert

$$R'_0 = 1{,}005 \cdot R_0 = 304\,411{,}76 \text{ EUR.}$$

5.7. Allgemeine geometrisch-arithmetisch fortschreitende Rentenzahlungen

In diesem Abschnitt soll eine Mischung zwischen der arithmetisch und geometrisch fortschreitenden Rentenzahlung behandelt werden. Zunächst werde w Zinsperioden lang jeweils die konstante Rente r gezahlt. Nach jeweils w Zinsperioden wird der alte Rentenbetrag mit a multipliziert und dazu d addiert. Für $a = 1$ erhält man die allgemeine arithmetisch fortschreitende und für $d = 0$ die allgemeine geometrisch fortschreitende Rente. Da diese Spezialfälle bereits in den Abschnitten 5.5 und 5.6. behandelt wurden, wird hier $a \neq 1$ und $d \neq 0$ vorausgesetzt.

In der n-ten Zinsperiode mit $w < n \leqq 2w$, also in der Phase der ersten Rentenerhöhung beträgt die Rente

$$r_2 = ra + d;$$

für $2w < n \leqq 3w$ entsprechend

$$r_3 = r_2 a + d = ra^2 + da + d\,.$$

Allgemein erhält man für $(k-1)w < n \leqq kw$ den Rentenbetrag

$$r_k = a \cdot r_{k-1} + d = r \cdot a^{k-1} + d \cdot (1 + a + \ldots + a^{k-2})$$

$$= r \cdot a^{k-1} + d \cdot \frac{a^{k-1} - 1}{a - 1} \quad \text{für } a \neq 1\,. \tag{42}$$

5.7.1. Nachschüssige Rentenzahlungen

Wie in den Abschnitten 5.5.1. und 5.6.1. sei für jedes n mit $(k-1)w < n \leqq kw$ $R_n^{(k)}$ der Rentenendwert nach der n-ten Zinsperiode.

Da im Bereich $n \leqq w$ die konstante Rente r gezahlt wird, lautet der Rentenbarwert zum n-ten Zinstermin nach (1)

$$R_n = R_n^{(1)} = r \cdot \frac{q^n - 1}{q - 1} \quad \text{für } n \leqq w\,. \tag{43}$$

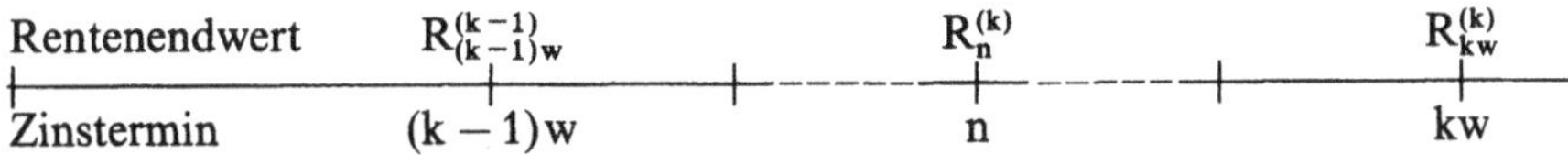

Für den Zinstermin n mit $(k-1)w < n \leqq kw$ setzt sich der Rentenendwert $R_n = R_n^{(k)}$ zusammen aus den Rentenbeträgen bis zum Zeitpunkt $(k-1)w$ und den nach $(k-1)w$ bis n anfallenden Rentenbeträgen.

Die Rentenbeträge bis zum Zeitpunkt $(k-1)w$ liefern zum Rentenendwert $R_n^{(k)}$ den Beitrag

$$R_{(k-1)w}^{(k-1)} \cdot q^{n-(k-1)w}\,.$$

Nach dem Zeitpunkt $(k-1)w$ wird eine Rente der Höhe $r_k = ra^{k-1} + d \cdot \frac{a^{k-1}-1}{a-1}$ gezahlt. Diese Rentenbeträge ergeben für $R_n^{(k)}$ nach (43) einen Anteil

$$\left(ra^{k-1} + d \cdot \frac{a^{k-1} - 1}{a - 1}\right) \cdot \frac{q^{n-(k-1)w} - 1}{q - 1}\,.$$

Addition dieser beiden Werte ergibt

$$R_n = R_n^{(k)} = \underbrace{R_{(k-1)w}^{(k-1)} \cdot q^{n-(k-1)w}}_{\text{aus der Rente bis } (k-1)w} + \underbrace{\left(r \cdot a^{k-1} + d \cdot \frac{a^{k-1} - 1}{a - 1}\right) \cdot \frac{q^{n-(k-1)w} - 1}{q - 1}}_{\text{aus der Rente nach } (k-1)w}\,. \tag{44}$$

Für die Zinsperioden $n = kw$, $k = 1, 2, \ldots$ folgt hieraus

$$R_{kw}^{(k)} = R_{(k-1)w}^{(k-1)} \cdot q^w + \left(r \cdot a^{k-1} + d \cdot \frac{a^{k-1} - 1}{a - 1}\right) \cdot \frac{q^w - 1}{q - 1}\,. \tag{45}$$

Aus (43) folgt für $k = 1$

$$R_w = R_w^{(1)} = \frac{r \cdot (q^w - 1)}{q - 1}\,.$$

Hiermit erhält man für k = 2 aus (45)

$$R_{2w} = R_{2w}^{(2)} = \frac{(q^w - 1)}{q - 1} \cdot \left[rq^w + ra + d \cdot \frac{a-1}{a-1} \right];$$

$$R_{3w} = R_{3w}^{(3)} = \frac{(q^w - 1)}{q - 1} \cdot \left[rq^{2w} + raq^w + d \cdot \frac{a-1}{a-1} \cdot q^w + ra^2 + d \cdot \frac{a^2-1}{a-1} \right];$$

$$R_{4w} = R_{4w}^{(4)} = \frac{(q^w - 1)}{q - 1} \cdot \left[rq^{3w} + raq^{2w} + ra^2 q^w + ra^3 + d \cdot \frac{a-1}{a-1} \cdot q^{2w} + d \cdot \frac{a^2-1}{a-1} \cdot q^w + d \cdot \frac{a^3-1}{a-1} \right].$$

Allgemein erhält man

$$R_{kw} = R_{kw}^{(k)} = \frac{q^w - 1}{q - 1} \cdot \left[r \cdot \sum_{\nu=0}^{k-1} a^\nu \cdot q^{(k-1)w - \nu w} + \frac{d}{a-1} \cdot \sum_{\nu=0}^{k-2} q^{\nu w} \cdot (a^{k-1-\nu} - 1) \right].$$

Es gilt

$$\sum_{\nu=0}^{k-1} a^\nu \cdot q^{(k-1)w - \nu w} = q^{(k-1)w} \cdot \sum_{\nu=0}^{k-1} \left(\frac{a}{q^w} \right)^\nu = \begin{cases} k \cdot q^{(k-1)w} & \text{für } a = q^w; \\ \dfrac{q^{kw} - a^k}{q^w - a} & \text{für } a \neq q^w; \end{cases}$$

$$\sum_{\nu=0}^{k-2} q^{\nu w} \cdot (a^{k-1-\nu} - 1) = a^{k-1} \cdot \sum_{\nu=0}^{k-2} \left(\frac{q^w}{a} \right)^\nu - \sum_{\nu=0}^{k-2} (q^w)^\nu = \begin{cases} (k-1) \cdot q^{(k-1)w} - \dfrac{q^{(k-1)w} - 1}{q^w - 1} & \text{für } a = q^w; \\ \dfrac{q^{(k-1)w} - a^{k-1}}{\dfrac{q^w}{a} - 1} - \dfrac{q^{(k-1)w} - 1}{q^w - 1} & \text{für } a \neq q^w. \end{cases}$$

Damit gilt

$$R_{kw} = R_{kw}^{(k)} = \frac{(q^w - 1)}{q - 1} \cdot B_k \quad \text{mit}$$

$$B_k = \begin{cases} r \cdot k \cdot q^{(k-1)w} + \dfrac{d}{q^w - 1} \cdot \left[(k-1) \cdot q^{(k-1)w} - \dfrac{q^{(k-1)w} - 1}{q^w - 1} \right] & \text{für } a = q^w; \\ r \cdot \dfrac{q^{kw} - a^k}{q^w - a} + \dfrac{d}{a-1} \cdot \left[\dfrac{q^{(k-1)w} - a^{k-1}}{\dfrac{q^w}{a} - 1} - \dfrac{q^{(k-1)w} - 1}{q^w - 1} \right] & \text{für } a \neq q^w; \end{cases} \qquad (46)$$

$$R_n = R_{(k-1)w} \cdot q^{n-(k-1)w} + \left[r \cdot a^{k-1} + d \cdot \frac{a^{k-1} - 1}{a - 1} \right] \cdot \frac{q^{n-(k-1)w} - 1}{q - 1} \quad \text{für } (k-1)w < n \leq kw.$$

R_n = nachschüssiger Rentenendwert nach n Zinsperioden
Während jeder Zinsperiode werden konstante Rentenbeträge gezahlt
r = Ausgangsrente
Rentenerhöhung nach jeweils w Zinsperioden: $r_{neu} = a \cdot r_{alt} + d$

Für w = 1 wird die Rente laufend erhöht. Die entsprechende Formel ist in der Tabelle in Abschnitt 5.9. zu finden.

5.7.2. Vorschüssige Rentenzahlungen

Falls die m unterjährigen Rentenbeträge pro Zinsperiode vorschüssig gezahlt werden mit der Ausgangsrente r erhält man den Rentenendwert R_n' unmittelbar aus (46) durch Multiplikation mit q.

$$R'_{kw} = q \cdot R_{kw} = q \cdot \frac{(q^w - 1)}{q - 1} \cdot B_k; \quad B_k \quad \text{s. (46)};$$

$$R'_n = q \cdot R_n \tag{47}$$

$$\text{für } (k-1)w < n \leqq kw; \quad R_n \quad \text{s. (46)}.$$

R_n' = vorschüssiger Rentenendwert; übrige Bezeichnungen s. (46)

Beispiel 23: Bei einer vierteljährlichen Verzinsung mit jeweils 1,5% werde vierteljährlich vorschüssig eine Rente von 5000 EUR gezahlt. Jedes Jahr werde die vorangehende Rente um 3% und um den konstanten Sockelbetrag von 150 EUR erhöht. Die Zinsintervalle sind Vierteljahre mit r = 5000; w = 4; a = 1,03; d = 150; q = 1,015.

Für 3 Jahre erhält man folgende Rentenstaffel:

Jahr	Quartal	a_k Ausgangskapital	b_k Rente	$(a_k + b_k) \cdot 1{,}015$ Rentenendwert
1	1	0	5000	5075
	2	5075	5000	10226,13
	3	10226,13	5000	15454,52
	4	15454,52	5000	20761,34
2	5	20761,34	5300	26452,25
	6	26452,25	5300	32228,53
	7	32228,53	5300	38091,47
	8	38091,47	5300	44042,34
3	9	44042,34	5609	50396,11
	10	50396,11	5609	56845,19
	11	56845,19	5609	63391,00
	12	63391,00	5609	70035,00

Den Rentenendwert nach 3 Jahren (= 18 Quartalen) erhält man auch direkt aus (46) und (47) mit k = 3 und w = 4

$$B_3 = 5000 \cdot \frac{1{,}015^{12} - 1{,}03^3}{1{,}015^4 - 1{,}03} + \frac{150}{0{,}03} \cdot \left[\frac{1{,}015^8 - 1{,}03^2}{\frac{1{,}015^4}{1{,}03} - 1} - \frac{1{,}015^8 - 1}{1{,}015^4 - 1} \right]$$
$$= 16\,866{,}68975$$

als

$$R'_{12} = 1{,}015 \cdot \frac{1{,}015^4 - 1}{0{,}015} \cdot B_3 = 70\,035{,}00 \text{ EUR}.$$

Der vorschüssige Rentenbarwert lautet

$$R'_0 = \frac{R'_{12}}{1{,}015^{12}} = 58\,576{,}39 \text{ EUR}.$$

Für 10 Jahre (k = 10) erhält man mit

$$B_{10} = 5000 \cdot \frac{1{,}015^{40} - 1{,}03^{10}}{1{,}015^4 - 1{,}03} + \frac{150}{0{,}03} \cdot \left[\frac{1{,}015^{36} - 1{,}03^9}{\frac{1{,}015^4}{1{,}03} - 1} - \frac{1{,}015^{36} - 1}{1{,}015^4 - 1} \right]$$

den Rentenendwert

$$R'_{40} = 1{,}015 \cdot \frac{1{,}015^4 - 1}{0{,}015} \cdot B_{10} = 346\,965{,}48 \text{ EUR}$$

und den Rentenbarwert

$$R'_0 = \frac{R'_{40}}{1{,}015^{40}} = 191\,269{,}00 \text{ EUR}.$$

5.8. Unterjährige Rentenzahlungen

Bei unterjährigen Rentenzahlungen werden pro Zinsintervall m Rentenzahlungen fällig. Falls auch die Verzinsung unterjährig mit Zinseszins erfolgt, können die unterjährigen Intervalle als neue Zinsintervalle gewählt werden. Falls jedoch keine unterjährige Verzinsung möglich ist, werden die m eingehenden Rentenbeträge am Ende der Zinsperiode anteilmäßig verzinst.

Nachschüssig

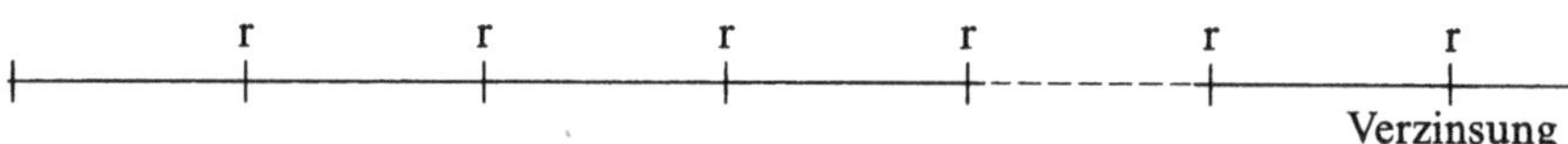

m unterjährige **nachschüssige** Rentenbeträge der Höhe r ergeben am Ende der Zinsperiode einschließlich der anteilmäßig anfallenden Zinsen nach (37) aus Abschnitt 3.3.2. den Betrag

$$R = r \cdot \left[m + \frac{(m-1) \cdot p}{200} \right]. \tag{48}$$

Vorschüssig

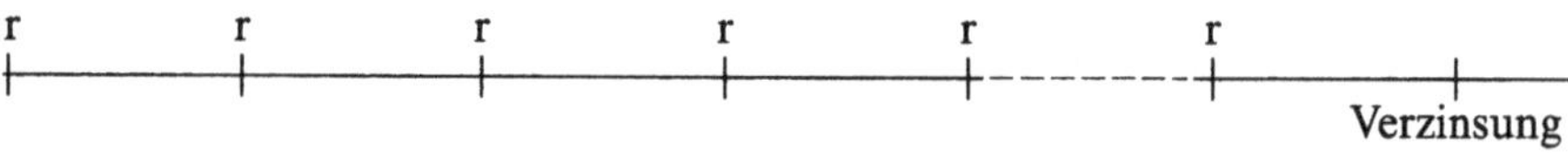

m unterjährige **vorschüssige** Rentenbeträge der Höhe r wachsen bis zum Ende der Zinsperiode nach (36), Abschnitt 3.3.2. auf

$$R = r \cdot \left[m + \frac{(m+1) \cdot p}{200} \right]. \tag{49}$$

Der in (48) bzw. (49) berechnete Wert stellt den zu den m unterjährigen Rentenzahlungen **konformen nachschüssigen Rentenbetrag** dar.

Mit m = 1 erhält man in (49) aus der vorschüssigen Rente r die dazu konforme nachschüssige Rente $R = r \cdot \left(1 + \frac{p}{100}\right) = r \cdot q$.

Mit (48) und (49) lassen sich alle unterjährigen Rentenzahlungen auf die nachschüssige Rentenzahlung zu den Zinsterminen zurückführen.

$$R = \begin{cases} r \cdot \left[m + \frac{(m-1) \cdot p}{200} \right] & \text{nachschüssig;} \\ r \cdot \left[m + \frac{(m+1) \cdot p}{200} \right] & \text{vorschüssig.} \end{cases} \tag{50}$$

R = **konforme nachschüssige Rente** zu den Zinsterminen
m nachschüssige bzw. vorschüssige unterjährige Renten der Höhe r

Mit der aus (50) berechneten konformen nachschüssigen Rente R können alle bisher abgeleiteten Formeln für die nachschüssige Rente (zu den Zinsterminen) benutzt werden.

Ein nachschüssiger Rentenbetrag ϱ, der nur zu den Zinsterminen gezahlt wird, werde auf m unterjährige Rentenbeträge $\frac{\varrho}{m}$ gleichmäßig aufgeteilt. Damit erhält man aus (50) den dazu

konformen nachschüssigen Rentenbetrag

$$R = \begin{cases} \varrho \cdot \left[1 + \frac{(m-1) \cdot p}{200m} \right] & \text{(nachschüssig);} \\ \varrho \cdot \left[1 + \frac{(m+1) \cdot p}{200m} \right] & \text{(vorschüssig).} \end{cases} \tag{51}$$

R = konformer nachschüssiger Rentenbetrag bei der Aufteilung des nachschüssigen Rentenbetrags ϱ auf m gleiche vor- bzw. nachschüssige unterjährige Rentenbeträge $\frac{\varrho}{m}$

Mit (50) lassen sich Rentenend- und Rentenbarwert für die unterjährige Rentenzahlung aus den Werten der jährigen nachschüssigen Rentenzahlung durch Multiplikation mit dem entsprechenden Faktor berechnen.

$$\tilde{R}_n = \left[1 + \frac{(m-1) \cdot p}{200m}\right] \cdot R_n \quad \text{nachschüssig;}$$
$$\tilde{R}'_n = \left[1 + \frac{(m+1) \cdot p}{200m}\right] \cdot R_n \quad \text{vorschüssig.} \qquad (52)$$

Die gleiche Formel gilt auch für die Rentenbarwerte.

$\tilde{R}_n$ = Rentenendwert bei Aufteilung der nachschüssigen Rente in m nachschüssige
$\tilde{R}'_n$ = Rentenendwert bei Aufteilung der nachschüssigen Rente in m vorschüssige
R_n = nachschüssiger Rentenendwert ohne Aufteilung

Beispiel 24: Vorschüssig werde jeweils monatlich ein Rente von 2000 EUR gezahlt. Die Verzinsung erfolge jährlich mit $p = 6\%$.

a) Den 12 vorschüssigen monatlichen Rentenzahlungen der Höhe 2000 entspricht nach (50) die nachschüssige Jahresrente

$$R = 2000 \cdot \left[12 + \frac{13 \cdot 6}{200}\right] = 24\,780 \text{ EUR.}$$

b) Für 10 Jahre erhält man aus (1) den Rentenendwert

$$R_{10} = 24\,780 \cdot \frac{1{,}06^{10} - 1}{0{,}06} = 326\,620{,}10 \text{ EUR}$$

und den Rentenbarwert

$$R'_0 = \frac{R_{10}}{1{,}06^{10}} = 182\,382{,}96 \text{ EUR.}$$

c) Falls die Verzinsung monatlich mit 0,5 % mit Zinseszins erfolgt, werden 10 Jahre in 120 Zinsintervalle zerlegt mit dem vorschüssigen Rentenendwert

$$R'_{120} = 2000 \cdot 1{,}005 \cdot \frac{1{,}005^{120} - 1}{0{,}005} = 329\,397{,}49 \text{ EUR.}$$

Bei dieser Verzinsung lautet der Rentenbarwert

$$R'_0 = \frac{R'_{120}}{1{,}005^{120}} = 181\,047{,}64 \text{ EUR.}$$

Dieser Betrag ist geringer als der in b). Der Grund dafür liegt im Zinseszinseffekt bei der unterjährigen Verzinsung.

Beispiel 25 (vgl. Beispiel 23): Die vorschüssigen Vierteljahresrenten aus Beispiel 23 werden gleichmäßig auf drei vorschüssige Monatsrenten aufgeteilt. Gesucht ist der Rentenbarwert für 10 Jahre. In Beispiel 23 wurde bei vierteljährlicher Rentenzahlung der vorschüssige Rentenbarwert berechnet. Um (52) anwenden zu können, wird jedoch der nachschüssige Rentenbarwert

$$R_0 = \frac{R'_0}{q} = \frac{R'_0}{1{,}015} = 188\,442{,}36 \text{ EUR}$$

benötigt. Daraus erhält man den Barwert bei monatlicher Rentenzahlung

$$\tilde{R}'_0 = \left[1 + \frac{4 \cdot 1{,}5}{200 \cdot 3}\right] \cdot R_0 = 190\,326{,}78 \text{ EUR.}$$

5.9. Zusammenstellung der wichtigsten nachschüssigen Renten (Zahlung zu den Zinsterminen)

Rente	Rentenendwert für n Zinsperioden	Rentenbarwert für n Zinsperioden
konstante Rente r	$R_n = r \cdot \frac{q^n - 1}{q - 1} = r \cdot s_n$	$R_0 = \frac{R_n}{q^n} = \frac{r \cdot s_n}{q^n} = r \cdot a_n$
arithmetisch fortschreitend bei jeder Zinsperiode $r; r+d; r+2d; r+3d, \ldots$	$R_n = r \cdot s_n + \frac{d}{q-1} \cdot (s_n - n)$	$R_0 = r \cdot a_n + \frac{d}{q-1} \cdot \left(a_n - \frac{n}{q^n}\right)$
geometrisch fortschreitend $r_k = r \cdot a^{k-1}, k = 1,2,\ldots$	$R_n = \begin{cases} nrq^{n-1} & \text{für } a = q \\ r \cdot \frac{a^n - q^n}{a - q} & \text{für } a \neq q \end{cases}$	$R_0 = \begin{cases} \frac{nr}{q} & \text{für } a = q \\ r \cdot \frac{\left(\frac{a}{q}\right)^n - 1}{a - q} & \text{für } a \neq q \end{cases}$
arithmetisch-geometrisch fortschreitend r_k = k-te Rente $r_1 = r$ $r_{k+1} = \underbrace{a} \cdot r_k + \underbrace{d}; a \neq 1$ prozentuale Erhöhung, Sockelbetrag (w = 1 in Abschnitt 5.7)	$R_n = \begin{cases} nrq^{n-1} + \frac{d}{q-1} \cdot \left[(n-1) \cdot q^{n-1} - \frac{q^{n-1} - 1}{q-1}\right] & \text{für } a = q \\ r \cdot \frac{a^n - q^n}{a-q} + \frac{d}{a-1} \cdot \left[\frac{a^{n-1} - q^{n-1}}{1 - \frac{q}{a}} - \frac{q^{n-1} - 1}{q - 1}\right] & \text{für } a \neq q \end{cases}$	$R_0 = \frac{R_n}{q^n}$

Dabei gilt $s_n = \frac{q^n - 1}{q - 1}$ = nachschüssiger **Rentenendwertfaktor**

$$a_n = \frac{s_n}{q^n} = \frac{1 - \frac{1}{q^n}}{q - 1}$$ = nachschüssiger **Rentenbarwertfaktor.**

Vorschüssige Werte $R'_n = q \cdot R_n; \quad R'_0 = q \cdot R_0$

Aufteilung der nachschüssigen Rente auf m **unterjährige Renten**

nachschüssige unterjährige Renten $\tilde{R}_n = \left(1 + \frac{(m-1) \cdot p}{200\,m}\right) \cdot R_n$

vorschüssige unterjährige Renten $\tilde{R}'_n = \left(1 + \frac{(m+1) \cdot p}{200\,m}\right) \cdot R_n$

5.10. BASIC-Programm für die Rentenrechnung

Im nachfolgenden BASIC-Programm können bei unterjährigen vor- und nachschüssigen Rentenzahlungen **Rentenendwert, Rentenbarwert und Laufzeit** bei folgenden Renten berechnet werden

1) Konstante Rente r
2) Arithmetisch fortschreitende Rente r, r + d, r + 2d, ...
3) Geometrisch fortschreitende Rente $r_k = a \cdot r^{k-1}$, a ≠ 1
4) Arithmetisch-geometrisch fortschreitende Rente.

Die entsprechende Rente wird m-mal unterjährig konstant gezahlt und bei jedem Zinstermin entsprechend erhöht.

Die Laufzeit in 1) und 3) wird durch die entsprechende Formel berechnet. Für 2) und 4) werden Iterationsverfahren benötigt.

Ferner kann aus einer Anfangsrente r, dem Barwert und der Laufzeit für 2) und 3) die maximale Steigerung berechnet werden.

Die Berechnung geschieht immer über die konforme nachschüssige Rente zu den Zinsterminen.

Programm **RENTEN**

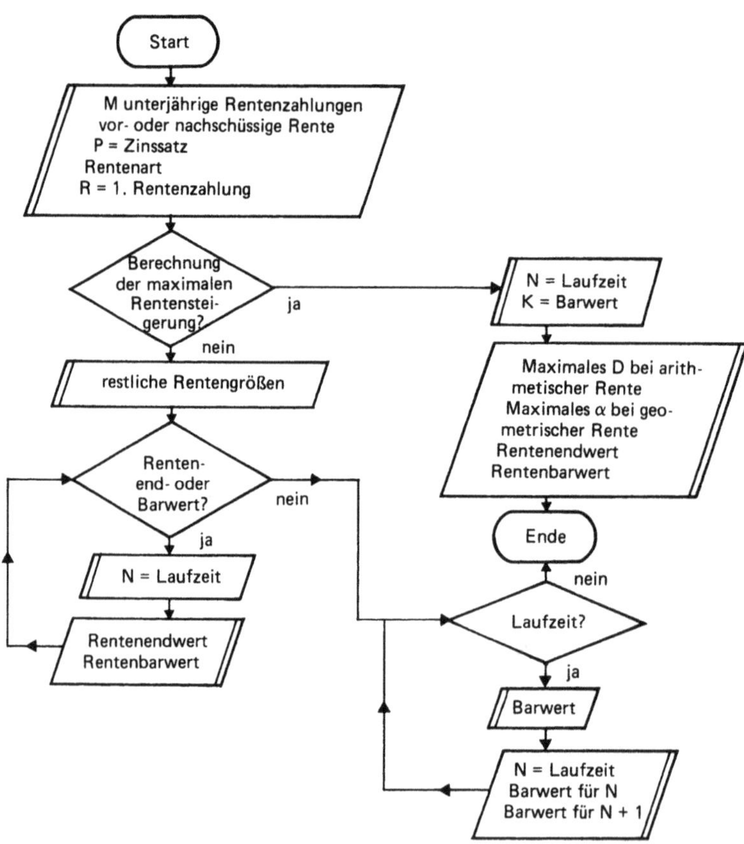

```
5 REM RENTEN----------------------------------------------------PROGRAMM NR III
10 REM  R E N T E N B E R E C H N U N G
20 REM WAHLWEISE KONSTANTE,ARITHMETISCH ODER GEOMETRISCH FORTSCHREITENDE RENTE
30 REM AUCH DIE GEMISCHTE ARITHMETISCH-GEOMETRISCHE RENTE WIRD BEHANDELT
40 REM UNTERJÄHRIGE RENTENZAHLUNG-RENTENANPASSUNG AM ENDE JEDER ZINSPERIODE
50 PRINT "ZINSSATZ P PRO ZINSPERIODE = ":INPUT P:Q=1+P/100:M=1
60  PRINT "SIND DIE RENTENZAHLUNGEN UNTERJÄHRIG (J=JA)?"
70 INPUT UNT$:IF UNT$<>"J" THEN GOTO 100
80 PRINT "ANZAHL DER UNTERJÄHRIGEN RENTENZAHLUNGEN ?"
90 INPUT M
100 PRINT "SIND DIE RENTENZAHLUNGEN VORSCHÜSSIG (J=JA)?"
110 INPUT VOR$
120 IF VOR$="J" THEN HI=M+1 ELSE HI=M-1
130 F=M+HI*P/200
140 PRINT "SIND DIE RENTENZAHLUNGEN KONSTANT (J=JA)?"
150 INPUT KON$:IF KON$="J" THEN GOTO 220
160 PRINT "SIND DIE RENTEN ARITHMETISCH FORTSCHREITEND (J=JA)?"
170 INPUT AR$:IF AR$="J" THEN GOTO 200
180 PRINT "SIND DIE RENTEN GEOMETRISCH FORTSCHREITEND (J=JA)?"
190 INPUT GEOM$
200 PRINT "JEWEILIGE ANFANGSRENTE IN DER ERSTEN ZINSPERIODE = "
210 GOTO 230
220 PRINT "KONSTANTE RENTE = "
230 INPUT R:IF KON$="J" THEN GOTO 400
240 PRINT "SOLL DIE MAXIMALE RENTENSTEIGERUNG BERECHNET WERDEN (J=JA)?"
250 INPUT MAX$
260 IF MAX$="J" THEN GOTO 660
270 IF KON$="J" THEN GOTO 400
280 IF AR$="J" THEN GOTO 350
290 IF GEOM$ = "J" THEN GOTO 370
300 PRINT "UM WIEVIEL % WÄCHST DIE ARITHMETISCH-GEOMETRISCHE RENTE?"
310 INPUT A:A=1+A/100
320 PRINT "UM WELCHEN SOCKELBETRAG D WÄCHST DIESE GEMISCHTE RENTE ?"
330 INPUT D:GOTO 400
340 PRINT "UM WELCHEN SOCKELBETRAG WÄCHST DIESE GEMISCHTE RENTE ?"
350 PRINT "UM WELCHEN BETRAG D WÄCHST DIE ARITHMETISCHE RENTE PRO JAHR ?"
360 INPUT D:GOTO 400
370 PRINT "UM WIEVIEL PROZENT WÄCHST DIE GEOMETRISCHE RENTE PRO JAHR?"
380 INPUT A:A=1+A/100
390 REM---------------------ENDE DER EINGABE-----------------------------------
400 PRINT "SOLL DER RENTENBARWERT ODER ENDWERT BERECHNET WERDEN (J=JA)?"
410 INPUT BAR$:IF BAR$<>"J" THEN GOTO 500
420 REM BERECHNUNG DES RENTENBAR- U. ENDWERTS------------------------------
430 PRINT "LAUFZEIT N DER RENTE IN ZINSPERIODEN ="
440 INPUT N:PRINT
450 GOSUB 900
460 PRINT "RENTENENDWERT = ";RN
470 PRINT "RENTENBARWERT = ";RO:PRINT
480 ENT$="WIA":PRINT "BERECHNUNG EINES NEUEN RENTENEND-ODER BARWERTS (J=JA)?"
490 INPUT ENT$:IF ENT$="J" THEN GOTO 430
500 PRINT "SOLL DIE LAUFZEIT DER RENTE BERECHNET WERDEN (J=JA)?"
510 INPUT LAUF$:IF LAUF$<>"J" THEN END
520 REM BERECHNUNG DER LAUFZEIT DER RENTE AUS EINEM AUSGANGSKAPITAL----------
530 PRINT "WELCHES KAPITAL K IST FÜR DIE RENTE ANGELEGT?"
540 INPUT K
550 GOSUB 1080
560 PRINT "LAUFZEIT N DER RENTE = ";NG;" ZINSPERIODEN"
570 ZU=N:FOR I=1 TO 2
580 N=ZU-1+I:GOSUB 900
590 PRINT "RENTENBARWERT FÜR ";N;" ZINSPERIODEN = ";RO
600 NEXT I
610 WE$="WIA":PRINT "BERECHNUNG EINER ANDEREN LAUFZEIT (J=JA)"
620 INPUT WE$
630 IF WE$="J" THEN GOTO 520
640 END
650 REM ----------------------------------------------------------------------
660 REM MAXIMALE STEIGERUNG BEI ARITHMETISCHER ODER GEOMETRISCHER RENTE-------
670 PRINT "LAUFZEIT N IN ZINSPERIODEN =":INPUT N
680 PRINT "AUSGANGSKAPITAL (BARWERT) K =?":INPUT K
690 IF GEOM$="J" THEN GOTO 760
700 AN=(1-1/Q^N)/(Q-1)
710 D=(K-R*F*AN)*(Q-1)/(AN-N/Q^N)
720 PRINT
730 PRINT "MAXIMALE ABS. STEIGERUNG BEI DER ARITHMETISCHEN RENTE = "
740 PRINT D/F;" PRO ZINSPERIODE"
750 GOTO 870
760 LI=1:A=1
```

```
770 A=A+.05:RE=A
780 GOSUB 900
790 IF RO<K THEN GOTO 770
800 FOR I=1 TO 40
810 A=(LI+RE)/2:GOSUB 900
820 IF RO>=K THEN RE=A ELSE LI=A
830 NEXT I
840 AL=100*(A-1):PRINT
850 PRINT "MAXIMALE PROZENTUALE STEIGERUNG DER GEOMETRISCHEN RENTE ="
860 PRINT AL;" % PRO ZINSPERIODE"
870 WA$="WIA":PRINT "BERECHNUNG EINER ANDEREN MAXIMALEN RENTENSTEIGERUNG(J=JA)"
880 INPUT WA$:IF WA$="J" THEN GOTO 660
890 END
900 REM BERECHNUNG DES RENTENEND- UND BARWERTS ---------------------------------
910 G=(Q^N-1)/(Q-1)
920 IF AR$="J" THEN GOTO 970
930 IF GEOM$="J" THEN GOTO 980
940 IF KON$<>"J" THEN GOTO 1000
950 RN=R*G:GOTO 1050
960 IF AR$<>"J" THEN GOTO 980
970 RN=(R+D/(Q-1))*G-N*D/(Q-1):GOTO 1050
980 IF A=Q THEN RN=N*R*Q^(N-1) ELSE RN=R*(A^N-Q^N)/(A-Q)
990 GOTO 1050
1000 B=Q^(N-1):IF A=Q THEN GOTO 1040
1010 C=(A^(N-1)-B)/(1-Q/A)-(B-1)/(Q-1)
1020 RN=R*(A^N-Q^N)/(A-Q)+D*C/(A-1)
1030 GOTO 1050
1040 RN=N*R*B+D*((N-1)*B-((B-1)/(Q-1))/(Q-1)
1050 RN=F*RN:RO=RN/Q^N
1060 RETURN
1070 REM -----UNTERPROGRAMME-----------------------------------------------
1080 REM BERECHNUNG DER LAUFZEIT AUS DEM AUSGANGSKAPITAL----------------------
1090 IF KON$<>"J" THEN GOTO 1110
1100 NG=-LOG(1-K*(Q-1)/(R*F))/LOG(Q):N=INT(NG):RETURN
1110 IF GEOM$<>"J" THEN GOTO 1150
1120 NG=K*Q/R:IF A=Q THEN GOTO 1140
1130 NG =LOG(1+K*(A-Q)/(R*F))/LOG(A/Q)
1140 N=INT(NG):RETURN
1150 N=1
1160 GOSUB 900
1170 IF RO>K THEN GOTO 1190
1180 N=N+1:GOTO 1160
1190 N=N-1
1200 NG=N
1210 RETURN
```

Beispiel 26: Im ersten Jahr werde monatlich vorschüssig eine Rente von 1500 EUR gezahlt. Die alte Rente werde jährlich um 3,5% angehoben und dazu ein fester Sockelbetrag von EUR 100 addiert. Die Verzinsung erfolge jährlich mit 5,5%.

Es handelt sich um eine arithmetisch-geometrische Rente mit 12 unterjährigen Rentenzahlungen.

a) Das Programm liefert für n = 10 Jahre
Rentenendwert 346452,30 EUR
Rentenbarwert = 202823,90 EUR.

b) Für die Rente sei ein Kapital (Barwert) von 500000 EUR zu 5,5% angelegt. Zu diesem Betrag liefert das Programm die
Laufzeit N = 22 Jahre mit
Rentenbarwert für 22 Jahre = 480897,50 EUR
Rentenendwert für 23 Jahre = 504089,80 EUR.

Beispiel 27: Eine jährlich fortschreitende Rente werde im 1. Jahr monatlich vorschüssig mit EUR 1300 ausgezahlt. Die Laufzeit sei 10 Jahre. Um wie viel % kann die

Rente jährlich steigen, wenn für deren Bezahlung 150000 EUR zum Jahreszinssatz von 5,5% angelegt ist?

Das Programm liefert die maximale Steigerung $\alpha = 5{,}147171\,\%$.

Beispiel 28 (vgl. Beispiel 27): Falls die Rente aus Beispiel 27 arithmetisch steigend ist, erhält man die maximale jährliche Steigerung der Monatsrente d = 76,44 EUR.

5.11. Aufgaben

1) Jemand zahlt 20 Jahre lang jeweils 6000 EUR auf ein Konto ein, das jeweils zum Jahresende mit 6% verzinst wird.
   a) Gesucht ist der Kontostand nach 20 Jahren bei
      α) nachschüssiger;
      β) vorschüssiger Einzahlung.
   b) Welche einmaligen (vorschüssigen) Beträge müssen eingezahlt werden, damit nach 20 Jahren die gleichen Kontostände wie bei α) bzw. β) erreicht werden?
   c) Welche vorschüssige bzw. nachschüssige jährliche ewige Rente kann aus diesen angesparten Beträgen nach 20 Jahren gezahlt werden, falls der Jahreszinssatz dann nur noch 5,5% beträgt?

2) Herr Kluge verkauft sein Haus um 500000 EUR. Der Käufer zahlt jedoch nicht bar, sondern 20 Jahre lang eine konstante Rente. Gesucht ist bei einem Jahreszinssatz von 7% der nachschüssige und vorschüssige Rentenbetrag.

3) Welche monatliche nach- bzw. vorschüssige Rente muss Herr Kluge aus Aufgabe 2 verlangen, falls die Zinsen zum Jahresende anteilmäßig mit 7% berechnet werden?

4) Bei einer jährlichen Verzinsung mit 6% soll aus einem Kapital von 200000 EUR jährlich 20000 EUR als Rente gezahlt werden.
   Berechnen Sie die Laufzeit der Rente bei
   a) nachschüssiger,
   b) vorschüssiger
   Rentenzahlung und den jeweiligen Kontostand nach der letzten Auszahlung des vollen Rentenbetrages.

5) Eine Jahresrente von 20000 EUR soll jedes Jahr um 200 EUR erhöht werden. Welcher Betrag muss dafür bei 6,5% Jahreszins vorschüssig bereitgestellt werden, damit die Rente
   a) nachschüssig,
   b) vorschüssig
   15 Jahre lang gezahlt werden kann?
   c) Welcher Rentenbetrag wird insgesamt ausgezahlt?

6) Eine Jahresrente von 15000 EUR soll jährlich um 5% erhöht werden. Welches Kapital K muss zu Beginn bereitgestellt werden, damit die Rente 10 Jahre lang
   a) nachschüssig,
   b) vorschüssig
   bei einem Jahreszinssatz von 6% bzw. 5% gezahlt werden kann?
   Berechnen Sie die Summe aller 10 Rentenbeträge.

7) Ein Haus mit dem Wert von 300 000 EUR wird gegen eine jährliche Rente verkauft. Die Rente beginnt mit 20 000 EUR und wird jährlich um 4 % erhöht. Wie lange kann diese Rente
   a) nachschüssig,
   b) vorschüssig

   bei einem Jahreszinssatz von 5 % gezahlt werden? Zeigen Sie, dass die Rentenbeträge zu keiner vollen, letzten Rentenzahlung mehr ausreichen.

8) Ein Handwerker möchte von seinem 63. Geburtstag an 20 Jahre lang eine monatliche nachschüssige Rente von 2000 EUR ausgezahlt bekommen. Welchen Betrag muss er dafür 30 Jahre lang bis zu seinem 63. Geburtstag vierteljährlich vorschüssig einzahlen? Sowohl in der Anspar- als auch in der Auszahlungszeit werde das Konto jährlich mit 5,5 % verzinst.
   Welche ewige nachschüssige monatliche Rente könnte der Handwerker bei diesen Einzahlungen erhalten?

9) Ein Bausparer schließt einen Bausparvertrag über 200 000 EUR ab. Bis zur Zuteilung in 8 Jahren sollen einschließlich anfallender Zinsen 40 % der Bausparsumme eingezahlt sein.
   a) Welcher konstante Betrag muß vierteljährlich vorschüssig 8 Jahre lang eingezahlt werden bei einem jährlichen Guthabenzinssatz von 2,5 %?
   b) Nach der Zuteilung wird ein Darlehen über 120 000 EUR ausgezahlt. Die Verzinsung erfolgt vierteljährlich zu einem nominellen Jahreszinssatz von 4,5 %. Welche nachschüssige monatliche Annuität muss gezahlt werden, damit das Darlehen nach genau 15 Jahren getilgt ist?

10) Ein Grundstücksverkäufer erhält als Verkaufspreis folgende Rentenzusagen: zunächst wird eine vorschüssige Monatsrente von 2000 EUR gezahlt. Die Rente wird jährlich
    a) konstant um 100 EUR erhöht,
    b) um jeweils 4,5 % erhöht.

    Die Laufzeit der Rente betrage 10 Jahre.
    Welcher Verkaufspreis wird in a) und b) bei einem nominellen Jahreszinssatz von 5 % erreicht?

11) Der Kaufpreis eines Hauses betrage 500 000 EUR. Dafür erhält der Verkäufer eine jährlich arithmetisch fortschreitende nachschüssige Monatsrente und zwar im ersten Jahr 3000 EUR. Um welchen konstanten Betrag kann die Monatsrente jedes Jahr erhöht werden, damit die Rente bei einem nominellen Jahreszinssatz von 6 % genau 20 Jahre lang gezahlt werden kann?

12) Eine Firma macht einem Angestellten bzw. dessen Hinterbliebenen folgende Pensionszusage für 20 Jahre. Monatlich werden vorschüssig 1500 EUR gezahlt. Die Rente wird jährlich um 3 % erhöht.
    a) Gesucht ist der Rentenendwert nach 20 Jahren bei einem Jahreszinssatz von 5 %.
    b) Welchen Betrag muss die Firma bei dem gleichen Kapitalzinssatz zu Beginn der Laufzeit für die Pensionsrückstellungen einsetzen?
    c) Gesucht ist die Summe aller Rentenauszahlungen.

13) Zunächst werde für ein Jahr eine monatliche nachschüssige Rente von 1200 EUR gezahlt. Jeweils nach einem Jahr finde eine Rentenanpassung statt. Dabei werde die Rente um 2,5 % erhöht und zusätzlich um den Sockelbetrag von 100 EUR angehoben.

a) Berechnen Sie die Rentenendwerte bis zum Ende des 5. Jahres in einer Rentenstaffel (dabei sollen die in einem Jahr anfallenden Renten zusammengefasst werden). Der Kapitalzins betrage 5% p.a.
b) Berechnen Sie nach einer geeigneten Formel die Rentenendwerte nach 5 und 10 Jahren.

14) Für den Verkauf eines Grundstücks erhält jemand für 20 Jahre folgende Rentenzusage: zunächst wird eine vorschüssige Monatsrente von 4000 EUR gezahlt. Diese Rente werde jährlich um 400 EUR erhöht.
a) Berechnen Sie den Verkaufspreis bei einem Jahreszinssatz von 6,1%.
*b) Um wie viel % könnte beim gleichen Verkaufspreis und bei der gleichen Laufzeit die monatliche Ausgangsrente von 4000 EUR jährlich steigen?

15) Ein Kapital K = 750000 EUR ist mit einem Jahreszinssatz von 5,8% zur Finanzierung einer Rente angelegt. Die Rente soll monatlich vorschüssig gezahlt werden.
a) Welche ewige monatliche Rente kann daraus gezahlt werden?
b) Monatlich werden 6000 EUR Rente vorschüssig vereinbart.
Welcher konformen
α) nachschüssigen;
β) vorschüssigen
Jahresrente entspricht diese Monatsrente?
γ) Berechnen Sie die Laufzeit dieser Rente.
δ) Berechnen Sie das Restkapital am Ende des letzten ganzen Jahres der Rentenzahlung.
ε) Welche reduzierte vorschüssige Monatsrente könnte daraus noch für ein weiteres Jahr gezahlt werden?
c) Für welche konstante vorschüssige Monatsrente reicht das Kapital genau 25 Jahre aus?
d) Im ersten Jahr werde eine Monatsrente von 4000 EUR gezahlt. Um welchen absoluten Betrag kann die Rente bei einer Laufzeit von 20 Jahren jährlich maximal erhöht werden?
e) Im ersten Jahr werde eine Monatsrente von 3000 EUR vereinbart, die jährlich um 5% steigt. Berechnen Sie die Laufzeit dieser Rente.
*f) Um wie viel Prozent kann die monatliche Ausgangsrente von 2000 EUR jährlich gesteigert werden, damit die Laufzeit genau 25 Jahre beträgt?
*g) Die monatliche Ausgangsrente von 2000 EUR werde jährlich um 4% erhöht. Zusätzlich dazu werde die Rente jedes Jahr noch um 300 EUR angehoben. Gesucht ist die Laufzeit dieser Rente.

Kapitel 6: Kurs- und Effektivzinsberechnung

Bei der Kursberechnung wird für verschiedene Kapitalvorgänge der entsprechende Barwert als Kurs festgesetzt, den ein Käufer beim Erwerb zahlen muss. Beispiele dafür sind der Ausgabekurs (Begebungskurs) eines festverzinslichen Wertpapiers, der Kurs einer Nullkupon-Anleihe (abgezinstes Wertpapier), die Höhe eines Kredits in Abhängigkeit von fest vereinbarten Annuitäten sowie der Wert eines festverzinslichen Wertpapiers nach einer Zinsänderung. Die Kursberechnung wird sinnvollerweise nach dem folgenden Prinzip vorgenommen

Bewertung (Wert) einer Kapitalanlage	=	**Barwert** bezüglich des realen Zinssatzes aller für die Zukunft vereinbarter Kapitalzahlungen.

Bei vielen Kapitalvorgängen wird ein nomineller Jahreszinssatz zu Grund gelegt. Zur Bestimmung der Rentabilität der Kapitalanlage ist die Berechnung der Effektivverzinsung unumgänglich, z. B. bei Anleihen, die unter oder über pari ausgegeben oder zurückgezahlt werden.

Allgemein werden in diesem Kapitel folgende **Bezeichnungen** benutzt:

$p = p_{nom}$ = **nomineller Jahreszinssatz**.

K_{nom} = **Nominalkapital**, das mit dem Nominalzinssatz p ausgestattet ist. Für dieses Nominalkapital müssen während der Laufzeit p % Zinsen und die entsprechenden Tilgungsraten erbracht werden.

Aufzinsungsfaktor $q = 1 + \frac{p}{100}$ bzgl. des nominellen Zinssatzes p.

$$a_n = \frac{q^n - 1}{q^n \cdot (q-1)} = \frac{1 - \frac{1}{q^n}}{q-1}$$ = **nachschüssiger Rentenbarwertfaktor** bzgl. des Nominalzinssatzes p.

$p' = p_{real}$ = marktüblicher **realer Jahreszinssatz**.

$q' = 1 + \frac{p'}{100}$ Aufzinsungsfaktor bzgl. des realen Zinssatzes p′.

$$a'_n = \frac{q'^n - 1}{q'^n \cdot (q'-1)} = \frac{1 - \frac{1}{q'^n}}{q'-1}$$ = **nachschüssiger Rentenbarwertfaktor** bzgl. des Realzinssatzes p′.

K_{real} = **Realkapital**. Für die **gesamte** Laufzeit erreicht man mit diesem Realkapital mit dem realen Zinssatz p′ die gleiche Effektivverzinsung wie bei der Verzinsung des Nominalkapitals K_{nom} mit dem nominellen Zinssatz p_{nom}.

Hinweis: In diesem Kapitel ist a'_n der nachschüssige Rentenbarwertfaktor bezüglich des Realzinssatzes $p' = p_{real}$. Er darf nicht verwechselt werden mit dem vorschüssigen Rentenbarwertfaktor, der in diesem Kapitel nicht benutzt wird.

Der **Kurs C** gibt an, wie viel Prozent von einem mit einem nominellen Jahreszinssatz p ausgestatteten Nominalkapital K_{nom} ausgezahlt werden kann, damit das ausgezahlte Kapital $K_{real} = \frac{C}{100} \cdot K_{nom}$ während der gesamten Laufzeit mit dem realen Zinssatz p' die gleiche Effektivverzinsung erfährt wie das Nominalkapital K_{nom} mit dem nominellen Zinssatz p.

Wählt man das Nominalkapital K_{nom} = 100 EUR, so ist der **Kurs C = K_{real} der Barwert dieses Nominalkapitals K_{nom} = 100 EUR.**

6.1. Der Kurs einer Nullkupon-Anleihe (Zerobonds)

Eine Nullkupon-Anleihe (Zerobonds) ist ein festverzinsliches Wertpapier, das nach n Jahren zum Nominalwert zurückgezahlt wird. Während der gesamten Laufzeit werden **keine Zinsen** gezahlt. Die Zinsen und Zinseszinsen werden also dem Kapital zugeschlagen. Man spricht auch von einem abgezinsten Wertpapier.

Falls zum Ende der Laufzeit einschließlich der angesammelten Zinsen 100 EUR zurückgezahlt werden, stellt der Barwert dieses Betrages bzgl. des realen Zinssatzes p' den Kurs C der Nullkupon-Anleihe dar.

6.1.1. Kurs einer Nullkupon-Anleihe bei ganzjähriger Laufzeit

Falls die Laufzeit n (in Jahren) ganzzahlig ist, erhält man für den Kurs C (= Barwert des nach n Jahren fälligen Betrages von 100 EUR) die Gleichung

$C \cdot q'^n = 100.$

Daraus folgt

$$\boxed{C = \frac{100}{q'^n} \; [\%].} \qquad (1)$$

C = Kurs (in Prozent) einer Nullkupon-Anleihe, die nach n Jahren zu 100% zurückgezahlt wird.

$q' = 1 + \frac{p'}{100}$; p' = realer Jahreszinssatz

Für eine Gesamtanleihe, die nach n Jahren mit dem fälligen Betrag K_{nom} zurückgezahlt wird, muss beim realen Zinssatz p' zum jetzigen Zeitpunkt C %, also der Betrag $K_{real} = \frac{C}{100} \cdot K_{nom}$ gezahlt werden.

Beispiel 1:

a) Eine Nullkupon-Anleihe mit einer Laufzeit von 20 Jahren besitzt bei einem realen Jahreszinssatz von 6% einen Ausgabekurs (Begebungskurs)

$$C_0 = \frac{100}{1{,}06^{20}} = 31{,}1805\,\%.$$

Der Erwerber muß also 31,18 EUR bezahlen, um nach 20 Jahren eine Rückzahlung von 100 EUR zu erhalten. Der Ausgabepreis beträgt damit 31,1805% vom Nominalwert.

b) Nach 8 Jahren sei der Zinssatz auf 5,5% gefallen. Dann lautet der Kurs wegen der restlichen Laufzeit von 12 Jahren

$$C = \frac{100}{1{,}055^{12}} = 52{,}5982\,\%.$$

c) Jemand, der zum Ausgabezeitpunkt die Anleihe gekauft hat und sie nach 8 Jahren zum Marktkurs C weiterverkauft, erzielt eine jährliche Effektivverzinsung $\hat{p}$, die sich folgendermaßen berechnet:

$$\frac{100}{1{,}06^{20}} \cdot \left(1 + \frac{\hat{p}}{100}\right)^8 = \frac{100}{1{,}055^{12}}.$$

Hieraus folgt $\hat{p} = 100 \cdot \left[\left(\frac{1{,}06^{20}}{1{,}055^{12}}\right)^{\frac{1}{8}} - 1\right] = 6{,}7544\,\%.$

Beispiel 2: Ein Schuldner nimmt ein Darlehen über 100000 EUR auf, das jährlich mit 6% verzinst werden muss. Vertraglich wird vereinbart, dass das Darlehen einschließlich der anfallenden Zinsen nach 10 Jahren zurückgezahlt wird.

a) Der Rückzahlungsbetrag lautet dann

$K_{10} = 100000 \cdot 1{,}06^{10} = 179084{,}77$ EUR.

b) Nach 6 Jahren möchte der Schuldner das Darlehen vorzeitig tilgen, wobei inzwischen der reale Jahreszinssatz auf 5,5% gefallen ist. Da die Restlaufzeit noch 4 Jahre beträgt, lautet der Wert

$$K = \frac{K_{10}}{1{,}055^4} = 100000 \cdot \frac{1{,}06^{10}}{1{,}055^4} = 144560{,}22 \text{ EUR}.$$

Dieser Betrag ist für die vorzeitige Ablösung des Darlehens an den Gläubiger zu zahlen.

Der Barwert eines 100 EUR-Rückzahlungsbetrages nach 4 Jahren beträgt bei einem Zinssatz von 5,5%

$$C = \frac{100}{1{,}055^4} = 80{,}7217\,\%.$$

c) Bei gleichbleibendem Zinssatz von 6% wäre der Wert nach 6 Jahren

$\tilde{K} = 100000 \cdot 1{,}06^6 = 141851{,}91$ EUR.

6.1.2. Der Kurs einer Nullkupon-Anleihe bei beliebiger nichtganzzahliger Laufzeit

Bei der Ausgabe einer Nullkupon-Anleihe wird die Laufzeit n in der Regel ganzzahlig gewählt. Dann wird der Ausgabekurs nach (1) berechnet. Bei der Kursberechnung innerhalb der Laufzeit wird die Restlaufzeit benutzt. Bei ganzzahliger Restlaufzeit lässt sich der Kurs ebenfalls nach (1) berechnen. Häufig ist jedoch auch eine Kursfestsetzung erforderlich, falls die Restlaufzeit nicht ganzzahlig ist, z.B. bei börsennotierten Zerobonds.

Die (restliche) Laufzeit besitze die Darstellung $n + x$ mit $0 \leq x < 1$. Für das Teiljahr der Länge x werden anteilmäßig $x \cdot p'\,\%$ Zinsen gezahlt. Zusammen mit den n vollen Jahren besitzt eine Anleihe über 100 EUR dann den Barwert C mit

$$C \cdot \left(1 + \frac{p'}{100} \cdot x\right) \cdot q'^n = 100.$$

Hieraus folgt

$$\boxed{C = \frac{100}{q'^n \cdot \left(1 + \frac{p'}{100} \cdot x\right)} \; [\%].} \qquad (1')$$

C = Kurs (= Barwert) bei einer (Rest-)Laufzeit n + x Jahren mit $0 \leqq x < 1$
Bezeichnungen s. (1)

Beispiel 3: Ein Börsenmakler soll den Kurs einer Nullkupon-Anleihe mit einer restlichen Laufzeit von 8 Jahren und 115 Tagen bei einem realen Zinssatz von 6,72% berechnen. Da das Jahr mit 360 Tagen angesetzt wird, lautet die Laufzeit $8 + \frac{115}{360}$ Jahre. Damit erhält man aus (1') den Kurs

$$C = \frac{100}{1{,}062^8 \cdot \left(1 + 0{,}062 \cdot \frac{115}{360}\right)} = 60{,}6019\,\%.$$

6.2. Der Kurs einer zeitlich befristeten oder ewigen nachschüssigen Jahresrente

Zu einem Nominalzinssatz p werde jemandem für n Jahre eine nachschüssige Rente der Höhe r zugesagt. Diese Rente besitzt mit $q = 1 + \frac{p}{100}$ bezüglich des Nominalzinssatzes $p = p_{nom}$ den Barwert

$$K = K_{nom} = \frac{r}{q} + \frac{r}{q^2} + \ldots + \frac{r}{q^n} = \frac{r}{q} \cdot \left(1 + \frac{1}{q} + \ldots + \left(\frac{1}{q}\right)^{n-1}\right) = \frac{r}{q} \cdot \frac{1 - \frac{1}{q^n}}{1 - \frac{1}{q}}$$

$$= r \cdot \frac{1 - \frac{1}{q^n}}{q - 1} = r \cdot a_n. \qquad (2)$$

Dieses Nominalkapital $K_{nom} = r \cdot a_n$ reicht bei einer Verzinsung mit p% für die n nachschüssigen Rentenzahlungen der Höhe r aus.

Im Falle $p > 0$ geht für $n \to \infty$ K über in K_∞ (ewige Rente) $= \frac{r}{q-1} = \frac{100r}{p}$.

Bezüglich des Realzinssatzes p' besitzt die n jährige Rente den Barwert

$$K' = K_{real} = r \cdot \frac{1 - \frac{1}{q'^n}}{q' - 1} = r \cdot a_n'. \qquad (3)$$

mit dem Barwert der ewigen Rente

$$K'_\infty = \frac{r}{q'-1} = \frac{100r}{p'}.$$

Der **Kurs C** der n-jährigen mit dem nominellen Zinssatz p ausgestatteten Rente gibt an, wieviel Prozent des nominellen Barwerts K_{nom} der reale Barwert K_{real} beträgt. Aus (2) und (3) folgt

$$C = 100 \cdot \frac{K_{real}}{K_{nom}} = 100 \cdot \frac{a'_n}{a_n}. \tag{4}$$

Der Kurs der ewigen Rente lautet

$$C_\infty = 100 \cdot \frac{K'_\infty}{K_\infty} = 100 \cdot \frac{p}{p'}. \tag{5}$$

Damit gilt

$$\begin{aligned}
K &= K_{nom} = r \cdot a_n; \quad K' = K_{real} = r \cdot a'_n;\\
K_\infty &= \frac{r}{q-1} = \frac{100\,r}{p}; \quad K'_\infty = \frac{r}{q'-1} = \frac{100\,r}{p'};\\
C &= 100 \cdot \frac{a'_n}{a_n}; \quad C_\infty = 100 \cdot \frac{p}{p'};\\
a_n &= \frac{1-\frac{1}{q^n}}{q-1}; \quad a'_n = \frac{1-\frac{1}{q'^n}}{q'-1};\\
q &= 1+\frac{p}{100}; \quad p = p_{nom}; \quad q' = 1+\frac{p'}{100}; \quad p' = p_{real}.
\end{aligned} \tag{6}$$

K_{nom} = nomineller Barwert
K_{real} = realer Barwert von n nachschüssigen Rentenbeträgen der Höhe r
C = Kurs der mit dem Zinssatz p ausgestatteten n-maligen Rente
C_∞ = Kurs der ewigen Rente

Beispiel 4: Bei einem Jahreszinssatz von 6,25 % möchte jemand eine jährliche nachschüssige Rente von jeweils 20000 EUR erwerben.

a) Für eine 25jährige Rente ist dafür der Betrag

$$K = 20000 \cdot \frac{1-\frac{1}{1{,}0625^{25}}}{0{,}0625} = 249\,704{,}66 \text{ EUR}$$

zu zahlen.

b) Eine ewige Rente kostet

$$K_\infty = \frac{20000}{0{,}0625} = 320000 \text{ EUR}.$$

c) Nach 10 Jahren soll der restliche Rentenanspruch der 25jährigen Rente bar ausgezahlt werden. Beim gleichen Zinssatz beträgt der entsprechende Barwert für die Restlaufzeit von 15 Jahren

$$K = 20000 \cdot \frac{1 - \frac{1}{1{,}0625^{15}}}{0{,}0625} = 191\,110{,}99 \text{ EUR}.$$

Falls der Realzinssatz inzwischen auf 7 % gestiegen ist, beträgt der Abfindungswert nach 10 Jahren wegen der 15jährigen Restlaufzeit nur noch

$$K' = 20000 \cdot \frac{1 - \frac{1}{1{,}07^{15}}}{0{,}07} = 182\,158{,}28 \text{ EUR}.$$

Der Kurs für die Rente mit der Restlaufzeit von 15 Jahren lautet

$$C = 100 \cdot \frac{K'}{K} = 95{,}3154\,\%.$$

6.3. Der Kurs einer Zinsanleihe (Zinsschuld)

Für Zinsanleihen werden während der gesamten Laufzeit nur die anfallenden Zinsen gezahlt. Die Tilgung erfolgt geschlossen am Ende der Laufzeit. Bei der Kursberechnung gehen wir immer vom Nennwert $K_{nom} = 100$ EUR aus. Für die Zinsberechnung werde während der gesamten Laufzeit der bei der Ausgabe festgesetzte Nominalzinssatz $p = p_{nom}$ benutzt. Der Realzinssatz p' bestimmt dann den Kurs der Anleihe.

6.3.1. Kurs einer Zinsanleihe mit jährlicher Zinszahlung ohne Aufgeld

Eine mit dem nominellen Jahreszinssatz p ausgestattete Zinsanleihe habe die Laufzeit n Jahre. Für eine Anleihe mit dem Nominalkapital $K_{nom} = 100$ EUR werden jährlich jeweils p EUR Zinsen ausgezahlt. Am Ende der Laufzeit erfolge die Rückzahlung zu pari.

1. Der Kurs bei einer ganzjährigen Laufzeit n

Falls die Laufzeit n ganzzahlig ist, gibt es für eine 100 EUR-Anleihe folgende Zahlungen

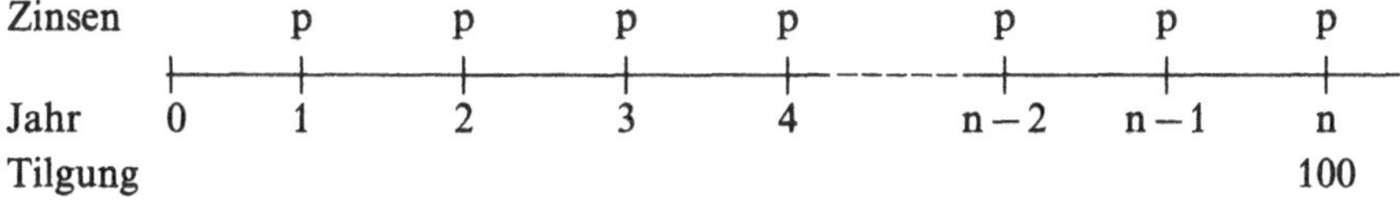

Bezüglich des Realzinssatzes p' besitzen diese Zahlungen für die 100 EUR-Anleihe den Barwert

$$K' = K_{real} = \underbrace{\frac{p}{q'} + \frac{p}{q'^2} + \ldots + \frac{p}{q'^n}}_{\text{Barwert der Zinsen}} + \underbrace{\frac{100}{q'^n}}_{\text{Barwert der Tilgung}} \tag{7}$$

$$= p \cdot \frac{1 - \frac{1}{q'^n}}{q' - 1} + \frac{100}{q'^n} = p \cdot a'_n + \frac{100}{q'^n}$$

$$= \left(100 - \frac{p}{q' - 1}\right) \cdot \frac{1}{q'^n} + \frac{p}{q' - 1}$$

$$= 100 \cdot \left(1 - \frac{p}{p'}\right) \cdot \frac{1}{q'^n} + 100 \cdot \frac{p}{p'}.$$

Für die letzte Umformung wurde $q' - 1 = \frac{p'}{100}$ benutzt.

Dieser Barwert ist somit der Kurs C der mit einem nominellen Zinssatz von p % ausgestatteten Zinsanleihe beim realen Zinssatz p' und bei einer (Rest-)Laufzeit von n Jahren.

Für $p = p'$ ist $C = 100\,\%$.

Damit gilt

$$C = p \cdot a'_n + \frac{100}{q'^n} = 100 \cdot \left(1 - \frac{p}{p'}\right) \cdot \frac{1}{q'^n} + 100 \cdot \frac{p}{p'};$$

$$a'_n = \frac{1 - \frac{1}{q'^n}}{q' - 1}; \quad q' = 1 + \frac{p'}{100};$$

$$C = 100\,\% \text{ für } p = p'. \tag{8}$$

C = Kurs einer mit dem Nominalzinssatz p ausgestatteten Zinsanleihe bei jährlicher Zinszahlung und Rückzahlung zu pari nach n Jahren
$p = p_{nom}$; $p' = p_{real}$

Den Kurs bei der Ausgabe der Anleihe **(Ausgabekurs)** bezeichnet man häufig mit C_0. Er heißt auch **Begebungskurs**.

Beispiel 5: Eine mit dem nominellen Jahreszinssatz p = 6 % ausgestattete Zinsanleihe werde nach einer Laufzeit von 10 Jahren zu pari zurückgezahlt.

a) Bei einem realen Jahreszinssatz von 6,5 % lautet der Kurs

$$C = 100 \cdot \left(1 - \frac{6}{6{,}5}\right) \cdot \frac{1}{1{,}065^{10}} + \frac{100 \cdot 6}{6{,}5} = 96{,}4056\,\% \text{ (unter pari).}$$

b) Bei einem realen Jahreszinssatz von 5,5 % beträgt der Kurs

$$C = 100 \cdot \left(1 - \frac{6}{5{,}5}\right) \cdot \frac{1}{1{,}055^{10}} + \frac{100 \cdot 6}{6{,}5} = 103{,}7688\,\% \text{ (über pari).}$$

c) Ein realer Jahreszinssatz von 6 % liefert C = 100 % (pari).

2. Der Kurs bei einer unterjährigen Laufzeit n – x

Falls die (Rest-)Laufzeit nicht ganzzahlig ist, lässt sie sich darstellen als n – x mit $0 < x < 1$.

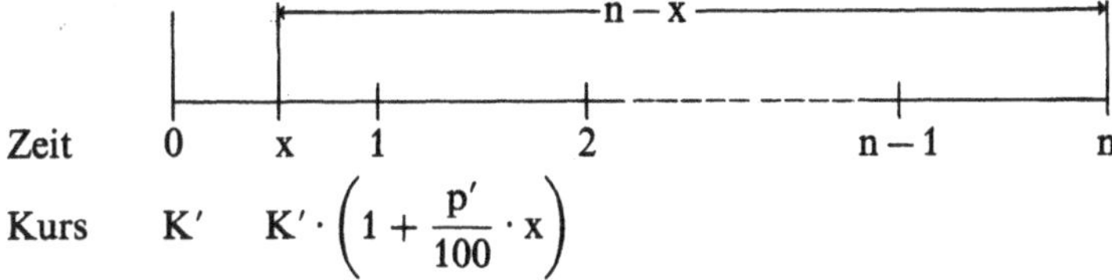

Das Teiljahr der Länge x werde anteilmäßig mit dem realen Zinssatz $x \cdot p'$ verzinst. Dann wächst das für n Jahre nach (7) berechnete Realkapital K′ bis zum Zeitpunkt x an auf $\left(1 + \frac{p'}{100} \cdot x\right) \cdot K'$, was gerade den Kurs zum Zeitpunkt x darstellt.

Damit gilt

$$\boxed{\hat{C} = C \cdot \left(1 + \frac{p'}{100} \cdot x\right).} \qquad (8')$$

$\hat{C}$ = Kurs bei einer Laufzeit $n - x$ mit $0 \leqq x < 1$
C = Kurs bei einer Laufzeit von n Jahren (s. (8))

Beispiel 6: Eine mit dem nominellen Zinssatz von 6,5% ausgestattete Zinsanleihe habe noch eine Restlaufzeit von 3 Jahren und 2 Monaten. Die Zinsen werden jährlich gezahlt. Gesucht ist der Kurs bei einem realen Jahreszinssatz von

a) 7%;
b) 6,5%.

Um (8′) anwenden zu können, muss die Restlaufzeit dargestellt werden als $r = 4 - \frac{10}{12}$ Jahre.

a) Mit n = 4 erhält man aus (8) den Kurs bei einer Laufzeit von 4 Jahren als

$$C = 100 \cdot \left(1 - \frac{6{,}5}{7}\right) \cdot \frac{1}{1{,}07^4} + \frac{100 \cdot 6{,}5}{7} = 98{,}3064\,\%.$$

$x = \frac{10}{12}$ ergibt aus (8′) den gesuchten Kurs

$$\hat{C} = C \cdot \left(1 + 0{,}07 \cdot \frac{10}{12}\right) = 104{,}0409\,\%.$$

b) Bei einem realen Jahreszinssatz von 6,5% ($p = p'$) beträgt der Kurs bei einer Laufzeit von 4 Jahren $C = 100\,\%$. Dann erhält man aus (8′) den Kurs

$$\hat{C} = 100 \cdot \left(1 + 0{,}065 \cdot \frac{10}{12}\right) = 105{,}4167\,\%.$$

Bemerkung: Bei Übereinstimmung von Nominal- und Realzinssatz ist der Kurs C nur bei einer ganzzahligen Laufzeit gleich 100%, also unmittelbar nach der Zinszahlung. Falls die letzte Zinszahlung ein Teiljahr der Längs x zurückliegt, lautet der Kurs bei $p' = p$ nach (8')

$$\hat{C} = 100 \cdot \left(1 + \frac{p'}{100} \cdot x\right).$$

Kurz vor der nächsten Zinszahlung ist x ungefähr gleich Eins. Dann beträgt der Kurs bei einer Laufzeit von $n - x$ Jahren unmittelbar vor der Zinszahlung nach (8) und (8')

$$\hat{C}_{n-x} \approx \left[100 \cdot \left(1 - \frac{p}{p'}\right) \cdot \frac{1}{q'^n} + 100 \cdot \frac{p}{p'}\right] \cdot q' \quad \text{für } x \approx 1;\ x < 1.$$

Nach der Zinszahlung ist die Restlaufzeit nur noch $n - 1$ Jahre. Dann lautet der Kurs nach (8)

$$C_{n-1} = 100 \cdot \left(1 - \frac{p}{p'}\right) \cdot \frac{1}{q'^{n-1}} + 100 \cdot \frac{p}{p'}.$$

Subtraktion dieser beiden Kurswerte ergibt

$$\hat{C}_{n-x} - C_{n-1} \approx \frac{p \cdot q'}{q' - 1} - \frac{p}{q' - 1} = \frac{p \cdot (q' - 1)}{q' - 1} = p.$$

Im Grenzwert gilt das Gleichheitszeichnen, d.h.

$$\lim_{x \to 1} (\hat{C}_{n-x} - C_{n-1}) = p.$$

Der nach (8) und (8') berechnete Kurs ermäßigt sich also bei jeder Zinszahlung um die ausgezahlten Zinsen p.

3. Börsennotierte Nettokurse

An der Börse werden die nach (8) und (8') berechneten Kurse nicht notiert, da sie sich bei jeder Zinszahlung um p ermäßigen. Die sog. Nettokurse filtern diese Unstetigkeit aus. Beim Kauf werden die Zinsen für das bereits vergangene Teiljahr anteilmäßig mit $p \cdot x\%$ dem Käufer in Rechnung gestellt. Diese Stückzinsen müssen zusätzlich zum börsennotierten Nettokurs an den Verkäufer gezahlt werden. Dadurch erhält man bei einer Laufzeit von $n - x$ Jahren mit $0 < x < 1$ aus (8') den **Nettokurs**

$$\check{C} = \hat{C} - px = C + \left(C \cdot \frac{p'}{100} - p\right) \cdot x. \tag{9}$$

Dieser Nettokurs ist stetig. Bei Zinszahlungen gibt es keinen Kursabschlag. Aus diesem Nettokurs ergibt sich der Kurs $\hat{C}$ als

$$\hat{C} = \check{C} + px.$$

Damit gilt

$$\check{C} = \hat{C} - px = C + \left(C \cdot \frac{p'}{100} - p\right) \cdot x;$$
$$\hat{C} = \check{C} + px. \qquad (10)$$

$\check{C}$ = bösennotierter Nettokurs einer Zinsanleihe bei einer Laufzeit $n-x$ $(0 \leqq x < 1)$ Jahren
$\hat{C}$ = Kurs bei der Laufzeit $n - x$
C = Kurs bei der Laufzeit n (s. (8), (8'))

Beispiel 7 (vgl. Beispiel 6): Für das Beispiel 6 werden folgende Nettokurse notiert

a) $\check{C} = 104{,}0409 - \frac{10}{12} \cdot 6{,}5 = 98{,}6242\,\%$.

b) $\check{C} = 105{,}4167 - \frac{10}{12} \cdot 6{,}5 = 100\,\%$.

Beispiel 8: Eine Zinsanleihe sei mit einem nominellen Jahreszinssatz $p = 6\%$ mit jährlicher Zinszahlung ausgestattet. Der reale Zinssatz betrage $p' = 6{,}9\,\%$.

a) Bei einer Laufzeit von 5 Jahren lautet der Kurs nach (8)

$$C_5 = 100 \cdot \left(1 - \frac{6}{6{,}9}\right) \cdot \frac{1}{1{,}069^5} + \frac{100 \cdot 6}{6{,}9} = 96{,}2999\,\%.$$

b) Vier Jahre Laufzeit ergibt den Kurs

$$C_4 = 100 \cdot \left(1 - \frac{6}{6{,}9}\right) \cdot \frac{1}{1{,}069^4} + \frac{100 \cdot 6}{6{,}9} = 96{,}9446\,\%.$$

c) Für $0 \leqq x < 1$ erhält man den Kurs bei einer Laufzeit von $5 - x$ Jahren aus (8') als

$$\hat{C}_{5-x} = 96{,}2999 \cdot (1 + 0{,}069 \cdot x).$$

Für $x \approx 1$ gilt die Näherung

$$C_{5-x} \approx 102{,}9446 = C_4 + 6.$$

Unmittelbar nach der Zinszahlung tritt bei dieser Kursberechnung ein Kursabschlag von $6(=p)\,\%$ ein.

d) Bei der Laufzeit $5 - x$ lautet der börsennotierte Nettokurs nach (10)

$$\check{C}_{5-x} = 96{,}2999 + \left(96{,}2999 \cdot \frac{6{,}9}{100} - 6\right) \cdot x = 96{,}2999 + 0{,}6447x.$$

Für $x \to 1$ geht dieser Nettokurs stetig in den Nettokurs $\check{C}_4 = C_4$ über.

6.3.2. Kurs einer Zinsanleihe bei unterjähriger Zinszahlung

Für die Anleihe im Nennwert von 100 EUR mit dem Nominalzinssatz p werden m-mal unterjährig jeweils $\frac{p}{m}$ EUR Zinsen ausgezahlt.

$m = 2$ ergibt halbjährliche Zinszahlung;
$m = 4$ bedeutet vierteljährliche Zinszahlung.

Die unterjährige Zinszahlung bringt wegen des Zinseszinseffektes Vorteile gegenüber der jährlichen Verzinsung. In jeder der m unterjährigen Zinsperioden werden auf eine 100 EUR-Anleihe $\frac{p}{m}$ EUR Zinsen gezahlt. Diese Zinsen können für den Rest des Jahres zum realen Kapitalmarktzinssatz p' anteilmäßig wiederangelegt werden. Die Verzinsung erfolge zum Jahresende proportional zur Laufzeit. Dadurch entsteht während eines Jahres folgende
Zinsstaffel:

Zeitpunkt (Jahre)	Zinsen aus der 100 EUR-Anleihe	Restlaufzeit bis zum Jahresende	Anteilmäßige Zinseszinsen mit dem realen Zinssatz p'
$\frac{1}{m}$	$\frac{p}{m}$	$1-\frac{1}{m}$	$\left(1-\frac{1}{m}\right)\cdot\frac{p}{m}\cdot\frac{p'}{100}$
$\frac{2}{m}$	$\frac{p}{m}$	$1-\frac{2}{m}$	$\left(1-\frac{2}{m}\right)\cdot\frac{p}{m}\cdot\frac{p'}{100}$
$\frac{3}{m}$	$\frac{p}{m}$	$1-\frac{3}{m}$	$\left(1-\frac{3}{m}\right)\cdot\frac{p}{m}\cdot\frac{p'}{100}$
$\vdots$	$\vdots$	$\vdots$	$\vdots$
$\frac{m-1}{m}$	$\frac{p}{m}$	$1-\frac{m-1}{m}$	$\left(1-\frac{m-1}{m}\right)\cdot\frac{p}{m}\cdot\frac{p'}{100}$
1	$\frac{p}{m}$	0	
Summe	p	$\frac{m-1}{2}$	$\frac{m-1}{200m}\cdot p\cdot p'$ (Mehrzins)

Wegen der vorzeitigen unterjährigen Zinszahlung erhält ein Gläubiger für die 100 EUR-Anleihe während eines Jahres die durch Wiederanlage bedingten zusätzlichen Zinszahlungen

$$\frac{p}{m}\cdot\frac{p'}{100}\cdot\left(m-1-\frac{1}{m}\sum_{k=1}^{m-1}k\right)=\frac{p}{m}\cdot\frac{p'}{100}\cdot\left(m-1-\frac{(m-1)\cdot m}{m\cdot 2}\right)$$
$$=\frac{m-1}{200m}\cdot p\cdot p'.$$

Falls die anteilmäßigen Zinsen $\frac{p}{m}$ einer 100 EUR-Anleihe sofort nach Auszahlung bis zum Jahresende zum realen Zinssatz p' angelegt werden, erhält man durch diese Wiederanlage den
effektiven Nominalzinssatz

$$\hat{p}=p+\frac{m-1}{200m}\cdot p\cdot p'=p\cdot\left(1+\frac{m-1}{200m}\cdot p'\right).$$

Mit diesem effektiven Nominalzinssatz $\hat{p}$ können nun alle Formeln aus Abschnitt 6.3.1. übernommen werden.

Der **Kurszuschlag** gegenüber der Anleihe mit jährlicher Verzinsung ist der Rentenendwert von n nachschüssigen Rentenzahlungen der jeweiligen Höhe $\frac{m-1}{200m} \cdot p \cdot p'$, also

$$\Delta = \frac{m-1}{200m} \cdot p \cdot p' \cdot a'_n = \frac{(m-1) \cdot p}{2m} \cdot \left(1 - \frac{1}{q'^n}\right).$$

Dabei folgt die letzte Gleichung unmittelbar aus der Formel für a'_n.

Damit gilt

$$\hat{p} = p \cdot \left(1 + \frac{m-1}{200m} \cdot p'\right);$$
$$\hat{C} = \hat{p} \cdot a'_n + \frac{100}{q'^n} = 100 \cdot \left(1 - \frac{\hat{p}}{p'}\right) \cdot \frac{1}{q'^n} + 100 \cdot \frac{\hat{p}}{p'} = C + \Delta; \qquad (11)$$
$$\Delta = \frac{m-1}{200m} \cdot p \cdot p' \cdot a'_n = \frac{(m-1) \cdot p}{2m} \cdot \left(1 - \frac{1}{q'^n}\right).$$

$\hat{p}$ = effektiver Nominalzinssatz bei der unterjährigen Verzinsung
m = Anzahl der Zinszahlungen pro Jahr mit jeweils $\frac{p}{m}$ % vom Nennwert
C = Kurs bei jährlicher Verzinsung
$\hat{C}$ = Kurs bei unterjähriger Verzinsung
$p = p_{nom}$ = nomineller Jahreszinssatz
$p' = p_{real}$ = realer Jahreszinssatz
n = Laufzeit der Anleihe in Jahren
Δ = Kursaufschlag gegenüber der jährlichen Verzinsung

Für m = 1 gilt $\hat{p} = p$. Dann geht (11) in (8) über.

Beispiel 9 (vgl. Beispiel 5): Die Anleihe aus Beispiel 5 werde halbjährlich mit jeweils 3% verzinst.

a) Mit m = 2, p = 6 und p' = 6,5 erhält man aus (11) den effektiven Nominalzinssatz

$$\hat{p} = 6 \cdot \left(1 + \frac{1}{400} \cdot 6{,}5\right) = 6{,}0975\,\%$$

und den Kurs

$$C = 100 \cdot \left(1 - \frac{6{,}0975}{6{,}5}\right) \cdot \frac{1}{1{,}065^{10}} + \frac{609{,}75}{6{,}5} = 97{,}1065\,\%.$$

b) p' = 5,5 liefert

$$\hat{p} = 6 \cdot \left(1 + \frac{5{,}5}{400}\right) = 6{,}0825\,\%;$$

$$C = 100 \cdot \left(1 - \frac{6{,}0825}{5{,}5}\right) \cdot \frac{1}{1{,}055^{10}} + \frac{608{,}25}{5{,}5} = 104{,}3907\,\%.$$

c) $p = p' = 6$ ergibt

$$\hat{p} = 6 \cdot \left(1 + \frac{6}{400}\right) = 6{,}09\,\%;$$

$$C = 100 \cdot \left(1 - \frac{6{,}09}{6}\right) \cdot \frac{1}{1{,}06^{10}} + \frac{609}{6} = 100{,}6624\,\%.$$

6.3.3. Der Kurs einer ewigen Zinsanleihe bei unterjähriger Verzinsung

Falls die Laufzeit der Zinsanleihe beliebig lang ist, ohne dass eine Rückzahlung vorgenommen wird, erhält man aus (11) mit $n \to \infty$ wegen $\frac{1}{q'^n} \xrightarrow{n \to \infty} 0$

$$\hat{p} = p \cdot \left(1 + \frac{m-1}{200m} \cdot p'\right); \quad C_\infty = \frac{\hat{p}}{q'-1} = 100 \cdot \frac{\hat{p}}{p'}. \tag{12}$$

$\hat{p}$ = effektiver Nominalzinssatz
C_∞ = Kurs einer ewigen Zinsanleihe bei m unterjährigen Verzinsungen mit jeweils $\frac{p}{m}$ % vom Nennwert

6.3.4. Kurs einer Zinsanleihe mit Tilgungsaufgeld

Falls die Rückzahlung am Ende der Laufzeit n mit einem Aufgeld von α % erfolgt, wird für die Anleihe mit dem Nominalwert $K_{nom} = 100$ nach n Jahren zusätzlich zu den bisher betrachteten Zahlungen der Betrag von α fällig.

Dieser zusätzliche Betrag besitzt den abgezinsten Barwert $T'_\alpha = \alpha \cdot \frac{1}{q'^n}$.

Um diesen Betrag erhöht sich der ohne Tilgungsaufgeld berechnete Kurs C.

Damit gilt

$$C_\alpha = C + \underbrace{\frac{\alpha}{q'^n}}_{\text{Kursaufschlag}}. \tag{13}$$

C_α = Kurs einer Zinsanleihe mit α % Tilgungsaufschlag
C = Kurs der Anleihe ohne Tilgungsaufgeld
n = Laufzeit in Jahren (ganzzahlig)

Der Tilgungsaufschlag α kann so bestimmt werden, dass der Kurs genau 100 % wird.

Aus (13) folgt

$$\alpha = (100 - C) \cdot q'^n = 100 \cdot (q'^n - 1) \cdot \left(1 - \frac{p}{p'}\right). \tag{14}$$

Laufzeit n Jahre

α = prozentualer Tilgungsaufschlag, der einen Kurs von 100% erzielt
C = Kurs ohne Tilgungsaufschlag

Beispiel 10: Eine mit einem nominellen Jahreszinssatz von 6% ausgestattete Zinsanleihe besitze eine Restlaufzeit von 10 Jahren. Der reale Jahreszinssatz sei 6,32%.

a) Ohne Tilgungsaufgeld lautet nach (8) der Kurs

$$C = 100 \cdot \left(1 - \frac{6}{6{,}32}\right) \cdot \frac{1}{1{,}0632^{10}} + 100 \cdot \frac{6}{6{,}32} = 97{,}68007\,\%.$$

b) Bei einem Tilgungsaufgeld von 3% beträgt der Kursaufschlag

$$T_3 = \frac{3}{1{,}0632^{10}} = 1{,}62544\,\%.$$

Dies ergibt einen Kurs von 99,3055%.

c) Gesucht ist der Tilgungsaufschlag α, für den der Kurs genau 100% ist. Aus (14) folgt $\alpha = (100 - 97{,}68007) \cdot 1{,}0632^{10} = 4{,}2818\,\%$.

6.3.5. Zusammenstellung der Kursformeln bei Zinsanleihen

In der nachfolgenden Tabelle werden die Kurse und Nettokurse in Abhängigkeit von der Laufzeit y und vom Tilgungsaufgeld α zusammengestellt. Dabei werden die Formeln aus den Abschnitten 6.3.1. bis 6.3.4. benutzt. Ohne Tilgungsaufgeld ist $\alpha = 0$ zu setzen.

Laufzeit	Verzinsung	Kurs bei α% Tilgungsaufgeld	börsennotierter Nettokurs	Tilgungsaufgeld für C = 100%
① n ganzzahlig	jährlich	$C = 100 \cdot \left(1 + \frac{\alpha}{100} - \frac{p}{p'}\right) \cdot \frac{1}{q'^n} + 100 \cdot \frac{p}{p'}$	$\tilde{C} = C$	$\alpha = 100 \cdot (q'^n - 1) \cdot \left(1 - \frac{p}{p'}\right)$
② n ganzzahlig	unterjährig m-mal	$C = 100 \cdot \left(1 + \frac{\alpha}{100} - \frac{\hat{p}}{p'}\right) \cdot \frac{1}{q'^n} + 100 \cdot \frac{\hat{p}}{p'}$ mit $\hat{p} = p \cdot \left(1 + \frac{m-1}{200m} \cdot p'\right)$	$\tilde{C} = C$	$\alpha = 100 \cdot (q'^n - 1) \cdot \left(1 - \frac{\hat{p}}{p'}\right)$
③ $y = n - x$, $0 < x < 1$	jährlich	$\hat{C} = C \cdot \left(1 + \frac{p'}{100} \cdot x\right)$ mit C aus ①	$\tilde{C} = \hat{C} - p \cdot x$	nicht interessant, da das Tilgungsaufgeld bei der Ausgabe der Anleihe i.a. bei ganzzahliger Laufzeit festgesetzt wird.
④ $y = n - x$, $0 < x < 1$	unterjährig m-mal	$\hat{C} = C \cdot \left(1 + \frac{p'}{100} \cdot x\right)$ mit C aus ②	$\tilde{C} = \hat{C} - p \cdot x$	

6.3.6. BASIC-Programm für Zinsanleihen

Mit dem nachfolgenden BASIC-Programm können wahlweise folgende Werte berechnet werden:

(1) Kurs und börsennotierter Nettokurs für eine beliebige Restlaufzeit y bei vorgegebenem Tilgungsaufgeld von α %.

(2) Bestimmung desjenigen Tilgungsaufgelds, mit dem bei einer vorgegebenen Laufzeit n der Kurs gleich 100% ist. Hier muss die Laufzeit n ganzzahlig sein.

(3) Bestimmung des effektiven realen Jahreszinssatzes p′, falls folgende Größen vorgegeben sind:
y = Laufzeit (beliebig);
α = Tilgungsaufgeld in %;
C = Kurs.

Für die Berechnung werden die Formeln aus der in Abschnitt 6.3.5. zusammengestellten Tabelle benutzt.

Programm ZINSANLEIHE

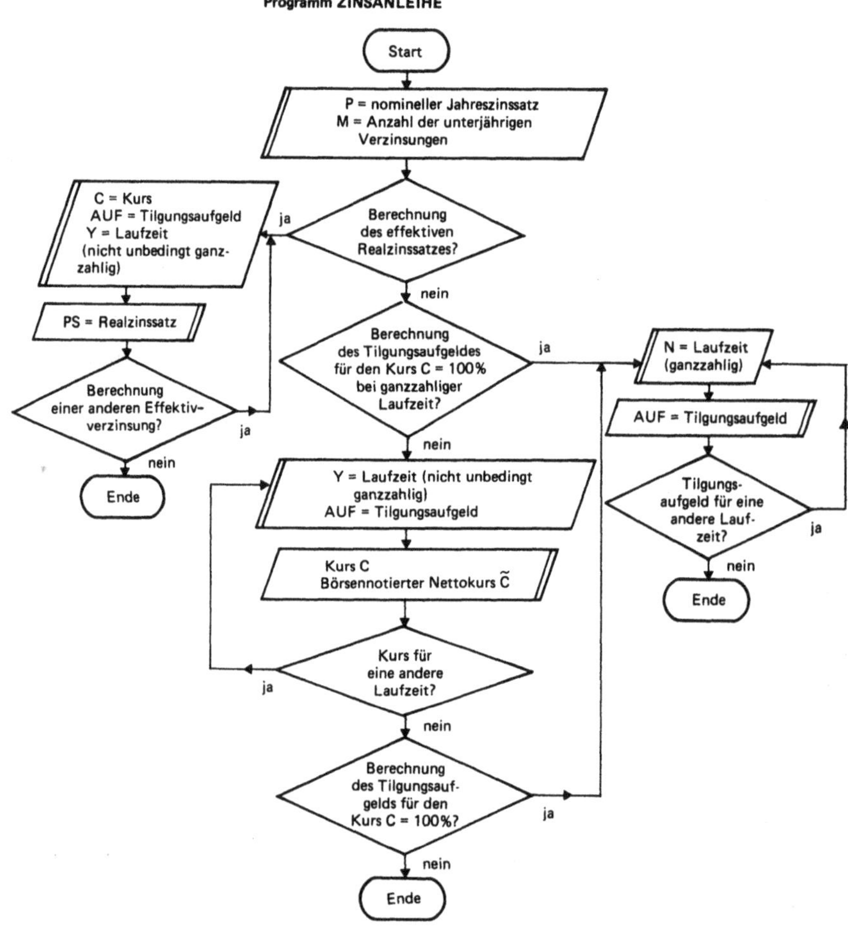

```
5 REM ZINSANLEIHE----------------------------------------------PROGRAMM NR IV
10 REM BERECHNUNG DER KURSE UND DER EFFEKTIVVERZINSUNG BEI ZINSANLEIHEN
20 PRINT "NOMINELLER JAHRESZINSSATZ"
30 INPUT P:M=1:X=0:R=P
40 PRINT "WIRD DIE ANLEIHE UNTERJÄHRIG VERZINST (J=JA)"
50 INPUT UNT$
60 IF UNT$<>"J" THEN GOTO 90
70 PRINT "ANZAHL DER UNTERJÄHRIGEN ZINSZAHLUNGEN"
80 INPUT M
90 PRINT "SOLL DER EFFEKTIVE REALZINSSATZ BERECHNET WERDEN (J=JA)"
100 INPUT EF$
110 IF EF$="J" THEN GOTO 460
120 PRINT "REALER JAHRESZINSSATZ ="
130 INPUT PS
140 PRINT "SOLL DAS TILGUNGSAUFGELD FÜR DEN KURS 100 % BERECHNET WERDEN(J=JA)"
150 INPUT AUF$
160 IF AUF$="J" THEN GOTO 330
170 REM KURSBERECHNUNG-----------------------------------------------------------
180 PRINT "TILGUNGSAUFGELD IN % =?":INPUT A
190 PRINT "GEBEN SIE ZUR KURSBERECHNUNG DIE LAUFZEIT DER ANLEIHE EXAKT EIN"
200 INPUT Y:N=INT(Y):IF Y>N THEN GOTO 220
210 X=0:GOTO 230
220 N=N+1:X=N-Y
230 GOSUB 670
240 PRINT "KURS C = ";U;" %"
250 PRINT "BÖRSENNOTIERTER NETTOKURS = ";U-P*X;" %"
260 ENT$="WIA":PRINT
270 PRINT "KURSBERECHNUNG FÜR EINE ANDERE LAUFZEIT (J=JA)?"
280 INPUT ENT$:IF ENT$="J" THEN GOTO 190
290 PRINT "SOLL DAS TILGUNGSAUFGELD FÜR DEN KURS 100 % BERECHNET WERDEN(J=JA)"
300 INPUT WT$
310 IF WT$="J" THEN GOTO 330
320 END
330 REM BERECHNUNG DES TILGUNGSAUFGELDS---------------------------------------
340 PRINT "LAUFZEIT IN GANZEN JAHREN EINGEBEN"
350 INPUT N
360 IF INT(N)=N THEN GOTO 380
370 PRINT "DIE LAUFZEIT MUSS GANZZAHLIG SEIN ":GOTO 340
380 V=P*(1+(M-1)*PS/(200*M))
390 AUF=100*((1+PS/100)^N-1)*(1-V/PS):PRINT
400 PRINT "DER KURS IST 100 % BEI EINEM"
410 PRINT "AUFGELD VON ";AUF;" %"
420 ENT$="WIA":PRINT
430 PRINT "AUFGELDBERECHNUNG FÜR EINE ANDERE LAUFZEIT (J=JA)?"
440 INPUT ENT$:IF ENT$="J" THEN GOTO 330
450 END
460 REM BERECHNUNG DES REALEN JAHRESZINSSATZES----------------------------
470 PRINT "AUFGELD IN % =?":INPUT A
480 PRINT "KURS C DER ANLEIHE = ?":INPUT C
490 PRINT "LAUFZEIT IN JAHREN"
500 INPUT Y:N=INT(Y)
510 IF N=Y THEN GOTO 530
520 N=N+1:X=N-Y
530 LI=0:PS=1
540 PS=2*PS:RE=PS:GOSUB 660
550 IF U>C THEN GOTO 540
560 FOR I=1 TO 50
570 PS=(LI+RE)/2:GOSUB 670
580 IF U>C THEN LI=PS ELSE RE=PS
590 NEXT I
600 PRINT "DER REALE JAHRESZINSSATZ BETRÄGT ";PS;" %"
610 ENT$="WIA":PRINT
620 PRINT "BERECHNUNG EINES ANDEREN REALZINSSATZES (J=JA)?"
630 INPUT ENT$:IF ENT$="J" THEN GOTO 460
640 END
650 REM-------------------------------------------------------------------
660 REM UNTERPROGRAMM ZUR KURSBERECHNUNG---------------------------------
670 P=R*(1+(M-1)*PS/(200*M))
680 U=1+A/100-P/PS
690 U=U/(1+PS/100)^N+P/PS
700 U=100*U*(1+PS*X/100)
710 RETURN
```

Beispiel 11: Eine Anleihe mit einem nominellen Jahreszinssatz von 6% und einer Laufzeit von 10 Jahren wird zu 98% ausgegeben. Nach 10 Jahren wird sie zum Nennwert zurückgezahlt. Gesucht ist der effektive reale Jahreszinssatz bei

a) jährlicher; b) halbjährlicher; c) vierteljährlicher Verzinsung der Anleihe.

Das obige Programm liefert mit $p = 6$; $\alpha = 0$; $C = 98$ und $N = 10$ folgende Ausgaben

a) $m = 1$: $p' = 6{,}275291\,\%$;

b) $m = 2$: $p' = 6{,}372129\,\%$;

c) $m = 4$: $p' = 6{,}421679\,\%$.

Beispiel 12: Eine Anleihe ist mit einem nominellen Jahreszinssatz von $p = 5\,\%$ bei halbjährlicher Zinszahlung ausgestattet. Der reale Jahreszinssatz sei 5,81 %. Wie hoch muss das prozentuale Tilgungsaufgeld gewählt werden, damit der Ausgabekurs $C_0 = 100\,\%$ ist bei einer Laufzeit von

a) 10; b) 20 Jahren?

Das Programm liefert mit $m = 2$ das Tilgungsaufgeld

a) $n = 10$: $\alpha = 9{,}632896\,\%$;

b) $n = 20$: $\alpha = 26{,}57721\,\%$.

Die Rückzahlung am Ende der Laufzeit muss also $100 + \alpha\,\%$ vom Begebungskurs $C_0 = 100$ betragen.

Beispiel 13: Eine Zinsanleihe mit einer Restlaufzeit von 4 Jahren und 3 Monaten sei mit einem Nominalzinssatz von 5,5% ausgestattet. Zinsen werden jährlich gezahlt, die Rückzahlung erfolge zu pari.

Der börsennotierte Nettokurs betrage 98,15 %. Gesucht ist der reale Jahreszinssatz für diesen Nettokurs.

Die Laufzeit ist $4{,}25 = 5 - 0{,}75$ Jahre. Mit $x = 0{,}75$ erhält man aus (9) den Kurs

$\hat{C} = 98{,}15 + 0{,}75 \cdot 5{,}5 = 102{,}275$.

Mit diesem Kurs, der Laufzeit 4,25 und dem Aufgeld 0 liefert das BASIC-Programm den realen Jahreszinssatz $p' = 6{,}006665\,\%$.

6.4. Der Kurs einer Ratenschuld

Bei Ratenschulden (s. Abschnitt 4.2.) sind neben der konstanten Tilgungsrate noch die laufenden Zinsen zu bezahlen.

6.4.1. Der Kurs einer Ratenschuld bei jährlicher Tilgung ohne Aufgeld

Eine Ratenschuld mit dem Nominalwert $K_{nom} = 100$ EUR werde mit n nachschüssigen jährlichen Tilgungsraten $T = \frac{100}{n}$ getilgt. Neben der Tilgungsrate T müssen noch die laufenden Zinsen und zwar jeweils p % von der vorhergehenden Restschuld gezahlt werden. Damit entsteht folgender Rückzahlungsplan:

$K_{nom} = 100$

Tilgung		$\frac{100}{n}$	$\frac{100}{n}$	$\frac{100}{n}$	$\frac{100}{n}$	$\frac{100}{n}$	$\frac{100}{n}$	$\frac{100}{n}$
Jahr	0	1	2	3	4	$n-2$	$n-1$	n
Zinsen		Z_1	Z_2	Z_3	Z_4	Z_{n-2}	Z_{n-1}	Z_n

Bezüglich des realen Zinssatzes p' besitzen die n **Tilgungsbeträge** den Barwert

$$T_0' = \frac{100}{n} \cdot \left(\frac{1}{q'} + \frac{1}{q'^2} + \ldots + \frac{1}{q'^n}\right) = \frac{100}{n} \cdot \frac{1 - \frac{1}{q'^n}}{q' - 1} = \frac{100}{n} \cdot a_n'. \tag{15}$$

Die Zinsbeträge $Z_1, Z_2, \ldots, Z_n$ für die 100 EUR-Nominalschuld bilden eine arithmetisch fallende Folge mit dem Anfangsbetrag $r = Z_1 = p$ und der Differenz $d = -\frac{p}{n}$.

Aus (18), Abschnitt 5.3.1. erhält man mit $q \to q' = 1 + \frac{p'}{100}$, $q' - 1 = \frac{p'}{100}$ bezüglich des realen Zinssatzes p' den Barwert aller n Zinsbeträge als

$$\begin{aligned} Z_0' &= \left(p - \frac{100 \cdot p}{n \cdot p'}\right) \cdot a_n' + \frac{n \cdot p \cdot 100}{n \cdot q'^n \cdot p'} \\ &= \left(p - \frac{100 \cdot p}{n \cdot p'}\right) \cdot a_n' + \frac{100 \cdot p}{p'} \cdot \frac{1}{q'^n}. \end{aligned} \tag{16}$$

Mit $\frac{1}{q'^n} = 1 - (q' - 1) \cdot a_n' = 1 - \frac{p'}{100} \cdot a_n'$ folgt hier aus

$$\begin{aligned} Z_0' &= p \cdot a_n' - \frac{100 \cdot p}{n \cdot p'} \cdot a_n' + \frac{100 \cdot p}{p'} \cdot \left[1 - \frac{p'}{100} \cdot a_n'\right] \\ &= p \cdot a_n' - \frac{100 \cdot p}{n \cdot p'} \cdot a_n' + \frac{100 \cdot p}{p'} - p \cdot a_n', \end{aligned}$$

also

$$Z_0' = 100 \cdot \frac{p}{p'} \cdot \left(1 - \frac{a_n'}{n}\right). \tag{17}$$

Damit gilt

$$\boxed{\begin{aligned} &K_{nom} = 100\,\text{EUR}; \quad T_0' = \frac{100}{n} \cdot a_n'; \quad Z_0' = 100 \cdot \frac{p}{p'} \cdot \left(1 - \frac{a_n'}{n}\right); \\ &C = 100 \cdot \left[\frac{a_n'}{n} \cdot \left(1 - \frac{p}{p'}\right) + \frac{p}{p'}\right] = K_{real}. \end{aligned}} \tag{18}$$

$K_{nom} = 100$ EUR-Ratenschuld mit n jährlichen Tilgungsraten $T = \frac{100}{n}$
jährliche Verzinsung mit p %
T_0' = Barwert der Tilgungsbeträge
Z_0' = Barwert der Zinsbeträge
C = Kurs der Ratenschuld bzgl. des realen Zinssatzes p'
n = Laufzeit in Jahren

Beispiel 14: Für eine Tilgungsschuld über 60000 EUR werden jährlich auf den Restbetrag 7,5% Zinsen gezahlt. Die Tilgung erfolge in 15 gleichen Jahresraten.

a) Gesucht ist der Begebungskurs bei einem realen Jahreszinssatz von 7,65%.

Mit n = 15, p = 7,5, p' = 7,65 und q' = 1,0765 erhält man aus (18) den Begebungskurs

$$C_0 = 100 \cdot \left[\frac{1 - \frac{1}{1{,}0765^{15}}}{15 \cdot 0{,}0765} \cdot \left(1 - \frac{7{,}5}{7{,}65}\right) + \frac{7{,}5}{7{,}65}\right] = 99{,}182416\,\%.$$

Die 15 Tilgungsbeträge für die 100 EUR-Anleihe besitzen den Barwert

$$T_0' = \frac{100}{15} \cdot \frac{1 - \frac{1}{1{,}0765^{15}}}{0{,}0765} = 58{,}303211\,\%.$$

Damit sind 58,303211% des Nominalwertes für die Tilgung und 99,182416 – 58,303211 = 40,879206% für die Zinszahlungen bestimmt.

b) Der Tilgungsplan geht von der Schuldsumme S = 60000 EUR aus und berechnet die Zinsen jeweils mit dem nominellen Jahreszinssatz 7,5%. Beim realen Zinssatz von 7,65% darf die Tilgungsschuld nur mit $\frac{C}{100} \cdot 60000 = 600 \cdot C = 59509{,}45$ EUR ausgezahlt werden.

6.4.2. Der Kurs einer Ratenschuld bei unterjähriger Verzinsung und jährlicher Tilgung

Die Ratenschuld werde pro Jahr m-mal mit jeweils $\frac{p}{m}$% verzinst, wobei p der nominelle Jahreszinssatz ist. Die unterjährig gezahlten Zinsen können für den Rest des Jahres zum Realzinssatz p' wieder angelegt werden. Dadurch entsteht gegenüber der jährlichen Verzinsung ein Zinsvorteil. Da die Tilgungen zum Jahresende erfolgen und die Zinsen bei jeder unterjährigen Verzinsung anteilmäßig gezahlt werden, ist die nominelle Restschuld S_{n-1} während des gesamten Jahres konstant.

Von dieser Restschuld werden bei jeder unterjährigen Verzinsung $\frac{p}{m}$% Zinsen berechnet. Aus (11), Abschnitt 6.3.2. erhält man den **effektiven** nominellen Jahreszinssatz

$$\hat{p} = p \cdot \left(1 + \frac{m-1}{200m} \cdot p'\right) = p + \frac{m-1}{200m} \cdot p \cdot p',$$

also einen Mehrzins von $\frac{m-1}{200m} \cdot p \cdot p'\,\%$.

Zu den mit p% berechneten Jahreszinsen $Z_1, Z_2, \ldots, Z_n$ kommen also noch die zusätzlichen Zinsen

$$\frac{m-1}{200m} \cdot p' \cdot Z_i \quad \text{für } i = 1, 2, \ldots$$

hinzu. Diese zusätzlichen Zinsen besitzen nach (18) den zusätzlichen Barwert

$$Z' = \frac{m-1}{200m} \cdot p' \cdot Z'_0 = \frac{m-1}{200m} \cdot p' \cdot 100 \cdot \frac{p}{p'} \cdot \left(1 - \frac{a'_n}{n}\right)$$

$$= \frac{(m-1) \cdot p}{2m} \cdot \left(1 - \frac{a'_n}{n}\right),$$

der als Kurszuschlag gegenüber dem Kurs bei der jährlichen Verzinsung verwendet werden muss. Der Barwert der Tilgungsbeträge bleibt unverändert.

Damit gilt

$$\boxed{Z' = \frac{(m-1) \cdot p}{2m} \cdot \left(1 - \frac{a'_n}{n}\right); \quad \text{Kurs} = C + Z'.} \qquad (19)$$

Z' = Kurszuschlag einer Ratenschuld bei m-maliger unterjähriger Verzinsung und jährlicher Tilgung.

Um diesen Wert muss der Kurs C bei jährlicher Verzinsung erhöht werden.

Dieser Kurszuschlag Z' muss zum Kurs C bei jährlicher Verzinsung addiert werden. Falls man bei der Kursberechnung C in (18) den nominellen Zinssatz p ersetzt durch effektiven Nominalzinssatz

$$\hat{p} = p \cdot \left(1 + \frac{m-1}{200m} \cdot p'\right),$$

erhält man direkt den Kurs für die unterjährige Zinszahlung.

Beispiel 15 (vgl. Beispiel 14): Falls die Tilgungsschuld aus Beispiel 14 bei jährlicher Tilgung monatlich verzinst wird, erhält man mit m = 12 aus (19) den Kurszuschlag

$$Z' = \frac{11 \cdot 7{,}5}{2 \cdot 12} \cdot \left(1 - \frac{1 - \frac{1}{1{,}0765^{15}}}{15 \cdot 0{,}0765}\right) = 1{,}433327\,\%.$$

Monatliche Verzinsung ergibt somit den Begebungskurs

$99{,}182416 + 1{,}433327 = 100{,}615743\,\%.$

In diesem Fall beträgt die Gesamtauszahlung 60369,45 EUR. Der Gesamtkurs kann auch aus (18) direkt berechnet werden mit dem Übergang zum effektiven Nominalzinssatz

$$p \to \hat{p} = 7{,}5 \cdot \left(1 + \frac{11 \cdot 7{,}65}{200 \cdot 12}\right) = 7{,}762969\,\%.$$

Mit diesem effektiven Nominalzinssatz erhält man ebenfalls den Kurs

$$\hat{C} = 100 \cdot \left[\frac{1 - \frac{1}{1{,}0765^{15}}}{15 \cdot 0{,}0765} \cdot \left(1 - \frac{\hat{p}}{7{,}65}\right) + \frac{\hat{p}}{7{,}65}\right] = 100{,}615743\,\%.$$

6.4.3. Der Kurs einer Ratenschuld bei unterjähriger Tilgung und jährlicher Verzinsung

Der jährliche Tilgungsbetrag T werde auf m unterjährige Tilgungsbeträge der Höhe $\frac{T}{m}$ aufgeteilt. Die Verzinsung erfolge jährlich mit dem nominellen Jahreszinssatz p. Für die Zinsberechnung sollen zwei Modelle unterschieden werden.

Im ersten Modell wird bei der Zinsberechnung die Unterjährigkeit der Tilgung nicht berücksichtigt, d. h. die Zinsen werden jährlich von der gesamten zu Beginn des Jahres vorhandenen nominellen Restschuld berechnet. Das zweite Modell soll die Unterjährigkeit der Tilgungen bei der Zinsberechnung berücksichtigen.

6.4.3.1. Jährliche Verzinsung ohne Berücksichtigung der Unterjährigkeit der Tilgungen.

Falls in jedem Jahr p % Zinsen von der zu Beginn des entsprechenden Jahres vorhandenen nominellen Restschuld berechnet werden, bleibt der Barwert Z_0' der Zinsen für die nominelle 100 EUR-Schuld unverändert. Infolge der unterjährigen Tilgung können die Tilgungsbeträge $\frac{T}{m}$ für den Rest des Jahres zum realen Jahreszinssatz p' anteilmäßig wiederangelegt werden. Mit p = T erhält man dann aus (11), Abschnitt 6.3.2. den **effektiven jährlichen Tilgungsbetrag**

$$\hat{T} = T \cdot \left(1 + \frac{m-1}{200m} \cdot p'\right) = T + \frac{m-1}{200m} \cdot p' \cdot T. \qquad (20)$$

Zusammen mit (18) erhält man hieraus den Barwert, um den sich der Barwert des Tilgungsbetrages erhöht, als

$$T' = \frac{(m-1)}{200m} \cdot p' \cdot T_0' = \frac{(m-1)}{200m} \cdot p' \cdot \frac{100}{n} \cdot a_n' = \frac{(m-1) \cdot p'}{2m} \cdot \frac{a_n'}{n}.$$

Um diesen Barwert T' erhöht sich der Kurs gegenüber dem Kurs bei jährlicher Tilgung.

Damit gilt

$$T' = \frac{(m-1) \cdot p'}{200m} \cdot T_0' = \frac{(m-1) \cdot p'}{2 \cdot m \cdot n} \cdot a_n'; \qquad (21)$$

$$\text{Kurs} = C + T'; \quad C = \text{Kurs bei jährlicher Tilgung.}$$

T' = Kurszuschlag einer Ratenschuld bei unterjähriger Tilgung und jährlicher Verzinsung ohne Berücksichtigung der Unterjährigkeit der Tilgung.

Um diesen Wert muß der Kurs bei jährlicher Tilgung erhöht werden.

6.4.3.2. Jährliche Verzinsung mit Berücksichtigung der unterjährigen Tilgungen

Falls die Zinsberechnung am Ende eines jeden Jahres anteilmäßig für die jeweilige Restschuld erfolgt, bleibt der Kurszuschlag T' für die Tilgungsbeträge nach (21) unverändert. Die Zinsen werden bei dieser korrekten anteilmäßigen Verzinsung niedriger.

$$\begin{array}{cccccc} & \frac{T}{m} & \frac{T}{m} & \frac{T}{m} & \frac{T}{m} & \frac{T}{m} \\ 0 & & & & & 1 \end{array}$$

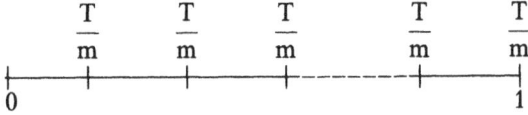

Bei einer Jahrestilgung T beträgt die Zinsersparnis für den k-ten Tilgungsbetrag der Höhe $\frac{T}{m}$

$$\frac{(m-k)\cdot p}{100m}\cdot\frac{T}{m} \quad \text{für } k=1,2,\ldots,m.$$

Hieraus erhält man als Zinsersparnis für das gesamte Jahr

$$\begin{aligned}\frac{p}{100m}\cdot\frac{T}{m}\sum_{k=1}^{m-1}(m-k) &= \frac{p}{100m}\cdot\frac{T}{m}\cdot\left[(m-1)\cdot m-\frac{(m-1)\cdot m}{2}\right]\\ &= \frac{p}{100m}\cdot T\cdot\frac{(m-1)}{2}=\frac{(m-1)\cdot p}{200m}\cdot T.\end{aligned}$$

Daraus erhält man den Barwert der ersparten Zinsen zusammen mit (18) als

$$\tilde{Z}'=\frac{(m-1)\cdot p}{200\cdot m}\cdot T_0'=\frac{(m-1)\cdot p}{200\cdot m}\cdot\frac{100}{n}\cdot a_n'=\frac{(m-1)\cdot p}{2\cdot m\cdot n}\cdot a_n'. \tag{22}$$

Um diesen Betrag erniedrigt sich der Kurs, während er sich gleichzeitig um T′ erhöht. Der Kurszuschlag beträgt damit $\Delta = T' - \tilde{Z}'$.

$$\Delta=\frac{(m-1)\cdot(p'-p)}{2\cdot m\cdot n}\cdot a_n'; \tag{23}$$

Kurs = C + Δ; C = Kurs bei jährlicher Tilgung und Verzinsung.

Δ = Kurszuschlag bei unterjähriger Tilgung und jährlicher anteilmäßiger Verzinsung der Restschuld.

Um diesen Betrag muß der Kurs C bei jährlicher Tilgung und Verzinsung erhöht werden.

Bemerkung: Nur für $p' = p$ verschwindet Δ. Dann hat bei der jährlichen Verzinsung die unterjährige Tilgung keinen Einfluss auf den Kurs. Im Falle $p' > p$ werden zwar Zinsen (bezüglich p) gespart. Die unterjährigen Tilgungsbeträge erzielen jedoch bezüglich des realen Zinssatzes p′ einen höheren Zinsertrag als die Zinsersparnis ausmacht.

Beispiel 16: Eine Ratenschuld über 20000 EUR ist bei einer Laufzeit von 5 Jahren mit einem nominellen Jahreszinssatz von p = 6% ausgestattet. Der reale Jahreszinssatz sei p′ = 6,46%.

Hier gilt $a_5' = \frac{1-\frac{1}{1{,}0646^5}}{0{,}0646} = 4{,}16016950.$

a) Bei jährlicher Verzinsung und jährlicher Tilgung lautet der Kurs nach (18)

$$C = 100 \cdot \left[\frac{a'_5}{5} \cdot \left(1 - \frac{6}{6{,}46}\right) + \frac{6}{6{,}46}\right] = 98{,}803957\,\%.$$

b) Bei monatlicher Tilgung und jährlicher korrekter anteilmäßiger Verzinsung beträgt der Kursaufschlag nach (23)

$$\Delta = \frac{11 \cdot (6{,}46 - 6)}{2 \cdot 12 \cdot 5} \cdot a'_5 = 0{,}175420\,\%.$$

Hier lautet der Kurs

$$\hat{C} = C + \Delta = 98{,}979377\,\%,$$

was einen Auszahlungsbetrag von

$$\frac{\hat{C}}{100} \cdot 20000 = 19795{,}88 \text{ EUR ergibt}.$$

c) Falls die Zinsen bei der monatlichen Tilgung jährlich von der zu Beginn des Jahres vorhandenen nominellen Restschuld berechnet werden, lautet der Kurszuschlag nach (21)

$$T' = \frac{11 \cdot 6{,}46}{2 \cdot 12 \cdot 5} \cdot a'_5 = 2{,}463514\,\%,$$

was einem Kurs

$$\check{C} = C + T' = 101{,}267471\,\%$$

und den Auszahlungsbetrag von 20253,49 EUR ergibt.

Diese nicht ganz korrekte Verzinsung kostet also den Schuldner den Betrag von 457,61 EUR, den ihm das Kreditinstitut bei der Auszahlung vorenthält.

6.4.4. Der Kurs einer Ratenschuld bei unterjähriger Tilgung und Verzinsung zu den Tilgungsterminen

In diesem Abschnitt soll Tilgung und Verzinsung zu den gleichen m unterjährigen Zeitabschnitten erfolgen. Wir setzen voraus, dass die Realverzinsung auch unterjährig möglich ist, dass also die durch Tilgung und Verzinsung der Nominalschuld eingehenden Beträge nach ihrer Wiederanlage unterjährig mit dem Realzinssatz verzinst werden. Bei diesem Modell bietet sich an, die unterjährigen Tilgungsintervalle als neue Zinsintervalle zu wählen. Dann muss allerdings der jeweilige konforme Zinssatz benutzt werden.

Für den konformen Nominalzinssatz p_{konf} gilt,

$$\left(1 + \frac{p_{konf}}{100}\right)^m = 1 + \frac{p}{100},$$

während der konforme Realzinssatz p'_{konf} aus

$$\left(1 + \frac{p'_{konf}}{100}\right)^m = 1 + \frac{p'}{100}$$

berechnet wird. Durch den Übergang

$p \to p_{konf}$; $p' \to p'_{konf}$; $n \to n \cdot m$

können dann alle Formeln aus Abschnitt 6.4.1. übernommen werden.

Beispiel 17:

a) Eine Ratenschuld von nominal 80000 EUR sei monatlich mit dem nominellen Monatszinssatz von 0,5 % zu verzinsen und innerhalb von 10 Jahren monatlich nachschüssig zu tilgen. Die eingehenden Beträge können monatlich mit dem realen Monatszinssatz von 0,55% angelegt werden.

Mit $n = 10 \cdot 12 = 120$; $p = 0{,}5$; $p' = 0{,}55$ erhält man aus (18) den Kurs

$$C = 100 \cdot \left[\frac{1 - \frac{1}{1{,}0055^{120}}}{0{,}0055 \cdot 120} \cdot \left(1 - \frac{5}{5{,}5}\right) + \frac{5}{5{,}5} \right] = 97{,}551145\,\%.$$

b) Bei jährlicher Tilgung und Verzinsung erhält man die konformen Jahreszinssätze

$$1 + \frac{p}{100} = 1{,}005^{12}; \quad 1 + \frac{p'}{100} = 1{,}0055^{12} = q'.$$

Mit diesen Zinssätzen und $n = 10$ erhält man aus (18) den Kurs

$$\tilde{C} = 100 \cdot \left[\frac{1 - \frac{1}{1{,}0055^{120}}}{10 \cdot (q' - 1)} \cdot \left(1 - \frac{p}{p'}\right) + \frac{p}{p'} \right] = 97{,}279468\,\%.$$

6.4.5. Der Kurs einer Ratenschuld mit Tilgungsaufgeld

Bei jeder Tilgung sollen α % vom jeweiligen Tilgungsbetrag an Gebühren entrichtet werden. Neben dem Tilgungsbetrag T sind somit zusätzlich $\frac{\alpha}{100} \cdot T$ Gebühren zu bezahlen. Bei der Tilgung des Nominalkapitals $K_{nom} = 100$ DM in n gleichen Jahresraten betragen die Gebühren am Jahresende jeweils $\frac{\alpha}{n}$ DM. Bei einer Laufzeit von n Jahren besitzen die Gebühren den Barwert $\frac{\alpha}{n} \cdot a'_n$, der als Kurszuschlag für die Gebühren erhoben werden muß.

Damit gilt

$$G'_\alpha = \frac{\alpha}{n} \cdot a'_n; \quad T'_0 + G'_\alpha = \frac{100 + \alpha}{n} \cdot a'_n;$$
$$C_\alpha = C + G'_\alpha = 100 \cdot \left[\frac{a'_n}{n} \cdot \left(1 + \frac{\alpha}{100} - \frac{p}{p'}\right) + \frac{p}{p'} \right]. \tag{24}$$

G'_α = Kurszuschlag einer Tilgungsschuld bei jährlicher Tilgung mit α% Tilgungsaufgeld
C_α = Kurs mit Tilgungsaufgeld
C = Kurs ohne Tilgungsaufgeld
$T'_0 + G'_\alpha$ = Barwert der Tilgungen mit Aufgeld von $K_{nom} = 100$

Bemerkung: Mit dem aufgeldbedingten Tilgungsbarwert lässt sich auch der Kurs für unterjährige Tilgungen mit Tilgungsaufgeld berechnen.

Das Tilgungsaufgeld von α% könnte so gewählt werden, dass der Kurs exakt 100% ist. Die Abweichung des realen Zinssatzes vom nominalen kann somit durch das Tilgungsaufgeld kursmäßig ausgeglichen werden.

Aus $C_\alpha = 100$ folgt

$$\frac{a_n'}{n} \cdot \left(1 + \frac{\alpha}{100} - \frac{p}{p'}\right) + \frac{p}{p'} = 1;$$

$$\left(1 + \frac{\alpha}{100} - \frac{p}{p'}\right) = \left(1 - \frac{p}{p'}\right) \cdot \frac{n}{a_n'};$$

$$\frac{\alpha}{100} = \left(1 - \frac{p}{p'}\right) \cdot \left(\frac{n}{a_n'} - 1\right).$$

Damit gilt

$$\boxed{\alpha = 100 \cdot \left(1 - \frac{p}{p'}\right) \cdot \left(\frac{n}{a_n'} - 1\right).} \tag{25}$$

Laufzeit n Jahre

α = Tilgungsaufgeld, bei dem der Kurs bei jährlicher Tilgung und Verzinsung 100% beträgt

Beispiel 18: Eine mit einem nominellen Jahreszinssatz von $p = 6\%$ ausgestattete Ratenschuld habe eine Laufzeit von 10 Jahren. Tilgung und Verzinsung erfolge jährlich. Wie hoch muss das prozentuale Tilgungsaufgeld festgesetzt werden, damit der Kurs 100% ist bei einem realen Jahreszinssatz von

a) 6,1% ; b) 6,35%?

Aus (25) folgt

$$\text{a)}\ \alpha = 100 \cdot \left(1 - \frac{6}{6{,}1}\right) \cdot \left(\frac{10 \cdot 0{,}061}{1 - \frac{1}{1{,}061^{10}}} - 1\right) = 0{,}59856387\,\%.$$

$$\text{b)}\ \alpha = 100 \cdot \left(1 - \frac{6}{6{,}35}\right) \cdot \left(\frac{10 \cdot 0{,}0635}{1 - \frac{1}{1{,}0635^{10}}} - 1\right) = 2{,}10164587\,\%.$$

Probe: Mit diesen Tilgungsaufgeldern erhält man aus (24) die Kurse

a) $C_\alpha = 100\%$;

b) $C_\alpha = 100\%$.

6.4.6. Der Kurs einer Ratenschuld bei aufgeschobener Tilgung

Falls bei einer Ratenschuld die Tilgung um 1 Jahr aufgeschoben ist, müssen während dieser tilgungsfreien Zeit nur die anfallenden Zinsen gezahlt werden.

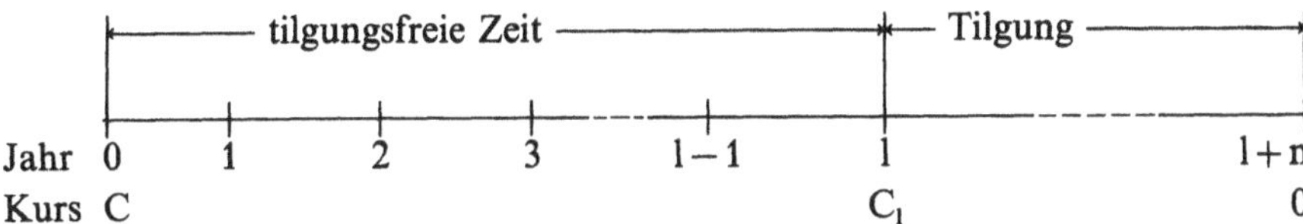

C_l sei der Kurs zu Beginn der Tilgungszeit, also der Kurs der entsprechenden Anleihe ohne tilgungsfreie Zeit. Dieser Kurs zum Zeitpunkt l besitzt beim realen Jahreszinssatz p' den auf den Ausgangszeitpunkt 0 abgezinsten Barwert

$$B'_0 = \frac{C_l}{q'^l}. \tag{26}$$

Zu diesem Barwert muss noch der Barwert der Zinszahlungen während der tilgungsfreien Zeit addiert werden.

Die Zinszahlungen aus der 100 EUR-Anleihe besitzen für diese l tilgungsfreien Jahre den Barwert

$$Z'_0 = p \cdot \left(1 + \frac{(m-1) \cdot p'}{200m}\right) \cdot a'_l. \tag{27}$$

Summation von (26) und (27) ergibt den Kurs

$$C = p \cdot \left(1 + \frac{(m-1) \cdot p'}{200m}\right) \cdot a'_l + \frac{C_l}{q'^l}; \tag{28}$$

C_l = Kurs der gleichen Ratenschuld ohne tilgungsfreie Zeit.

C = Kurs einer Ratenschuld mit l tilgungsfreien Jahren bei unterjähriger Verzinsung (m-mal pro Jahr)

Bemerkung: Für $m = 1$ erhält man den Kurs bei jährlicher Verzinsung.

Beispiel 19 (vgl. Beispiel 15): Bei der Ratenschuld aus Beispiel 15 soll die Tilgung erst nach 5 tilgungsfreien Jahren beginnen. Mit $m = 12$, $l = 5$ und $C = 100{,}615743\,\%$ erhält man aus (28) den Kurs

$$C = 7{,}5 \cdot \left(1 + \frac{11 \cdot 7{,}65}{200 \cdot 12}\right) + \frac{1 - \frac{1}{1{,}0765^5}}{0{,}0765} + \frac{100{,}615743}{1{,}0765^5} = 100{,}881164\,\%.$$

6.4.7. Zusammenstellung der Kurse einer Ratenschuld

In der nachfolgenden Tabelle sind die Kurse einer Ratenschuld bei verschiedenen Tilgungs- und Verzinsungsarten zusammengestellt. Die Berechnung erfolgt mit Hilfe der in den Abschnitten 6.4.1. bis 6.4.5. abgeleiteten Formeln. Tilgungsfreie Zeiten werden nicht berücksichtigt.

Die Kurse gelten für folgende Werte
n = Laufzeit in Jahren ohne tilgungsfreie Zeit
α = prozentuales Tilgungsaufgeld.
In der letzten Spalte wird das Tilgungsaufgeld berechnet, bei dem der Kurs der Ratenschuld genau 100 % ist.

Tilgung	Verzinsung	Kurs C bei α% Tilgungsaufgeld	Tilgungsaufgeld beim Kurs von 100%
① jährlich	jährlich	$100 \cdot \left[\frac{a'_n}{n} \cdot \left(1 + \frac{\alpha}{100} - \frac{p}{p'}\right) + \frac{p}{p'}\right]$	$\alpha = 100 \cdot \left(1 - \frac{p}{p'}\right) \cdot \left(\frac{n}{a'_n} - 1\right)$
② jährlich	unterjährig m-mal mit jeweils $\frac{p}{m}$%	$100 \cdot \left[\frac{a'_n}{n} \cdot \left(1 + \frac{\alpha}{100} - \frac{\hat{p}}{p'}\right) + \frac{\hat{p}}{p'}\right]$ mit $\hat{p} = p \cdot \left(1 + \frac{m-1}{200\,m} \cdot p'\right)$	$\alpha = 100 \cdot \left(1 - \frac{\hat{p}}{p'}\right) \cdot \left(\frac{n}{a'_n} - 1\right)$
③ unterjährig m-mal pro Jahr	**jährlich (nicht korrekt);** jeweils von der Ausgangsschuld des Jahres, also ohne Berücksichtigung der Unterjährigkeit der Tilgung	$100 \cdot \left(\frac{a'_n}{n} \cdot \left[\left(1 + \frac{\alpha}{100}\right) \cdot \left(1 + \frac{m-1}{200\,m} \cdot p'\right) - \frac{p}{p'}\right] + \frac{p}{p'}\right)$	$\alpha = 100 \cdot \left[\frac{\left(1 - \frac{p}{p'}\right) \cdot \frac{n}{a'_n} + \frac{p}{p'}}{1 + \frac{m-1}{200\,m} \cdot p'} - 1\right]$
④ unterjährig m-mal pro Jahr	**jährlich (korrekt)** jeweils von der unterjährigen Restschuld	$100 \cdot \left(\frac{a'_n}{n} \cdot \left[1 + \frac{(m-1) \cdot (p'-p)}{200\,m} + \frac{\alpha}{100} \cdot \left(1 + \frac{(m-1) \cdot p'}{200\,m}\right) - \frac{p}{p'}\right] + \frac{p}{p'}\right)$	$\alpha = 100 \cdot \frac{\left(1 - \frac{p}{p'}\right) \cdot \frac{n}{a'_n} + \frac{p}{p'} - \frac{(m-1) \cdot (p'-p)}{200\,m} - 1}{1 + \frac{(m-1) \cdot p'}{200\,m}}$

6.4.8. BASIC-Programm für Ratenschulden

Im nachfolgenden Programm sollen die Kurse für alle in der Tabelle des Abschnitts 6.4.7. angegebenen Modelle berechnet werden. Dabei genügt es, folgende Funktion einzugeben

$$C = 100 \cdot \left(\frac{a'_n}{n} \cdot \left[\left(1 + \frac{\alpha}{100}\right) \cdot \left(1 + \frac{(m-1) \cdot x}{200m}\right) - \frac{p}{p'}\right] + \frac{p}{p'}\right).$$

Dabei sind folgende Modifizierungen notwendig

① $x = 0$ und $m = 1$

② $x = 0;\quad p \to \hat{p} = p \cdot \left(1 + \frac{m-1}{200m} \cdot p'\right)$

③ $x = p'$

④ $x = (p' - p)$.

Damit kann der Kurs C berechnet werden. Das prozentuale Aufgeld, das einen Kurs von 100% ergibt, erhält man für diese Fälle aus

$$\alpha = 100 \cdot \left[\frac{\left(1 - \frac{p}{p'}\right) \cdot \frac{n}{a'_n} - \frac{p}{p'}}{1 + \frac{(m-1) \cdot x}{200m}} - 1\right].$$

Beispiel 20: Eine mit einem nominellen Jahreszinssatz von $p = 5{,}5\,\%$ ausgestattete Ratenschuld besitze eine Laufzeit von 12 Jahren. Der reale Jahreszinssatz sei $p' = 6{,}15\,\%$.

a) Ohne Tilgungsaufgeld liefert das obige Programm folgende Kurse

1. Tilgung jährlich, Verzinsung jährlich
   $C = 96{,}75469\,\%$.
2. Tilgung jährlich, Verzinsung vierteljährlich ($m = 4$)
   $C = 97{,}38799\,\%$.
3. Tilgung vierteljährlich; Verzinsung jährlich ohne Berücksichtigung der Unterjährigkeit der Tilgung
   $C = 98{,}3528\,\%$.
4. Tilgung vierteljährlich, Verzinsung jährlich mit Berücksichtigung der Unterjährigkeit der Tilgung
   $C = 96{,}9236\,\%$.
5. Bei vierteljährlicher Tilgung und Verzinsung werden die konformen Vierteljahreszinssätze benutzt.

   $p = 100 \cdot (1{,}055^{0,25} - 1) = 1{,}347517\,\%;$
   $p' = 100 \cdot (1{,}0615^{0,25} - 1) = 1{,}503262\,\%.$

   Mit $n = 12 \cdot 4 = 48$ erhält man aus Fall ① den Kurs

   $C = 96{,}98226\,\%$.

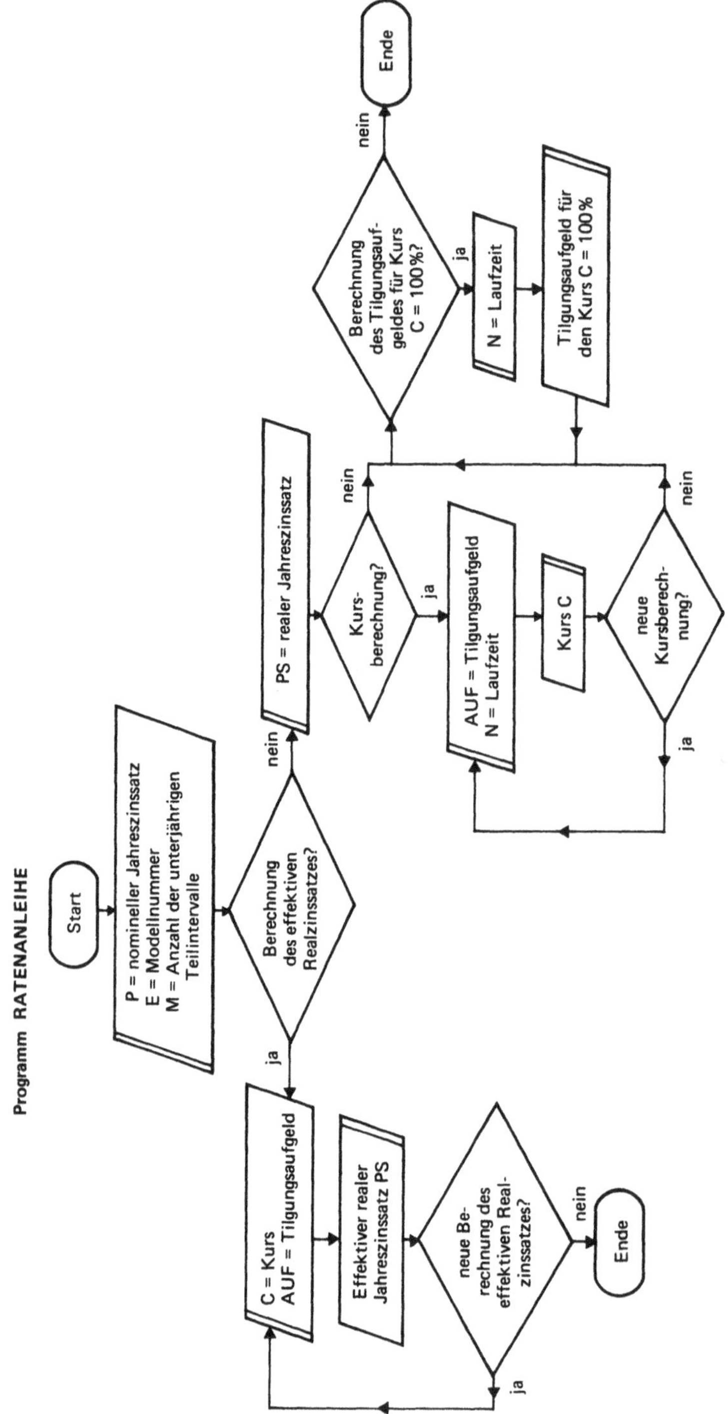
Programm RATENANLEIHE
Start
P = nomineller Jahreszinssatz
E = Modellnummer
M = Anzahl der unterjährigen Teilintervalle
Berechnung des effektiven Realzinssatzes?
ja
nein
C = Kurs
AUF = Tilgungsaufgeld
Effektiver realer Jahreszinssatz PS
neue Berechnung des effektiven Realzinssatzes?
nein
Ende
ja
PS = realer Jahreszinssatz
Kurs-berechnung?
ja
nein
AUF = Tilgungsaufgeld
N = Laufzeit
Kurs C
neue Kursberechnung?
ja
nein
Berechnung des Tilgungsaufgeldes für Kurs C = 100 %?
ja
nein
N = Laufzeit
Tilgungsaufgeld für den Kurs C = 100 %
Ende

```
5 REM RATENANLEIHE--------PROGRAMM NR V
10 REM KURS- UND EFFEKTIVZINSBERECHNUNG BEI RATENSCHULDEN
20 REM ALS ZINS-U.TILGUNGSMODELL IST EINE DER NUMMERN 1-4 EINZUGEBEN
30 REM BEZEICHNUNGEN SIEHE TABELLE AUS ABSCHNITT 6.4.7.
40 PRINT "WELCHES MODELL SOLL UNTERSUCHT WERDEN (EINGABE DER NUMMER)"
50 INPUT E
60 PRINT "LAUFZEIT DER RATENSCHULD IN JAHREN"
70 INPUT N
80 PRINT "NOMINELLER ZINSSATZ DER RATENSCHULD"
90 INPUT P:M=1:X=0:R=P
100 PRINT "GIBT ES IM MODELL UNTERJÄHRIGE TEILINTERVALLE (J=JA)"
110 INPUT UNT$:IF UNT$<>"J" THEN GOTO 140
120 PRINT "ANZAHL M DER UNTERJÄHRIGEN TEILINTERVALLE"
130 INPUT M
140 PRINT "SOLL DER EFFEKTIVE REALZINSSATZ BERECHNET WERDEN (J=JA)"
150 INPUT EF$
160 IF EF$="J" THEN GOTO 460
170 PRINT "REALER JAHRESZINSSATZ ="
180 INPUT PS
190 PRINT "SOLL DER KURS DER RATENSCHULD BERECHNET WERDEN (J=JA)"
200 INPUT K$
210 IF K$<>"J" THEN GOTO 280
220 REM KURSBERECHNUNG DER RATENSCHULD----------------------------------------------
230 PRINT "TILGUNGSAUFGELD IN %"
240 INPUT A
250 GOSUB 580
260 PRINT
270 PRINT "KURS = ";U;" %"
280 PRINT "SOLL DAS TILGUNGSAUFGELD BEIM KURS 100 % BERECHNET WERDEN (J=JA)"
290 INPUT AUF$
300 IF AUF$<>"J" THEN END
310 REM TILGUNGSAUFGELD FÜR DEN KURS VON 100 %---------------------------------
320 IF E=3 THEN X=PS
330 IF E=4 THEN X=PS-R
340 P=R*(1+(M-1)*PS/(200*M))
350 UZ=1+(M-1)*X/(200*M)
360 QS=1+PS/100
370 AN=(1-1/QS^N)/(QS-1)
380 AUF=100*(1-P/PS)*(N/AN-1)
390 IF E<=2 THEN GOTO 420
400 B=(1-R/PS)*N/AN+R/PS
410 AUF=100*(B/UZ-1)
420 PRINT:PRINT:PRINT
430 PRINT "DER KURS IST GENAU 100 % BEI EINEM TILGUNGSAUFGELD VON"
440 PRINT AUF;" %"
450 END
460 REM BERECHNUNG DES EFFEKTIVEN ZINSSATZES---------------------------------
470 PRINT "KURS C DER RATENSCHULD ="
480 INPUT C
490 PRINT "AUFGELD IN % = "
500 INPUT A:LI=0:RE=200
510 FOR I=1 TO 30
520 PS=(LI+RE)/2:GOSUB 580
530 IF U>C THEN LI=PS ELSE RE=PS
540 NEXT I
550 PRINT:PRINT
560 PRINT "DER EFFEKTIVE REALZINSSATZ BETRÄGT ";PS;" %"
570 END
580 REM---UNTERPROGRAMM ZUR KURSBERECHNUNG------------------------------------
590 P=R*(1+(M-1)*PS/(200*M))
600 QS=1+PS/100
610 AN=(1-1/QS^N)/(QS-1)
620 IF E<=2 THEN GOTO 660
630 IF E=3 THEN GOTO 650
640 P=R:X=PS-R:GOTO 660
650 X=PS:P=R
660 B=(1+A/100)*(1+(M-1)*X/(200*M))-P/PS
670 U=100*(AN*B/N+P/PS)
680 RETURN
```

b) Die Tilgungsaufgelder für einen Begebungskurs 100 % erhält man für die in a) beschriebenen Modelle aus dem Programm als

1) $\alpha = 4{,}683375\,\%$;
2) $\alpha = 3{,}76943\,\%$;
3) $\alpha = 2{,}32352\,\%$;
4) $\alpha = 4{,}33953\,\%$;
5) $\alpha = 4{,}257967\,\%$.

Beispiel 21: Eine Ratenschuld mit einer Laufzeit von 15 Jahren ist mit einem nominellen Jahreszinssatz von 5 % ausgestattet. Der Auszahlungskurs sei 100 %, das Tilgungsaufgeld 8 %.

a) Bei jährlicher Verzinsung und jährlicher Tilgung erhält man aus dem Programm den realen Jahreszinssatz

$p' = 5{,}88356\,\%$.

b) Bei monatlicher Tilgung und jährlicher anteilmäßiger Verzinsung liegt Fall ④ vor mit

$p' = 5{,}933731\,\%$.

c) Monatliche Tilgung und jährliche Verzinsung ohne Berücksichtigung der Unterjährigkeit der Tilgung liefert als Fall ③

$p' = 6{,}215828\,\%$.

Durch diese nicht korrekte Verzinsung wird ein Zinsvorteil von 0,282096 % erzielt.

6.5. Kurs und Effektivverzinsung von Annuitätenschulden

Bei Annuitätenschulden (vgl. Abschnitt 4.3.) wird zu jedem Tilgungstermin die gleiche Annuität A für Zins und Tilgung gezahlt. Die nominelle Annuitätenschuld soll für die gesamte Laufzeit mit dem nominellen Zinssatz p verzinst werden. Eine Abweichung des nominellen vom realen Zinssatz wird durch den Kurs bzw. ein Tilgungsaufgeld ausgeglichen.

6.5.1. Kurs einer jährlichen Annuitätenschuld ohne Aufgeld und ohne Rest

Bei einer Laufzeit von genau n Jahren besitzen die n Annuitätenzahlungen der Höhe A bezüglich des nominellen Zinssatzes den Barwert

$$K = K_{nom} = \frac{A}{q} + \frac{A}{q^2} + \ldots + \frac{A}{q^n} = A \cdot \frac{1 - \frac{1}{q^n}}{q-1} = A \cdot a_n; \quad q = 1 + \frac{p}{100}. \qquad (29)$$

Bei vorgegebener Laufzeit n und Annuität A muß der Schuldner dieses Nominalkapital während der gesamten Laufzeit mit dem nominellen Jahreszinssatz p verzinsen.

Bezüglich des realen Zinssatzes p′ lautet der Barwert

$$K' = K_{real} = \frac{A}{q'} + \frac{A}{q'^2} + \ldots + \frac{A}{q'^n} = A \cdot \frac{1 - \frac{1}{q'^n}}{q'-1} = A \cdot a_n'; \quad q' = 1 + \frac{p'}{100}. \qquad (30)$$

Dieser Betrag wird dem Schuldner effektiv ausgezahlt, während K_{nom} mit p % verzinst und getilgt werden muß. Als **Kurs** der mit dem Nominalzinssatz p ausgestatteten Annuitätenanleihe erhält man aus (29) und (30)

$$C = 100 \cdot \frac{K_{real}}{K_{nom}} = 100 \cdot \frac{a'_n}{a_n}. \tag{31}$$

Zu diesem Kurs muss das mit p % zu verzinsende Nominalkapital K_{nom} ausgezahlt werden, damit das ausgezahlte Realkapital $K_{real} = \frac{C}{100} \cdot K_{nom}$ mit den n Annuitätenzahlungen der Höhe A bis zur vollständigen Tilgung effektiv mit dem Realzinssatz p' % verzinst wird.

Die jeweiligen Restschulden sind dann nach n Jahren getilgt. Für die Laufzeit n erhält man also

$$S_n = K_{nom} \cdot q^n - A \cdot \frac{q^n - 1}{q - 1} = 0 \quad \text{mit } q = 1 + \frac{p}{100};$$

$$S'_n = K_{real} \cdot q'^n - A \cdot \frac{q'^n - 1}{q' - 1} = 0 \quad \text{mit } q' = 1 + \frac{p'}{100}.$$

Damit gilt

$$\boxed{\begin{aligned} &K = K_{nom} = A \cdot a_n; \quad K' = K_{real} = A \cdot a'_n; \\ &C = 100 \cdot \frac{a'_n}{a_n}; \\ &a_n = \frac{1 - \frac{1}{q^n}}{q - 1}; \quad q = 1 + \frac{p}{100}; \quad p = p_{nom}; \\ &a'_n = \frac{1 - \frac{1}{q'^n}}{q' - 1}; \quad q' = 1 + \frac{p'}{100}; \quad p' = p_{real} \end{aligned}} \tag{32}$$

$K = K_{nom}$ = mit dem nominellen Zinssatz p ausgestattete Annuitätenschuld
$K' = K_{real}$ = Auszahlungsbetrag beim effektiven Zinssatz p'
C = Kurs der Annuitenschuld K_{nom}
n = Laufzeit in Jahren
A = Annuität

Bemerkung: Wählt man die Nominalschuld $K_{nom} = 100$ EUR, so sind dafür n Annuitätenzahlungen der Höhe $\tilde{A} = \frac{100}{a_n}$ zu erbringen. Mit dieser speziellen Annuität lautet der Kurs

$$C = 100 \cdot \frac{a'_n}{a_n} = \tilde{A} \cdot a'_n = K'.$$

Der Kurs stimmt in diesem Fall mit dem Realkapital K' überein, also mit dem Barwert bzgl. des Realzinssatzes p' der n Annuitäten $\tilde{A}$, mit denen das Nominalkapital $K_{nom} = 100$ getilgt wird. Es gilt also

$$\boxed{\begin{array}{ll} K_{nom} = 100; & \tilde{A} = \dfrac{100}{a_n}; \\ C \quad = \tilde{A} \cdot a'_n = K_{real}. & \end{array}} \qquad (32')$$

$\tilde{A}$ = n-malige Annuität (ohne Restannuität) für das Nominalkapital $K_{nom} = 100$
C = Kurs = Barwert der n Annuitäten $\tilde{A}$ bzgl. des realen Zinssatzes p'

Beispiel 22: Eine Annuitätenschuld über 50000 EUR ist mit einem nominellen Jahreszinssatz von p = 6% ausgestattet und in 15 konstanten Jahresannuitäten zu tilgen.

a) Für die Zinsberechnung mit dem nominellen Zinssatz p und zur Berechnung der Annuität A wird die Nominalschuld $K_{nom} = S = 50000$ EUR benutzt. Die Annuität erhält man aus (32) als

$$A = \frac{K_{nom}}{a_n} = \frac{50000 \cdot 0{,}06}{1 - \dfrac{1}{1{,}06^{15}}} = 5148{,}14 \text{ EUR}.$$

Die Restschuld nach 10 Jahren beträgt

$$S_{10} = 50000 \cdot 1{,}06^{10} - 5148{,}14 \cdot \frac{1{,}06^{10} - 1}{0{,}06} = 21\,685{,}81 \text{ EUR}.$$

b) Bei einem realen Jahreszinssatz von 6,22% lautet der prozentuale Auszahlungskurs

$$C_0 = 100 \cdot \frac{\dfrac{1 - \dfrac{1}{1{,}0622^{15}}}{0{,}0622}}{\dfrac{1 - \dfrac{1}{1{,}06^{15}}}{0{,}06}} = 100 \cdot \frac{9{,}574149}{9{,}712249} = 98{,}578088\,\%.$$

Das Darlehen wird mit 49289,04 EUR ausgezahlt.

Falls dieser tatsächlich ausgezahlte Kreditbetrag mit p' = 6,22% verzinst würde, erhält man mit der gleichen Annuität A = 5148,14 EUR die Restschuld nach 15 Jahren

$$S'_{15} = 49\,289{,}04 \cdot 1{,}0622^{15} - 5148{,}14 \cdot \frac{1{,}0622^{15} - 1}{0{,}0622} = -0{,}05 \text{ EUR}.$$

Die Abweichung von 0 ist auf Rundsfehler zurückzuführen.

Die entsprechende Restschuld nach 10 Jahren lautet

$$S'_{10} = 49\,289{,}04 \cdot 1{,}0622^{10} - 5148{,}14 \cdot \frac{1{,}0622^{10} - 1}{0{,}0622} = 21\,556{,}63 \text{ EUR}.$$

Dieser Betrag weicht von S_{10} ab. Innerhalb der Laufzeit kann die nominelle Restschuld S_k von der realen Restschuld S'_k zwar abweichen. Am Ende der Laufzeit verschwinden jedoch beide.

c) Bei einem realen Jahreszinssatz von 5,8 % erhält man den prozentualen Ausgabekurs

$$C_0 = 100 \cdot \frac{\dfrac{1 - \dfrac{1}{1{,}058^{15}}}{0{,}058}}{9{,}712249} = 101{,}319864\,\%$$

und den gesamten Auszahlungsbetrag 50659,93 EUR.

Beispiel 23:

a) Bei einem Realzinssatz von 6,5 % soll eine zu 100 % ausgezahlte Schuld über 100000 EUR in 15 gleichbleibenden nachschüssigen Jahresannuitäten zurückgezahlt werden.

Dann lautet die Annuität nach (32)

$$A = 100000 \cdot \frac{0{,}065}{1 - \dfrac{1}{1{,}065^{15}}} = 10635{,}28 \text{ EUR.}$$

b) Nach 10 Jahren erhält man die Restschuld als Barwert der fünf restlichen Annuitäten bezüglich des Zinssatzes von 6,5 % als

$$S_{10} = 10635{,}28 \cdot \frac{1 - \dfrac{1}{1{,}065^5}}{0{,}065} = 44196{,}81 \text{ EUR.}$$

c) Nach 10 Jahren möchte der Schuldner das Restdarlehen vorzeitig ablösen. Da inzwischen der Zinssatz auf 6 % gefallen ist, beträgt der Rückkaufpreis bezüglich des neuen realen Zinssatzes von $p' = 6\,\%$.

$$S = 10635{,}28 \cdot \frac{1 - \dfrac{1}{1{,}06^5}}{0{,}06} = 44799{,}67 \text{ EUR.}$$

Wegen der inzwischen erfolgten Zinssenkung ist dieser Betrag höher als die Restschuld S_{10}. In diesem Fall lautet der Kurs

$$C = 100 \cdot \frac{44799{,}67}{44196{,}81} = 101{,}364031\,\%.$$

Der gesamte Kurswert der Annuitätenschuld soll nun zerlegt werden in die beiden Anteile, die auf die Tilgungsbeträge bzw. auf die Zinszahlungen zurückzuführen sind, als

$$\underbrace{C}_{\substack{\text{gesamter}\\ \text{Kurswert}}} = \underbrace{C_T}_{\substack{\text{Kurswert der}\\ \text{Tilgungsbeträge}}} + \underbrace{C_Z}_{\substack{\text{Kurswert der}\\ \text{Zinszahlungen}}}$$

Bar- und Kurswert der reinen Tilgungsbeträge

Nach (22) Abschnitt 4.3.1. lauten die reinen Tilgungsbeträge einer n-jährigen Annuitätenschuld bei einem nominalen Zinssatz p

$$T_k = \frac{A}{q^{n-k+1}} = \frac{A}{q^{n+1}} \cdot q^k, \quad k = 1, 2, \dots, n; \quad q = 1 + \frac{p}{100}.$$

Diese n Tilgungsbeträge können als nachschüssige geometrisch fortschreitende Rente (s. Abschnitt 5.4.1.) aufgefasst werden.

Bei einem Realzinssatz p' lautet der Rentenbarwert der Tilgungsbeträge

$$T_0' = \sum_{k=1}^{n} \frac{T_k}{q'^k} = \frac{A}{q^{n+1}} \cdot \sum_{k=1}^{n} \left(\frac{q}{q'}\right)^k.$$

1. Fall: $p = p'$.

Wegen $q = q'$ erhält man hier

$$T_0' = \frac{n \cdot A}{q^{n+1}}.$$

2. Fall: $p \neq p'$.

Wegen $q \neq q'$ gilt in diesem Fall

$$T_0' = \frac{A}{q^{n+1}} \cdot \frac{q}{q'} \cdot \frac{1 - \left(\frac{q}{q'}\right)^n}{1 - \frac{q}{q'}} = A \cdot \frac{\frac{1}{q^n} - \frac{1}{q'^n}}{q' - q} = 100 \cdot A \cdot \frac{\frac{1}{q^n} - \frac{1}{q'^n}}{p' - p}.$$

Den Kurswert C_T der reinen Tilgungsbeträge bezüglich K_{nom} erhält man aus

$$C_T = 100 \cdot \frac{T_0'}{K_{nom}} = 100 \cdot \frac{T_0'}{A \cdot a_n}.$$

Damit gilt

$$T_0' = \begin{cases} \dfrac{n \cdot A}{q^{n+1}} & \text{für } p = p'; \\[2ex] A \cdot \dfrac{\frac{1}{q^n} - \frac{1}{q'^n}}{q' - q} & \text{für } p \neq p'. \end{cases}$$

$$C_T = \begin{cases} 100 \cdot \dfrac{n}{a_n \cdot q^{n+1}} & \text{für } p = p'; \\[2ex] \dfrac{100}{a_n} \cdot \dfrac{\frac{1}{q^n} - \frac{1}{q'^n}}{q' - q} & \text{für } p \neq p'; \end{cases} \qquad (33)$$

$$a_n = \frac{1 - \frac{1}{q^n}}{q - 1}.$$

n = Laufzeit in Jahren

T_0' = Barwert der n Tilgungsbeträge beim realen Zinssatz p'

A = jährliche Annuität
C_T = Kurswert der n Tilgungsbeträge bzgl. K_{nom} beim realen Zinssatz p′
$p = p_{nom}$
$p' = p_{real}$

Bar- und Kurswert der reinen Zinsbeträge

Den Barwert Z_0' der reinen Zinsbeträge erhält man durch Subtraktion des Barwertes der Tilgungsbeträge T_0' vom Barwert K_{real} der gesamten Annuitätenschuld, also aus

$$Z_0' = K_{real} - T_0' = A \cdot a_n' - T_0'.$$

Der Kurswert C_Z der reinen Zinsbeträge lautet dann

$$C_Z = 100 \cdot \frac{Z_0'}{K_{nom}} = 100 \cdot \frac{Z_0'}{A \cdot a_n}.$$

1. Fall: $p = p'$. Wegen

$$a_n' = a_n = \frac{1 - \frac{1}{q^n}}{q - 1}$$

folgt aus (33)

$$Z_0' = A \cdot a_n - T_0' = A \cdot \left(a_n - \frac{n}{q^{n+1}}\right);$$

$$C_Z = 100 \cdot \left(1 - \frac{n}{a_n \cdot q^{n+1}}\right).$$

2. Fall: $p \neq p'$. Nach (33) gilt

$$Z_0' = A \cdot a_n' - T_0' = A \cdot a_n' - A \cdot \frac{\frac{1}{q^n} - \frac{1}{q'^n}}{q' - q}.$$

Wegen

$$\frac{1}{q^n} - \frac{1}{q'^n} = \left(1 - \frac{1}{q'^n}\right) - \left(1 - \frac{1}{q^n}\right) = (q' - 1)a_n' - (q - 1)a_n$$

folgt hieraus

$$Z_0' = A \cdot \frac{q'a_n' - qa_n' - q'a_n' + a_n' + qa_n - a_n}{q' - q}$$

$$= \frac{A \cdot (q - 1) \cdot (a_n - a_n')}{q' - q} = \frac{A \cdot p \cdot (a_n - a_n')}{p' - p};$$

$$C_Z = \frac{100 \cdot p \cdot (a_n - a_n')}{a_n \cdot (p' - p)}.$$

Damit gilt

$$Z_0' = \begin{cases} A \cdot \left(a_n - \dfrac{n}{q^{n+1}}\right) & \text{für } p = p'; \\ \dfrac{A \cdot p \cdot (a_n - a_n')}{p' - p} & \text{für } p \neq p'; \end{cases}$$

$$C_Z = \begin{cases} 100 \cdot \left(1 - \dfrac{n}{a_n \cdot q^{n+1}}\right) & \text{für } p = p'; \\ \dfrac{100 \cdot p \cdot (a_n - a_n')}{a_n \cdot (p' - p)} & \text{für } p \neq p'; \end{cases} \qquad (34)$$

$$a_n = \frac{1 - \frac{1}{q^n}}{q-1}; \quad a_n' = \frac{1 - \frac{1}{q'^n}}{q'-1}.$$

Z_0' = Barwert der reinen Zinsbeträge
C_Z = Kurswert der reinen Zinsbeträge bzgl. K_{nom}.
A = jährliche nachschüssige Annuität
n = Laufzeit in Jahren
$p = p_{nom}$; $p' = p_{real}$

Beispiel 24: Eine Annuitätenschuld soll nominell mit 5,5% verzinst und in 15 Jahren durch gleiche Jahresannuitäten getilgt werden. Der reale Jahreszinssatz sei 5,81%.

a) Es gilt $a_{15} = \dfrac{1 - \frac{1}{1{,}055^{15}}}{0{,}055} = 10{,}03758094$;

$$a_{15}' = \frac{1 - \frac{1}{1{,}0581^{15}}}{0{,}0581} = 9{,}83396726.$$

b) Die Annuität für eine Nominalschuld $K_{nom} = 100$ EUR beträgt nach (32')

$$\tilde{A} = \frac{100}{a_{15}} = 9{,}96256 \text{ EUR}.$$

c) Der Begebungskurs ist

$$C = 100 \cdot \frac{a_{15}'}{a_{15}} = \tilde{A} \cdot a_{15}' = 97{,}971487\,\%.$$

d) Den Kurswert der Tilgungsbeträge erhält man aus (33) als

$$C_T = \frac{100}{a_{15}} \cdot \frac{\frac{1}{1{,}055^{15}} - \frac{1}{1{,}0581^{15}}}{0{,}0031} = 61{,}981731\,\%.$$

Der Kurswert der Zinsbeträge lautet nach (34)

$$C_Z = \frac{100 \cdot 5{,}5 \cdot (a_{15} - a'_{15})}{a_{15} \cdot (5{,}81 - 5{,}5)} = 35{,}989755\,\%.$$

Kontrolle: $C_T + C_Z = C$ (Abweichung von einer Einheit in der 6. Stelle als Rundungsfehler).

e) Im Falle $p' = p = 5{,}5\,\%$ ist der Begebungskurs

$C = 100\,\%$.

Der Kurswert der Tilgungsbeträge lautet für $p' = 5{,}5$ nach (33)

$$C_T = 100 \cdot \frac{15}{a_{15} \cdot 1{,}055^{15}} = 66{,}938396\,\%$$

und der Kurswert der Zinsbeträge

$C_Z = 100 - C_T = 33{,}061604\,\%$.

6.5.2. Kurs bei Jahresannuitäten mit Rest

Bei einer vorgegebenen ganzzahligen Laufzeit n folgt aus (32)

$$A = \frac{K_{nom}}{a_n} = \frac{K_{real}}{a'_n}. \tag{35}$$

Damit lässt sich die Annuität A aus der Laufzeit und dem Kreditbetrag berechnen. Falls jedoch die nach (35) berechnete Annuität A abgerundet wird, ist das Darlehen nach n Jahren noch nicht vollständig getilgt. Im $(n + 1)$-ten Jahr wird dann eine Restannuität fällig. Der gleiche Sachverhalt liegt vor, falls der Kreditbetrag und die Annuität fest vorgegegeben werden. Dann ist die nach (18), Abschnitt 4.3.1. berechnete Laufzeit i.a. nicht ganzzahlig.

Mit dem ganzzahligen Anteil n lässt sich die Laufzeit darstellen in der Form

$$n + \varrho = \frac{-\lg\left(1 - \dfrac{(q-1) \cdot K_{nom}}{A}\right)}{\lg q} \quad \text{mit } 0 \leqq \varrho < 1. \tag{36}$$

Nach dem letzten ganzen Jahr der Laufzeit beträgt die nominelle Restschuld

$$S_n = K_{nom} \cdot q^n - A \cdot \frac{q^n - 1}{q - 1} = K_{nom} \cdot q^n - A \cdot q^n \cdot a_n = q^n \cdot (K_{nom} - A \cdot a_n).$$

Falls diese Restschuld am Ende des nächsten Jahres getilgt wird, wächst sie einschließlich der Zinsen an auf die **Restannuität**

$$A_{n+1} = S_n \cdot q = q^{n+1} \cdot (K_{nom} - A \cdot a_n). \tag{37}$$

Bezüglich des Realzinssatzes p' besitzen die n Annuitätenzahlungen A und die im $(n + 1)$-ten Jahr fällige Restannuität A_{n+1} den Barwert

$$K' = K'_{real} = \frac{A}{q'} + \frac{A}{q'^2} + \ldots + \frac{A}{q'^n} + \frac{A_{n+1}}{q'^{n+1}} = A \cdot a'_n + \frac{A_{n+1}}{q'^{n+1}}$$

$$= A \cdot a'_n + (K_{nom} - A \cdot a_n) \cdot \frac{q^{n+1}}{q'^{n+1}}. \tag{38}$$

Bezüglich des Nominalzinssatzes p lautet der Barwert

$$K = K_{nom} = A \cdot a_n + \frac{A_{n+1}}{q^{n+1}}.$$

Hieraus erhält man den Kurs

$$C = 100 \cdot \frac{A \cdot a'_n + \frac{A_{n+1}}{q'^{n+1}}}{K_{nom}} = \frac{100}{K_{nom}} \cdot \left[A \cdot a'_n + (K_{nom} - A \cdot a_n) \cdot \left(\frac{q}{q'}\right)^{n+1} \right].$$

Falls $\tilde{A}$ die Annuität des Nominalkapitals $K_{nom} = 100$ EUR ist mit der Restannuität $\tilde{A}_{n+1}$, gilt

$$C = \tilde{A} \cdot a'_n + \frac{\tilde{A}_{n+1}}{q'^{n+1}} = \tilde{A} \cdot a'_n + (100 - \tilde{A} \cdot a_n) \cdot \left(\frac{q}{q'}\right)^{n+1}.$$

Damit gilt

$$\boxed{\begin{aligned} C &= \frac{100}{K_{nom}} \cdot \left[A \cdot a'_n + \frac{A_{n+1}}{q'^{n+1}} \right] \\ &= \frac{100}{K_{nom}} \cdot \left[A \cdot a'_n + (K_{nom} - A \cdot a_n) \cdot \left(\frac{q}{q'}\right)^{n+1} \right]. \\ C &= \tilde{A} \cdot a'_n + \frac{\tilde{A}_{n+1}}{q'^{n+1}} = \tilde{A} \cdot a'_n + (100 - \tilde{A} \cdot a_n) \cdot \left(\frac{q}{q'}\right)^{n+1}. \end{aligned}} \tag{39}$$

n volle Annuitäten mit einer Restannuität im (n + 1)-ten Jahr
C = Kurs des Nominalkapitals
A = Annuität bzgl. K_{nom} (n-mal)
$\tilde{A}$ = Annuität bzgl. $K_{nom} = 100$ (n-mal)
n = abgerundete ganzjährige Laufzeit
A_{n+1} = Restannuität bzgl. K_{nom}
$\tilde{A}_{n+1}$ = Restannuität bzgl. $K_{nom} = 100$ (am Ende des (n + 1)-ten Restjahres)

Beispiel 25: Eine nominelle Annuitätenschuld von 50000 EUR ist mit einem nominellen Zinssatz von 5,5% ausgestattet. Jeweils zum Jahresende sollen 5000 EUR zurückgezahlt werden. Der reale Jahreszinssatz sei $p' = 6{,}2\%$.

a) Die Laufzeit erhält man aus (36) als

$$n + \varrho = \frac{-\lg\left(1 - \frac{0{,}055 \cdot 50000}{5000}\right)}{\lg 1{,}055} = 14{,}91 \text{ Jahre}.$$

Nach n = 14 Jahren beträgt die nominelle Restschuld

$$S_{14} = 50000 \cdot 1{,}055^{14} - 5000 \cdot \frac{1{,}055^{14} - 1}{0{,}055} = 4341{,}71 \text{ EUR}.$$

Damit lautet die Restannuität nach 15 Jahren

$$A_{15} = 1{,}055 \cdot S_{14} = 4580{,}51 \text{ EUR}.$$

b) Den Auszahlungsbetrag erhält man mit

$$a'_{14} = \frac{1 - \dfrac{1}{1{,}062^{14}}}{0{,}062} = 9{,}180948006$$

als

$$K_{real} = 5000 \cdot a'_{14} + \frac{4580{,}51}{1{,}062^{15}} = 47\,762{,}74 \text{ EUR.}$$

Damit lautet der Kurs

$$C = 100 \cdot \frac{K_{real}}{50\,000} = 95{,}525483\,\%.$$

c) Mit $a_{14} = 9{,}589647895$ erhält man den Kurs auch direkt aus (39) (2. Zeile) als

$$C = \frac{100}{50\,000} \cdot \left[5000 \cdot a'_{14} + (50\,000 - 5000 \cdot a_{14}) \cdot \left(\frac{1{,}055}{1{,}062}\right)^{15}\right]$$
$$= 95{,}525481\,\%.$$

Dieser Betrag weicht von dem in b) berechneten in der letzten Dezimalen ab. Der Grund liegt darin, daß in b) mit dem gerundeten Wert A_{15} gerechnet wurde.

Beispiel 26: Eine Annuitätenschuld sei mit einem nominellen Zinssatz von 5% ausgestattet. Als Jahresannuität wird 8% von dem Nominalkapital festgelegt.

Für $K_{nom} = 100$ DM beträgt die Annuität $\tilde{A} = 8$ EUR.

Nach (36) lautet die Laufzeit

$$n + \varrho = \frac{-\lg\left(1 - \dfrac{0{,}05 \cdot 100}{8}\right)}{\lg 1{,}05} = 20{,}103 \text{ Jahre.}$$

Bei einem Realzinssatz von 5,72% erhält man den Begebungskurs aus (39) als

$$C = 8 \cdot a'_{20} + (100 - 8 \cdot a_{20}) \cdot \left(\frac{1{,}05}{1{,}0572}\right)^{21} = 94{,}143957\,\%.$$

6.5.3. Kurs bei unterjährigen Annuitätenzahlungen

Die Jahresannuität A werde auf m unterjährige Annuitätenzahlungen der jeweiligen Höhe $B = \frac{A}{m}$ aufgeteilt. Falls die unterjährigen Zahlungen für den Rest des Jahres zum realen Zinssatz p' anteilmäßig angelegt werden, wachsen diese m Zahlungen nach (12) bis zum Ende des Jahres an auf

$$\hat{A}_{p'} = A \cdot \left(1 + \frac{m-1}{200m} \cdot p'\right). \tag{40}$$

Mit dieser **konformen Jahresannuität** $\hat{A}_{p'}$, erhält man bei einer Laufzeit von n Jahren bezüglich des realen Zinssatzes p' den Barwert

$$K_{real} = \hat{A}_{p'} \cdot a'_n = A \cdot \left(1 + \frac{m-1}{200m} \cdot p'\right) \cdot a'_n. \tag{41}$$

6.5.3.1. Keine Berücksichtigung der Unterjährigkeit der Tilgungen bei der Verzinsung des Nominalkapitals

Falls bei der Verzinsung des Nominalkapitals die Unterjährigkeit der Tilgungen nicht berücksichtigt wird, erhält man das gleiche Nominalkapital wie bei der jährlichen Tilgung, also

$K_{nom} = A \cdot a_n$.

Die unterjährige Annuität ist dann $\frac{A}{m}$.

Damit gilt

$$C_f = 100 \cdot \left(1 + \frac{m-1}{200m} \cdot p'\right) \cdot \frac{a'_n}{a_n} = \left(1 + \frac{m-1}{200m} \cdot p'\right) \cdot C; \tag{42}$$

C = Kurs bei jährlicher Annuitätenzahlung.

m unterjährige Annuitäten der Höhe $B = \frac{A}{m}$ (A = Jahresannuität)

C_f = Kurs, falls bei der Verzinsung des Nominalkapitals die Unterjährigkeit der Tilgung **nicht** berücksichtigt wird.

Jeweilige Verzinsung der Kreditsumme aus dem Jahresbeginn.

6.5.3.2. Berücksichtigung der Unterjährigkeit der Tilgungen bei der Verzinsung des Nominalkapitals

Falls bei der Verzinsung des Nominalkapitals die jeweilige unterjährige Restschuld benutzt wird, erhält man die konforme Jahresannuität

$$A_p = A \cdot \left(1 + \frac{m-1}{200m} \cdot p\right)$$

mit dem Barwert

$$K_{nom} = A \cdot \left(1 + \frac{m-1}{200m} \cdot p\right) \cdot a_n. \tag{43}$$

Mit (41) folgt

$$C_u = 100 \cdot \frac{1 + \frac{m-1}{200m} \cdot p'}{1 + \frac{m-1}{200m} \cdot p} \cdot \frac{a'_n}{a_n} = \frac{1 + \frac{m-1}{200m} \cdot p'}{1 + \frac{m-1}{200m} \cdot p} \cdot C; \tag{44}$$

C = Kurs bei jährlicher Annuitätenzahlung der Höhe A.

C_u = Kurs bei unterjähriger Annuitätenzahlung der Höhe A/m, falls bei der Nominalverzinsung die Unterjährigkeit der Tilgungen berücksichtigt wird.

Jeweilige Verzinsung der unterjährigen Restschuld.

Beispiel 27: Für eine nominelle Annuitätenschuld muss 15 Jahre lang jährlich 12000 EUR gezahlt werden. Der nominelle Zinssatz sei 7%, der reale 7,84%. Die Rentenendwertfaktoren lauten

$$a_{15} = \frac{1 - \frac{1}{1{,}07^{15}}}{0{,}07} = 9{,}107914005; \qquad a'_{15} = \frac{1 - \frac{1}{1{,}0784^{15}}}{0{,}0784} = 8{,}643739739.$$

a) Bei jährlicher Annuitätenzahlung erhält man

zu verzinsendes Kapital $K_{nom} = 12000 \cdot a_{15} = 109294{,}97$ EUR;

Auszahlungsbetrag $K_{real} = 12000 \cdot a'_{15} = 103724{,}88$ EUR;

$$\text{Kurs } C = 100 \cdot \frac{a'_{15}}{a_{15}} = 94{,}903616\,\%.$$

b) Falls monatlich 1000 EUR zurückgezahlt, die Unterjährigkeit der Tilgung bei der Zinsberechnung jedoch nicht berücksichtigt wird, erhält man das gleiche Nominalkapital

$K_{nom} = 109294{,}97$ EUR.

Nach (42) lautet der Kurs

$$C_f = \left(1 + \frac{11 \cdot 7{,}84}{200 \cdot 12}\right) \cdot C = 98{,}313819\,\%$$

mit dem Auszahlungsbetrag $K_{real} = \frac{C_f}{100} \cdot K_{nom} = 107451{,}37$ EUR.

c) Bei monatlicher Zahlung von 1000 EUR unter Berücksichtigung der Unterjährigkeit der Tilgung beträgt das Nominalkapital

$$\tilde{K}_{nom} = \left(1 + \frac{11 \cdot 7}{200 \cdot 12}\right) \cdot K_{nom} = 112801{,}52 \text{ EUR}.$$

$$\text{Der Kurs ist } C_u = \frac{1 + \frac{11 \cdot 7{,}84}{200 \cdot 12}}{1 + \frac{11 \cdot 7}{200 \cdot 12}} \cdot C = 95{,}257637\,\%.$$

Daraus ergibt sich der Auszahlungsbetrag $\tilde{K}_{real} = 107452{,}11$ EUR.

6.5.4. Annuitätenzahlungen mit Tilgungsaufgeld

Für eine Annuitätenschuld sollen neben den laufenden Zins- und Tilgungsbeträgen jeweils α % vom Tilgungsbetrag an Gebühren gezahlt werden. Dieses Aufgeld sei bereits in der Annuität A^* enthalten, es gelte also

$$A^* = \underbrace{Z}_{\text{Zinsen}} + \underbrace{T}_{\text{Tilgung}} + \underbrace{\frac{\alpha}{100} \cdot T}_{\text{Aufgeld}} = Z + T \cdot \left(1 + \frac{\alpha}{100}\right).$$

Die **Annuität** A^* soll die Tilgungsaufgelder bereits enthalten. In Abschnitt 4.3.7. wurde gezeigt, dass zu einer vorgegebenen Laufzeit n diese Annuität A^* berechnet werden kann mit den Hilfsgrößen

$$\text{nominelles Ersatzkapital } K^*_{nom} = K_{nom} \cdot \left(1 + \frac{\alpha}{100}\right);$$

$$\text{nomineller Ersatzzinssatz } p^* = \frac{p}{1 + \frac{\alpha}{100}}.$$

Zur Restschuldberechnung wurde in Abschnitt 4.3.7. die Ausgangsschuld unter Berücksichtigung der Tilgungsgebühren benutzt. Da die Tilgungsaufgelder jedoch auch Zahlungsverpflichtungen darstellen, kann zur Kursberechnung unmittelbar das Ersatzkapital K^*_{nom} mit dem zugehörigen Ersatzzinssatz verwendet werden.

6.5.4.1. Tilgungsaufgelder bei jährlichen Annuitätenzahlungen ohne Restannuität

Falls die Schuld einschließlich des Tilgungsaufgelds durch genau n Annuitäten zurückgezahlt sein soll, lautet die Annuität nach (37), Abschnitt 4.3.7.

$$A^* = \frac{K^*_{nom}}{a^*_n} = \frac{K_{nom} \cdot \left(1 + \frac{\alpha}{100}\right)}{a^*_n} \quad \text{mit } q^* = 1 + \frac{p^*}{100}; \quad a^*_n = \frac{1 - \frac{1}{q^{*n}}}{q^* - 1}.$$

Bezüglich des realen Zinssatzes p' besitzen die n Annuitätenzahlungen der Höhe A^* den Barwert

$$K' = K_{real} = A^* \cdot a'_n = K_{nom} \cdot \left(1 + \frac{\alpha}{100}\right) \cdot \frac{a'_n}{a^*_n}. \tag{45}$$

Hieraus ergibt sich der Kurs

$$C_\alpha = 100 \cdot \frac{K_{real}}{K_{nom}} = 100 \cdot \left(1 + \frac{\alpha}{100}\right) \cdot \frac{a'_n}{a^*_n}. \tag{46}$$

Damit gilt

$$\begin{aligned} A^* &= \frac{K_{nom} \cdot \left(1 + \frac{\alpha}{100}\right)}{a^*_n}; \\ C_\alpha &= (100 + \alpha) \cdot \frac{a'_n}{a^*_n}; \\ q' &= 1 + \frac{p'}{100}; \quad a'_n = \frac{1 - \frac{1}{q'^n}}{q' - 1}; \\ p^* &= \frac{p}{1 + \frac{\alpha}{100}}; \quad q^* = 1 + \frac{p^*}{100}; \quad a^*_n = \frac{1 - \frac{1}{q^{*n}}}{q^* - 1}. \end{aligned} \tag{47}$$

n = Laufzeit in Jahren
A^* = jährliche Annuität einschließlich α % Tilgungsaufgeld
K_{nom} = Nominalkapital, das mit p % verzinst wird und mit α % Tilgungsaufgeld belegt wird.
C_α = Kurs der Annuitätenschuld mit Tilgungsaufgeld
p = nomineller Jahreszinssatz
p^* = wirksamer Nominalzinssatz
p' = Realzinssatz

Beispiel 28: Eine Annuitätenschuld $K_{nom} = 100000$ EUR ist bei einer Laufzeit von 15 Jahren mit einem nominellen Zinssatz von $p = 6\,\%$ ausgestattet. Das Tilgungsaufgeld betrage 4 %.

a) Damit erhält man das nominelle Ersatzkapital $K^*_{nom} = 104000$ und den wirksamen Nominalzinssatz

$$p^* = \frac{6}{1{,}04} \quad \text{mit} \quad q^* = 1 + \frac{p^*}{100} = 1 + \frac{6}{104} = \frac{110}{104}.$$

Somit gilt

$$a^*_{\overline{15}|} = \frac{1 - \frac{1}{q^{*15}}}{q^* - 1} = 9{,}860386353.$$

b) (47) liefert die Annuität für Zinsen, Tilgung und Tilgungsaufgeld

$$A^* = \frac{104000}{a^*_{\overline{15}|}} = 10547{,}25 \text{ EUR pro Jahr.}$$

c) Bei einem realen Jahreszinssatz von $p' = 7{,}45\,\%$ beträgt der Kurs

$$C = 104 \cdot \frac{1 - \frac{1}{1{,}0745^{15}}}{0{,}0745 \cdot a^*_{\overline{15}|}} = 93{,}391657\,\%.$$

Ausgezahlt wird also nur der Betrag

$$\frac{C}{100} \cdot 100000 = 93391{,}66 \text{ EUR},$$

während für die nominelle Schuld von 100000 EUR 6 % Zinsen und 4 % Tilgungsaufgeld gezahlt werden muss, was über die 15 Annuitätenzahlungen von jeweils $A^* = 10547{,}25$ EUR geschieht.

6.5.4.2. Tilgungsaufgelder bei jährlichen Annuitätenzahlungen mit einer Restannuität

Falls bei Annuitätenschulden mit α % Tilgungsaufgeld die Annuität A^* beliebig vorgegeben wird, erhält man aus (36), Abschnitt 4.3.7. die Laufzeit in der Form

$$n + \varrho = \frac{-\lg\left(1 - \frac{p \cdot K_{nom}}{100 \cdot A^*}\right)}{\lg q^*} \tag{48}$$

mit $0 \leq \varrho < 1$ (q^* s. (47)).

Nach n Annuitätenzahlungen der Höhe A* beträgt die Restschuld nach (37), Abschnitt 4.3.7.

$$S_n = K_{nom} \cdot q^{*n} - \frac{A^*}{1 + \frac{\alpha}{100}} \cdot q^{*n} \cdot a_n^*.$$

Zusammen mit den Zinsen und dem Tilgungsaufgeld erhält man hieraus die im (n + 1)-ten Jahr fällige **Restannuität**

$$A_{n+1}^* = S_n \cdot \left(1 + \frac{p}{100} + \frac{\alpha}{100}\right) = S_n \cdot \left(1 + \frac{\alpha}{100}\right) \cdot q^*$$

$$= q^{*n+1} \cdot \left[K_{nom} \cdot \left(1 + \frac{\alpha}{100}\right) - A^* \cdot a_n^*\right] \tag{49}$$

$$= q^{*n+1} \cdot [K_{nom}^* - A^* \cdot a_n^*].$$

Als Barwert bzgl. des Realzinssatzes p' dieser n + 1 Annuitäten erhält man das Realkapital

$$K' = K_{real} = A^* \cdot a_n' + \frac{A_{n+1}^*}{q'^{n+1}}. \tag{50}$$

$p^* = \dfrac{p}{1 + \frac{\alpha}{100}}$ ist der nominelle Ersatzzinssatz für das nominelle Ersatzkapital

$$K_{nom}^* = K_{nom} \cdot \left(1 + \frac{\alpha}{100}\right).$$

Damit gilt

$$K_{nom}^* = K_{nom} \cdot \left(1 + \frac{\alpha}{100}\right) = A^* \cdot a_n^* + \frac{A_{n+1}^*}{q^{*n+1}}. \tag{51}$$

(50) und (51) ergibt den Kurs

$$C_\alpha = 100 \cdot \frac{K_{real}}{K_{nom}} = (100 + \alpha) \cdot \frac{A^* \cdot a_n' + \frac{A_{n+1}^*}{q'^{n+1}}}{A^* \cdot a_n^* + \frac{A_{n+1}^*}{q^{*n+1}}}. \tag{52}$$

Falls $\tilde{A}^*$ und $\tilde{A}_{n+1}^*$ die das Tilgungsaufgeld enthaltende Annuitäten für $K_{nom} = 100$ sind, gilt

$$C_\alpha = K_{real} = \tilde{A}^* \cdot a_n' + \frac{\tilde{A}_{n+1}^*}{q'^{n+1}}$$

mit der Restannuität

$$\tilde{A}^*_{n+1} = q^{*n+1} \cdot [100 + \alpha - \tilde{A}^* \cdot a^*_n]. \tag{53}$$

Damit gilt

$$C_\alpha = (100 + \alpha) \cdot \frac{A^* \cdot a'_n + \dfrac{A^*_{n+1}}{q'^{n+1}}}{A^* \cdot a^*_n + \dfrac{A^*_{n+1}}{q^{*n+1}}}$$

$$= \tilde{A}^* \cdot a'_n + \frac{\tilde{A}^*_{n+1}}{q'^{n+1}}; \tag{54}$$

Restannuität

$$A^*_{n+1} = q^{*n+1} \cdot \left[K_{nom} \cdot \left(1 + \frac{\alpha}{100}\right) - A^* \cdot a^*_n\right];$$

(bezüglich K_{nom});

$$\tilde{A}^*_{n+1} = q^{*n+1} \cdot [100 + \alpha - \tilde{A}^* \cdot a^*_n]$$

(bezüglich $K_{nom} = 100$).

C_α = Kurs des Nominalkapitals bei α % Tilgungsaufgeld
n gleiche Annuitäten mit einer Restannuität im (n + 1)-ten Jahr
Die Annuitäten enthalten des Tilgungsaufgeld
n Annuitäten A^*, Restannuität A^*_{n+1} bzgl. K_{nom}
n Annuitäten $\tilde{A}^*$, Restannuität $\tilde{A}^*_{n+1}$ bzgl. $K_{nom} = 100$
Nomineller Ersatzzinssatz $p^* = \dfrac{p}{1 + \dfrac{\alpha}{100}}$; $q^* = 1 + \dfrac{p^*}{100}$

Beispiel 29: Eine mit dem nominellen Jahreszinssatz p = 5% ausgestattete Annuitätenschuld ist jährlich mit 6% Tilgungsaufgeld zu tilgen. Für das Nominalkapital K_{nom} = 100 EUR muss jährlich die Annuität 8 EUR gezahlt werden. Darin sei das Tilgungsaufgeld bereits enthalten.

Der Ersatzzinssatz lautet $p^* = \dfrac{5}{1{,}06}$ mit $q^* = \dfrac{111}{106}$.

a) Aus (48) erhält man die Laufzeit mit K_{nom} = 100 EUR als

$$n + \varrho = \frac{-\lg\left(1 - \dfrac{5}{8}\right)}{\lg\left(\dfrac{111}{106}\right)} = 21{,}28 \text{ Jahre.}$$

Die volle Annuität 8 EUR für K_{nom} = 100 EUR muss also 21 Jahre lang gezahlt werden. Im 22. Jahr wird die Restannuität

$$\tilde{A}^*_{22} = \left(\frac{111}{106}\right)^{22} \cdot [106 - 8 \cdot a^*_{21}] = 2{,}279132\,\text{EUR}$$

fällig.

b) Bei einem realen Jahreszinssatz von 6,1 % lautet der Kurs der Annuitätenschuld nach (54)

$$C = 8 \cdot a'_{21} + \frac{2{,}279132}{1{,}061^{22}} = 93{,}9457\%.$$

c) Ohne Tilgungsaufgeld erhält man die Laufzeit bei gleicher Annuitätenzahlung aus (36)

$$n + \varrho = \frac{-\lg\left(1 - \frac{0{,}05 \cdot 100}{8}\right)}{\lg 1{,}05} = 20{,}103 \text{ Jahre.}$$

Die Restannuität am Ende des 21. Jahres lautet nach (37)

$\tilde{A}_{21} = 1{,}05^{21} \cdot (100 - 8 \cdot a_{20}) = 0{,}842245.$

(39) liefert den Kurs ohne Tilgungsaufgeld als

$$C = 8 \cdot a'_{20} + \frac{0{,}842245}{1{,}061^{21}} = 91{,}2620\%.$$

6.5.4.3. Tilgungsaufgelder bei beliebigen Annuitätenschulden

Auf Grund der Überlegungen in Abschnitt 6.5.4.2. erhält man den Kurs einer beliebigen Annuitätenschuld mit α % Tilgungsaufgeld in der Form

$$C_\alpha = \left(1 + \frac{\alpha}{100}\right) \cdot C^*;$$

$$C^* = 100 \cdot \frac{K_{\text{real}}}{K^*_{\text{nom}}} \tag{48}$$

$= \text{Kurs des Ersatzkapitals } K^*_{\text{nom}} = K_{\text{nom}} \cdot \left(1 + \frac{\alpha}{100}\right)$ ohne Tilgungsaufgeld mit dem nominellen Ersatzzinssatz

$$p^* = \frac{p}{1 + \frac{\alpha}{100}}.$$

C_α = Kurs einer Annuitätenschuld mit α % Tilgungsaufgeld.

6.5.5. Kurs einer Annuitätenschuld bei aufgeschobener Tilgung

Falls bei einer Annuitätenschuld vor Tilgungsbeginn l tilgungsfreie Jahre vorgeschaltet werden, müssen während dieser tilgungsfreien Zeit nur die Zinsen gezahlt werden.

Bei unterjähriger Verzinsung besitzen die Zinszahlungen für die Nominalschuld $K_{nom} = 100$ EUR bei einer Laufzeit von l Jahren den Barwert

$$Z'_0 = p \cdot \left(1 + \frac{m-1}{200m} \cdot p'\right) \cdot a'_l. \tag{49}$$

Stellt $\hat{C}$ den Kurs der entsprechenden Annuitätenschuld ohne tilgungsfreie Zeit dar, so kann $\hat{C}$ interpretiert werden als Barwert der Nominalschuld 100 EUR ohne tilgungsfreie Zeit. Da l tilgungsfreie Jahre vorgeschaltet werden, muss C für l Jahre abgezinst werden, was den Barwert

$$\hat{C} \cdot \frac{1}{q'^l} \tag{50}$$

ergibt. Summation von (49) und (50) liefert

$$C = p \cdot \left(1 + \frac{m-1}{200m} \cdot p'\right) \cdot a'_l \quad + \quad \frac{\hat{C}}{q'^l}; \tag{51}$$

$\hat{C}$ = Kurs der entsprechenden Annuitätenschuld ohne tilgungsfreie Zeit.

C = Kurs bei l tilgungsfreien Jahren und unterjähriger Zinszahlung

Beispiel 30: Für eine mit einem nominellen Jahreszinssatz $p = 6\,\%$ ausgestattete Annuitätenschuld ist eine tilgungsfreie Zeit von 8 Jahren vereinbart, in der die laufenden Zinsen gezahlt werden. Der reale Zinssatz sei 6,5 %. Die Schuld sei danach mit 10 gleichen nachschüssigen Annuitäten zu tilgen. Für $K_{nom} = 100$ EUR erhält man die jährliche Annuität

$$A = \frac{100}{a_{10}} = \frac{100 \cdot 0{,}06}{1 - \frac{1}{1{,}06^{10}}} = 13{,}5868 \text{ EUR}.$$

Ohne tilgungsfreie Zeit lautet der Kurs

$$\hat{C} = 100 \cdot \frac{1 - \frac{1}{1{,}065^{10}}}{0{,}065} \cdot \frac{0{,}06}{1 - \frac{1}{1{,}06^{10}}} = 97{,}673168\,\%.$$

Mit $m = 1$ und $l = 8$ erhält man aus (51) den Kurs der gesamten Anleihe

$$C = 6 \cdot \frac{1 - \frac{1}{1{,}065^8}}{0{,}065} + \frac{\hat{C}}{1{,}065^8} = 95{,}54968\,\%.$$

Die tilgungsfreie Zeit hat also eine Kurssenkung zur Folge.

Beispiel 31: Bei einem realen Jahreszinssatz von 7 % erhält jemand ein Darlehen S, das nach 10 tilgungsfreien Jahren in 20 gleichen Jahresannuitäten zurückzuzahlen ist.

a) Je 100 EUR beträgt die Annuität

$$\tilde{A} = \frac{100 \cdot 0{,}07}{1 - \frac{1}{1{,}07^{20}}} = 9{,}439293 \text{ EUR}.$$

b) Nachdem der Schuldner 5 Jahre lang die laufenden Zinsen gezahlt hat, möchte er das Darlehen vorzeitig ablösen. Der reale Zinssatz sei inzwischen auf 6,75 % zurückgegangen.

Den Rückkaufskurs erhält man mit $p = 7$; $l = 5$ (restliche tilgungsfreie Jahre); $n = 20$; $A_{n+1} = 0$ und $q' = 1{,}0675$ aus (39) und (51) als

$$C = 7 \cdot \frac{1 - \frac{1}{1{,}0675^5}}{0{,}0675} + 9{,}439293 \cdot \frac{1 - \frac{1}{1{,}0675^{20}}}{0{,}0675} \cdot \frac{1}{1{,}0675^5} = 102{,}455136\,\%.$$

Für die vorzeitige Ablösung muß der Schuldner 102, 455136 % vom ausgezahlten Kreditbetrag, also mehr als den vor 5 Jahren ausgezahlten Kreditbetrag aufbringen. Der Grund für diese Erhöhung ist die inzwischen eingetretene Zinssenkung.

c) Falls der Effektivzinssatz gleich geblieben wäre, dann würde der Kurs $C = 100\,\%$ betragen, da während der 5 Jahre keine Tilgung erfolgt ist.

6.5.6. Zusammenstellung der Kurse bei Annuitätenschulden

Laufzeit	Verzinsung	Tilgungsaufgeld	Kurs
n (ganzzahlig)	jährlich	0	$C = 100 \cdot \frac{a'_n}{a_n}$ mit $p = p_{nom}$; $p' = p_{real}$
n (ganzzahlig)	jährlich	α %	$C = (100 + \alpha) \cdot \frac{a'_n}{a^*_n}$ mit $p^* = \frac{p}{1 + \frac{\alpha}{100}}$
Annuitäten mit Rest; Für $K_{nom} = 100$ genau n Annuitäten $\tilde{A}^*$. Restannuität im (n + 1)-ten Jahr $\tilde{A}^*_{n+1}$ für $K_{nom} = 100$	jährlich	0	$C = \tilde{A} \cdot a'_n + \frac{\tilde{A}_{n+1}}{q'^{n+1}}$ mit $\tilde{A}_{n+1} = q^{n+1} \cdot [100 - \tilde{A} \cdot a_n]$
	jährlich	α %	$C = \tilde{A}^* \cdot a'_n + \frac{\tilde{A}^*_{n+1}}{q'^{n+1}}$ mit $\tilde{A}^*_{n+1} = q^{*n+1} \cdot [100 + \alpha - \tilde{A}^* \cdot a^*_n]$

m-malige **unterjährige** Annuitätenzahlungen der Höhe $\frac{A}{m}$	① **ohne** Berücksichtigung der Unterjährigkeit der Tilgung $C_f = \left(1 + \frac{(m-1)\cdot p'}{200m}\right)\cdot C$ Zinsberechnung von der Kreditsumme vom Jahresbeginn ② **mit** Berücksichtigung der Unterjährigkeit der Tilgungen $C_u = \frac{1 + \frac{(m-1)\cdot p'}{200m}}{1 + \frac{(m-1)\cdot p}{200m}}\cdot C$ Zinsberechnung von der tatsächlichen Restschuld C = Kurs bei jährlicher Annuität
aufgeschobene Tilgung um l Jahre	$C = p\cdot\left(1 + \frac{(m-1)\cdot p'}{200m}\right)\cdot a'_l + \frac{C_l}{q'^l}$; C_l = Kurs ohne tilgungsfreie Zeit.

6.5.7. BASIC-Programm bei Annuitätenschulden

Mit dem nachfolgenden BASIC-Programm können folgende Größen auch bei unterjähriger Annuitätenzahlung in Abhängigkeit von der tilgungsfreien Zeit l berechnet werden.

① Kurs und Annuität in Abhängigkeit von der Laufzeit n und Aufgeld α; dabei muß n ganzzahlig sein.

② Laufzeit, Kurs und Restannuität bei vorgegebener Jahresannuität $\tilde{A}$ für die nominelle 100 EUR-Anleihe ($K_{nom} = 100$) und vorgegebenem Aufgeld α.

③ Aufgeld für einen Kurs von 100% bei vorgegebener Laufzeit.

④ Realer Jahreszinssatz bei vorgegebenem Kurs C, Laufzeit n und Aufgeld α. Dabei muss die Laufzeit n ganzzahlig sein.
$\alpha = 0$ liefert den Effektivzinssatz, der die Tilgungsaufgelder bereits berücksichtigt.

Beispiel 31: Eine Annuitätenschuld sei mit einem nominellen Jahreszinssatz von p = 6% ausgestattet. Nach 5 tilgungsfreien Jahren soll die Schuld in 10 weiteren Jahren durch vierteljährliche Annuitätenzahlungen getilgt werden, wobei bei der Verzinsung der Nominalschuld die Unterjährigkeit der Tilgung berücksichtigt wird. Der reale Jahreszinssatz sei p' = 7,1%%.

a) Ohne Tilgungsaufgeld liefert das Programm mit l = 5; p = 6; m = 4; $\alpha = 0$; p' = 7,1 und n = 10
vierteljährliche Annuität: 3,321954 EUR für K_{nom} = 100 EUR;
Kurs C: 94,39332%.

b) Das Tilgungsaufgeld für den Begebungskurs C = 100% erhält man als $\alpha = 11{,}28807\%$ mit
vierteljährliche Annuität: 3,599119 EUR für K_{nom} = 100 EUR.

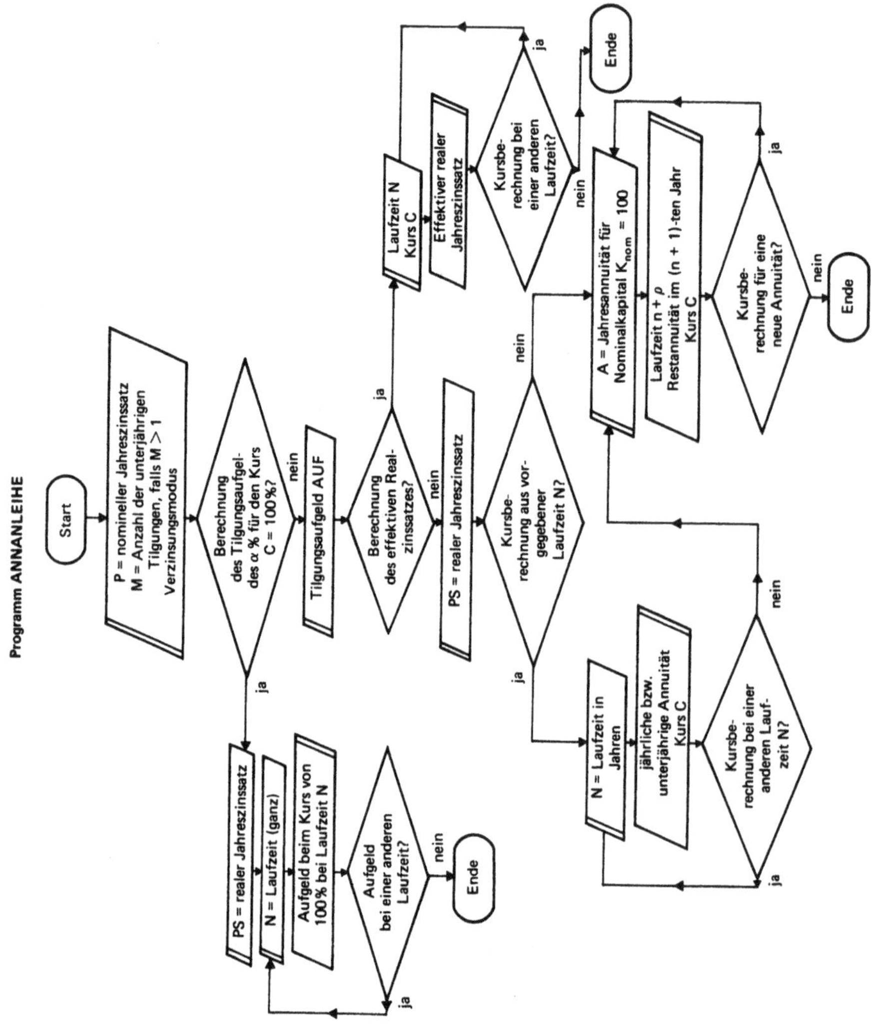
Programm ANNANLEIHE
Start
P = nomineller Jahreszinssatz
M = Anzahl der unterjährigen Tilgungen, falls M > 1
Verzinsungsmodus
Berechnung des Tilgungsaufgeldes α % für den Kurs C = 100 %?
ja
nein
PS = realer Jahreszinssatz
N = Laufzeit (ganz)
Aufgeld beim Kurs von 100 % bei Laufzeit N
Aufgeld bei einer anderen Laufzeit?
ja
nein
Ende
Tilgungsaufgeld AUF
Berechnung des effektiven Realzinssatzes?
ja
nein
Laufzeit N
Kurs C
Effektiver realer Jahreszinssatz
Kursberechnung bei einer anderen Laufzeit?
ja
nein
Ende
PS = realer Jahreszinssatz
Kursberechnung aus vorgegebener Laufzeit N?
ja
nein
N = Laufzeit in Jahren
jährliche bzw. unterjährige Annuität
Kurs C
Kursberechnung bei einer anderen Laufzeit N?
ja
nein
A = Jahresannuität für Nominalkapital K_nom = 100
Laufzeit n + ρ
Restannuität im (n + 1)-ten Jahr
Kurs C
Kursberechnung für eine neue Annuität?
ja
nein
Ende

```
5 REM ANNANLEIHE----------------------PROGRAMM NR VI
10 REM KURS UND EFFEKTIVZINS BEI ANNUITÄTENSCHULDEN
20 PRINT "TILGUNGSFREIE ZEIT IN JAHREN =":INPUT L
30 PRINT "NOMINELLER JAHRESZINSSATZ"
40 INPUT P:M=1
50 PRINT "SIND DIE ANNUITÄTENZAHLUNGEN UNTERJÄHRIG (J=JA) ?"
60 INPUT UNT$:IF UNT$<>"J" THEN GOTO 110
70 PRINT "ANZAHL DER UNTERJÄHRIGEN ANNUITÄTENZAHLUNGEN"
80 INPUT M
90 PRINT "WIRD DIE UNTERJÄHRIGKEIT DER TILGUNG BEI DER VERZINSUNG BERÜCKSICHTIGT
,WIRD ALSO DIE TATSÄCHLICHE UNTERJÄHRIGE RESTSCHULD VERZINST (J=JA)?"
100 INPUT KOR$
110 PRINT "BERECHNUNG DES TILGUNGSAUFGELDES FÜR DEN KURS C=100% (J=JA)?"
120 INPUT AUF$:IF AUF$="J" THEN GOTO 820
130 PRINT "TILGUNGSAUFGELD IN %"
140 INPUT AUF:PST=P/(1+AUF/100):QST=1+PST/100
150 PRINT "BERECHNUNG DER EFFEKTIVVERZINSUNG (J=JA)?"
160 INPUT EF$:IF EF$="J" THEN GOTO 630
170 PRINT "REALER JAHRESZINSSATZ ="
180 INPUT PS
190 REM KURSBERECHNUNG-----------------------------------------------------------
200 PRINT "IST DIE GANZZAHLIGE TILGUNGSZEIT N GEGEBEN (J=JA)?"
210 INPUT LAUF$:IF LAUF$<>"J" THEN GOTO 380
220 REM KURSBERECHNUNG BEI VORGEGEBENER TILGUNGSZEIT N------------------------
230 PRINT "TILGUNGSZEIT N = "
240 INPUT N:IF N=INT(N) THEN GOTO 260
250 PRINT "DIE LAUFZEIT MUSS GANZZAHLIG SEIN !!":GOTO 230
260 GOSUB 1150
270 PRINT:IF M=1 THEN GOTO 300
280 PRINT "FÜR DIE NOMINALSCHULD KNOM= 100 DM MUSS ";M;" MAL DIE UNTERJÄHRIGE AN
NUITÄT"
290 PRINT A/KA:GOTO 320
300 PRINT "FÜR DIE NOMINALSCHULD KNOM= 100 DM MUSS DIE JAHRESANNUITÄT"
310 PRINT A
320 PRINT "GEZAHLT WERDEN":PRINT
330 PRINT "KURS C = ";U;" %":PRINT
340 ENT$="WIA":PRINT
350 PRINT "KURSBERECHNUNG BEI EINER ANDEREN TILGUNGSZEIT (J=JA)?"
360 INPUT ENT$
370 IF ENT$="J" THEN GOTO 220
380 REM KURSBERECHNUNG BEI VORGEGEBENER ANNUITÄT (MIT REST)--------------------
390 PRINT "SOLL DIE LAUFZEIT UND DER KURS AUS EINER VORGEGEBENEN ANNUITÄT BERECH
NET WERDEN (J=JA)?"
400 EA$="WIA":INPUT EA$
410 IF EA$<>"J" THEN END
420 IF M=1 THEN GOTO 470
430 PRINT "WELCHE UNTERJÄHRIGE ANNUITÄT MUSS ";M;" MAL P.A. GEZAHLT WERDEN?"
440 INPUT AU:PST=P/(1+AUF/100)
450 IF KOR$<>"J" THEN KA=M ELSE KA=M+(M-1)*PST/200
460 A=KA*AU:GOTO 490
470 PRINT "JAHRESANNUITÄT EINSCHLIESSLICH  TILGUNGSAUFGELD FÜR DIE NOMINELLE SCH
ULDSUMME KNOM = 100 ="
480 INPUT A
490 NG=-LOG(1-P/A)/LOG(QST)
500 N=INT(NG):PRINT
510 GOSUB 1220
520 PRINT "TILGUNGSZEIT (AUSSCHLIESSLICH EVTL. TILGUNGSFREIER JAHRE) = "
530 PRINT NG;" JAHRE"
540 IF M=1 THEN GOTO 580
550 PRINT "IM ";N+1;" TEN (LETZEN) JAHR SIND ";M;" UNTERJÄHRIGE ANNUITÄTEN "
560 PRINT RA/KA
570 PRINT "PRO KNOM=100 DM ZU ZAHLEN":GOTO 600
580 PRINT "RESTANNUITÄT IN ";N+1;".(LETZTEN) TILGUNGSJAHR FÜR KNOM=100 DM"
590 PRINT RA
600 PRINT "KURS C = ";U;" %":PRINT
610 PRINT "KURSBERECHNUNG BEI EINER ANDEREN ANNUITÄT (J=JA)?"
620 GOTO 400
630 REM BERECHNUNG DER EFFEKTIVVERZINSUNG----------------------------------------
640 PRINT "ANZAHL N DER TILGUNGSJAHRE ="
650 INPUT N:IF N=INT(N) THEN GOTO 670
660 PRINT"DIE LAUFZEIT MUSS GANZZAHLIG SEIN":GOTO 640
670 PRINT "KURS C = ?"
680 INPUT C:PRINT
690 ANST=(1-1/QST^N)/(QST-1)
700 LI=0:PS=P
710 RE=PS
720 GOSUB 1150
```

```
730 IF U<=C THEN GOTO 750
740 PS=PS+P:GOTO 710
750 FOR I=1 TO 50
760 PS=(LI+RE)/2
770 GOSUB 1150
780 IF U<C THEN RE=PS ELSE LI=PS
790 NEXT I
800 PRINT "EFFEKTIVER REALZINSSATZ = ";PS;" %"
810 END
820 REM BERECHNUNG DES TILGUNGSAUFGELDES BEIM KURS C=100%-----------------------
830 PRINT "REALER JAHRESZINSSATZ = "
840 INPUT PS
850 PRINT "ANZAHL N DER TILGUNGSJAHRE"
860 INPUT N:IF N=INT(N) THEN GOTO 880
870 PRINT "DIE  TILGUNGSZEIT MUSS GANZZAHLIG SEIN":GOTO 850
880 LI=0:RE =0:AUF=0:PRINT
890 GOSUB 1150
900 IF U= 100 THEN GOTO 1010
910 IF U<100 THEN GOTO 930
920 AUF=AUF-1:LI=AUF:GOTO 890
930 AUF=0
940 RE=AUF:GOSUB 1150
950 IF U>= 100 THEN GOTO 970
960 AUF=AUF+1:GOTO 940
970 FOR I=1 TO 50
980 AUF=(LI+RE)/2:GOSUB 1150
990 IF U>100 THEN RE=AUF ELSE LI=AUF
1000 NEXT I
1010 PRINT "KURS C = 100 % BEI EINEM TILGUNGSAUFGELD VON "
1020 PRINT AUF;" %"
1030 A=(100+AUF)/ANST:PRINT
1040 IF M=1 THEN GOTO 1080
1050 PRINT M;" UNTERJÄHRIGE ANNUITÄTEN EINSCHLIESSLICH DES TILGUNGSAUFGELDES "
1060 PRINT "FÜR KNOM = 100 DM"
1070 PRINT A/KA:GOTO 1100
1080 PRINT "JAHRESANNUITÄT EINSCHL. TILGUNGSAUFGELD FÜR KNOM=100 DM = "
1090 PRINT A;" DM PRO JAHR"
1100 AS$="WIA"
1110 PRINT "TILGUNGSAUFGELD BEI EINER ANDEREN TILGUNGSZEIT (J=JA)?"
1120 INPUT AS$:IF AS$="J" THEN GOTO 850
1130 END
1140 REM---------------------------------------------UNTERPROGRAMME----------
1150 REM KURSBERECHNUNG BEI GANZZAHLIGER LAUFZEIT N-------------------------
1160 QS=1+PS/100:PST=P/(1+AUF/100):  QST=1+PST/100
1170 ANS=(1-1/QS^N)/(QS-1)
1180 ANST=(1-1/QST^N)/(QST-1)
1190 A=(100+AUF)/ANST:U=A*ANS
1200 GOSUB 1300
1210 RETURN
1220 REM KURS BEI VORGEGEBENER ANNUITÄT-------------------------------------
1230 QS=1+PS/100
1240 ANST=(1-1/QST^N)/(QST-1)
1250 ANS=(1-1/QS^N)/(QS-1)
1260 RA=QST^(N+1)*(100-A*ANST/(1+AUF/100))
1270 U=A*ANS+RA/QS^(N+1)
1280 GOSUB 1300
1290 RETURN
1300 REM ANPASSUNG AN UNTERJÄHRIGKEIT UND TILGUNGSFREIE ZEIT
1310 MULT=1:IF M=1 THEN GOTO 1340
1320 MULT=1+(M-1)*PS/(200*M):U=U*MULT
1330 IF KOR$<>"J" THEN KA=M ELSE KA=M+(M-1)*PST/200
1340 ALS=(1-1/QS^L)/(QS-1)
1350 U=P*MULT*ALS+U/QS^L
1360 RETURN
```

Beispiel 32 (vgl. Beispiel 31): Falls in Beispiel 31 die Unterjährigkeit der Tilgung bei der Verzinsung nicht berücksichtigt wird, also bei der jeweiligen Verzinsung der Restschuld aus dem Jahresbeginn, erhält man entsprechend

a) vierteljährliche Annuität: 3,396698 EUR pro $K_{nom} = 100$ EUR;
Kurs C: 94,39332 %.
Dieser Kurs stimmt mit dem Beispiel 31 überein. Allerdings sind die Annuitäten höher.

b) Tilgungsaufgeld α: 11,28807 %;
vierteljährlichen Annuität: 3,671885 EUR für $K_{nom} = 100$ EUR.

Beispiel 33: Für eine mit dem nominellen Jahreszinssatz von 5,5 % ausgestattete Annuitätenschuld soll während der Tilgungszeit vierteljährlich 2 % von der Ausgangsschuld gezahlt werden. Für das Nominalkapital $K_{nom} = 100$ EUR beträgt die unterjährige Annuität 2 EUR. Der reale Jahreszinssatz sei 7,1 %.

1. Es sei keine tilgungsfreie Zeit vereinbart
   a) Bei korrekter unterjähriger Verzinsung liefert das Programm mit m = 4 und der unterjährigen Annuität 2
   Tilgungszeit: 20,91221 Jahre.
   vierteljährliche Restannuität im 21. Jahr: 1,828559 pro $K_{nom} = 100$ EUR;
   Kurs C: 89,93212 %.
   b) Bei Verzinsung der jeweiligen Restsumme aus dem Jahresbeginn erhält man:
   Tilgungszeit: 21,72464 Jahre;
   vierteljährliche Restannuität im 22. Jahr: 1,459793 EUR pro $K_{nom} = 100$ EUR;
   Kurs C: 89,60703 %.
2. Die Tilgung beginne erst nach 6 tilgungsfreien Jahren. Die tilgungsfreie Zeit hat zwar keinen Einfluss auf die Annuitäten, wohl aber auf den Kurs. Das Programm liefert
   a) C = 86,42172 %;
   b) C = 86,20631 %.

6.6. Umrechnung von allgemeinen Anleihen in Zinsanleihen – die mittlere Laufzeit einer Anleihe

Die Kursformel für eine Zinsanleihe mit 100 % Rückzahlung ist einfacher als die für eine Schuldanleihe, da bei den Zinsanleihen die Tilgung erst am Ende der gesamten Laufzeit erfolgt. Daher ist es manchmal sinnvoll, zu einer allgemeinen Schuldanleihe mit dem Kurs C und der Laufzeit n eine Zinsanleihe zu bestimmen, welche den gleichen Ausgabekurs, den gleichen Nominalzinssatz p und den gleichen Realzinssatz p′ besitzt. Damit eine solche Transformation überhaupt möglich ist, muss die Laufzeit x der Zinsanleihe von der Laufzeit n der Schuldanleihe verschieden sein.

Eine Umrechnung in eine äquivalente Zinsanleihe wird auch dann erforderlich, wenn bei einer laufenden Annuitäten- oder Ratenschuld plötzlich keine Tilgungsleistungen mehr erbracht werden, die anfallenden Zinsen jedoch gezahlt werden. Dann ist es naheliegend, als restliche Laufzeit des Kredits die Laufzeit x der äquivalenten Zinsanleihe zu wählen, an deren Ende die Tilgung bzw. eine weitere Umschuldung erfolgt.

Bei jährlicher Zinszahlung besitzt die Zinsanleihe bei einer 100 %igen Rückzahlung und der (Rest-)Laufzeit x nach (8) den Kurs

$$C = 100 \cdot \left(1 - \frac{p}{p'}\right) \cdot \frac{1}{q'^x} + 100 \cdot \frac{p}{p'}. \tag{52}$$

Die Bestimmung der sog. **mittleren Laufzeit** x erfolgt durch Gleichsetzen der jeweiligen Kurse.

Dabei erhält man nur für $\mathbf{p \neq p'}$ eine Lösung, da im Falle $p = p'$ bei jeder beliebigen Laufzeit x der Kurs C der Zinsanleihe gleich 100% ist.

6.6.1. Jährliche Ratenschuld-Zinsanleihe

Nach (18) beträgt der Kurs einer Ratenschuld bei einer Laufzeit von n Jahren

$$C = 100 \cdot \left[\frac{a'_n}{n} \cdot \left(1 - \frac{p}{p'}\right) + \frac{p}{p'}\right]. \tag{53}$$

Gleichsetzen von (52) und (53) ergibt

$$\left(1 - \frac{p}{p'}\right) \cdot \frac{1}{q'^x} + \frac{p}{p'} = \frac{a'_n}{n} \cdot \left(1 - \frac{p}{p'}\right) + \frac{p}{p'}.$$

Für $p \neq p'$ erhält man hieraus

$$q'^x = \frac{n}{a'_n}. \tag{54}$$

Logarithmieren liefert die mittlere Laufzeit

$$\boxed{x = \frac{\lg\left(\frac{n}{a'_n}\right)}{\lg q'} \quad \text{für } p \neq p'.} \tag{55}$$

x = Laufzeit der zur Ratenschuld äquivalenten (kursgleichen) Zinsanleihe
n = Laufzeit der Ratenschuld

Falls die Ratenschuld mit einem Tilgungsaufgeld von α % ausgestattet ist, lautet der Kursaufschlag nach (24)

$$G'_\alpha = \frac{\alpha}{n} \cdot a'_n.$$

Mit (54) geht dieser Kursaufschlag der Ratenschuld über in

$$G'_\alpha = \alpha \cdot \frac{a'_n}{n} = \frac{\alpha}{q'^x},$$

also in den Kursaufschlag der äquivalenten Zinsanleihe.

Bei jährlicher Tilgung und unterjähriger Verzinsung einer Ratenschuld beträgt der Kursaufschlag nach (19)

$$\Delta = \frac{(m-1) \cdot p}{2m} \cdot \left(1 - \frac{a'_n}{n}\right).$$

Mit (54) erhält man hieraus

$$\Delta = \frac{(m-1) \cdot p}{2m} \cdot \left(1 - \frac{1}{q'^x}\right),$$

was nach (11) gerade den Kursaufschlag einer Zinsanleihe bei unterjähriger Verzinsung darstellt.

Die **mittlere Laufzeit** einer Ratenschuld ist daher von der Anzahl der **unterjährigen Zinszahlungen** und von **Tilgungsaufgeldern unabhängig**. Aus diesem Grund bietet sich folgende Vorgehensweise an: Zu einer Ratenschuld mit jährlicher Zinszahlung und ohne Tilgungsaufgeld wird die mittlere Laufzeit x nach (55) berechnet. Kursaufschläge, die auf Tilgungsaufgelder oder unterjährige Zinszahlungen zurückzuführen sind, werden dann aus der äquivalenten Zinsanleihe mit der Laufzeit x gewonnen. Dabei darf x nicht gerundet werden.

Beispiel 34: Eine Ratenschuld werde jährlich mit 5% verzinst und in 8 gleichen Jahresraten getilgt. Der reale Jahreszinssatz betrage 5,5%.

a) Falls die Rückzahlung zu pari (ohne Aufgeld) erfolgt, erhält man den Ausgabekurs der Ratenschuld aus (18) als

$$C_0 = 100 \cdot \left[\frac{1 - \frac{1}{1{,}055^8}}{8 \cdot 0{,}055} \cdot \left(1 - \frac{5}{5{,}5}\right) + \frac{5}{5{,}5}\right] = 98{,}1075\,\%.$$

Die mittlere Laufzeit ist

$$x = \frac{\lg\left(\frac{8 \cdot 0{,}055}{1 - \frac{1}{1{,}055^8}}\right)}{\lg 1{,}055} = 4{,}3597 \text{ Jahre}.$$

Mit diesem Wert x erhält man aus (8) ebenfalls den Ausgabekurs

$$C = 5 \cdot \frac{1 - \frac{1}{1{,}055^x}}{0{,}055} + \frac{100}{1{,}055^x} = 98{,}1075\,\%.$$

b) Die Tilgungen sollen mit einem Aufgeld von 3% erfolgen. Den zugehörigen Ausgabekurs erhält man auf direktem Weg aus (24) als

$$C = 100 \cdot \left[\frac{1 - \frac{1}{1{,}055^8}}{8 \cdot 0{,}055} \cdot \left(1 + 0{,}03 - \frac{5}{5{,}5}\right) + \frac{5}{5{,}5}\right] = 100{,}4829\,\%.$$

c) Aus der äquivalenten Zinsanleihe mit der Laufzeit x = 4,3597 erhält man den gleichen Kurs

$$C = 5 \cdot \frac{1 - \frac{1}{1{,}055^x}}{0{,}055} + \frac{103}{1{,}055^x} = 100{,}4829\,\%.$$

Beispiel 35: Bei einem realen Jahreszinssatz von 9% nahm jemand vor 5 Jahren einen Ratenkredit über 60000 EUR mit einer Laufzeit von 15 Jahren auf. Die Auszahlung erfolgte zu 100%. Gebühren wurden nicht berechnet. Verzinsung und Tilgung erfolgt jährlich. Inzwischen ist der reale Jahreszinssatz auf 8,5% gefallen.

a) Bei der Restlaufzeit von 10 Jahren erhält man mit

$$a'_{10} = \frac{1 - \frac{1}{1{,}085^{10}}}{0{,}085} \quad \text{den Kurs der Ratenschuld}$$

$$C = 100 \cdot \left[\frac{a'_{10}}{10} \cdot \left(1 - \frac{9}{8{,}5}\right) + \frac{9}{8{,}5}\right] = 102{,}022736\,\%.$$

b) Nach 5 Tilgungsjahren beträgt die Restschuld $S_5 = 40000$ EUR. Durch die Zahlung von

$$\frac{C}{100} \cdot S_5 = 40809{,}09 \text{ EUR}$$

könnte der Restkredit dann vorzeitig abgelöst werden.

c) Der Kreditnehmer erreicht, dass die laufenden Tilgungen ausgesetzt werden. Bis zur Fälligkeit sollen nur die vereinbarten Zinsen von 9% gezahlt werden. Die Laufzeit x dieser äquivalenten Zinsanleihe erhält man aus (55) als

$$x = \frac{\lg\left(\frac{10}{a'_{10}}\right)}{\lg 1{,}085} = 5{,}1653 \text{ Jahre}.$$

Beispiel 36: Bei einem realen Jahreszinssatz von 8,2% sei eine 10-jährige Ratenschuld mit einem nominellen Jahreszinssatz von 7,5% ausgestattet.

a) Bei jährlicher Verzinsung und Tilgung lautet die mittlere Laufzeit nach (55)

$$x = \frac{\lg\left(\frac{10 \cdot 0{,}082}{1 - \frac{1}{1{,}082^{10}}}\right)}{\lg 1{,}082} = 5{,}1766 \text{ Jahre}.$$

b) Bei einer halbjährlichen Verzinsung und jährlichen Tilgung mit 5% Tilgungsaufgeld erhält man über die äquivalente Zinsanleihe den Kurs der Ratenschuld mit

$$\hat{p} = 7{,}5 \cdot \left(1 + \frac{1 \cdot 8{,}2}{400}\right)$$

als

$$C = 100 \cdot \left[\left(1 + 0{,}05 - \frac{\hat{p}}{8{,}2}\right) \cdot \frac{1}{1{,}082^x} + \frac{\hat{p}}{8{,}2}\right] = 101{,}0933\,\%.$$

c) Den Kurs der Ratenschuld aus b) erhält man auch direkt als

$$C = 100 \cdot \left[\frac{1 - \frac{1}{1{,}082^{10}}}{0{,}082 \cdot 10} \cdot \left(1{,}05 - \frac{\hat{p}}{8{,}2} \right) + \frac{\hat{p}}{8{,}2} \right] = 101{,}0933\,\%.$$

Beispiel 37: Eine mit einem nominellen Jahreszinssatz von 6 % ausgestattete Ratenschuld soll nach 4 tilgungsfreien Jahren beginnend am Ende des 5. Jahres in 10 gleichen Tilgungsraten getilgt werden. Der reale Jahreszinssatz betrage 6,5 %.

a) Die mittlere Tilgungszeit lautet bei 10 Tilgungsjahren nach (55)

$$x = \frac{\lg \left(\frac{10 \cdot 0{,}065}{1 - \frac{1}{1{,}065^{10}}} \right)}{\lg 1{,}065} = 5{,}241091 \text{ Jahre}.$$

b) Zusammen mit der tilgungsfreien Zeit erhält man die mittlere Laufzeit

$$y = x + 4 = 9{,}241091 \text{ Jahre}.$$

c) Den Kurs der Ratenschuld erhält man aus (18) als Kurs ohne tilgungsfreie Zeit

$$C_5 = 100 \cdot \left[\frac{1 - \frac{1}{1{,}065^{10}}}{0{,}065 \cdot 10} \cdot \left(1 - \frac{6}{6{,}5} \right) + \frac{6}{6{,}5} \right] = 97{,}837562\,\%;$$

(28) ergibt den Kurs bei vier tilgungsfreien Jahren

$$C = 6 \cdot \frac{1 - \frac{1}{1{,}065^4}}{0{,}065} + \frac{C_5}{1{,}065^4} = 96{,}606187\,\%.$$

d) Der Kurs der äquivalenten Zinsanleihe mit der Laufzeit y = 9,241091 Jahre ist nach (8)

$$C = 100 \cdot \left[\left(1 - \frac{6}{6{,}5} \right) \cdot \frac{1}{1{,}065^y} + \frac{6}{6{,}5} \right] = 96{,}606187\,\%;$$

er stimmt mit dem der Ratenschuld überein und ist einfacher zu berechnen.

Bei tilgungsfreien Zeiten lässt sich der Kurs einer Ratenschuld einfacher über den Kurs der konformen Zinsanleihe berechnen. Dabei muss die mittlere Tilgungszeit x um die tilgungsfreie Zeit l erhöht werden. Mit der nichtgerundeten Gesamtlaufzeit $y = x + l$ muss nur die entsprechende Kursformel für die Zinsanleihe benutzt werden. Dieser Kurs stimmt dann mit dem Kurs der Ratenschuld exakt überein.

6.2.2. Jährliche Annuitätenanleihe - Zinsanleihe

Eine jährliche Annuitätenschuld mit der Laufzeit von n Jahren besitzt den Kurs

$$C = 100 \cdot \frac{a'_n}{a_n}. \qquad (56)$$

Gleichsetzen von (52) und (56) liefert

$$\left(1 - \frac{p}{p'}\right) \cdot \frac{1}{q'^x} + \frac{p}{p'} = \frac{a'_n}{a_n}.$$

Aus

$$\frac{p'-p}{p'} \cdot \frac{1}{q'^x} = \frac{a'_n}{a_n} - \frac{p}{p'} = \frac{p' \cdot a'_n - p \cdot a_n}{p' \cdot a_n}$$

folgt für $p \neq p'$

$$q'^x = \frac{(p'-p) \cdot a_n}{p' \cdot a'_n - p \cdot a_n}.$$

Logarithmieren liefert die **mittlere Laufzeit**

$$\boxed{x = \frac{\lg\left(\dfrac{(p'-p) \cdot a_n}{p' \cdot a'_n - p \cdot a_n}\right)}{\lg q'} = \frac{\lg((p'-p) \cdot a_n) - \lg(p' \cdot a'_n - p \cdot a_n)}{\lg q'} \quad \text{für } p \neq p'.} \qquad (57)$$

x = Laufzeit der zur Annuitätenschuld äquivalenten Zinsanleihe
n = Laufzeit der Annuitätenanleihe

Bemerkung: Falls x aus (57) gerundet wird, entsteht mit den gerundeten Werten nur eine Näherungsformel. Die „mittlere Laufzeit“ bezieht sich lediglich auf die Tilgungszeit. Bei aufgeschobener Tilgung muß x um die tilgungsfreie Zeit erhöht werden.

Beispiel 38: Eine Annuitätenschuld mit dem nominellen Jahreszinssatz von 5,5% ist mit 20 gleichen Annuitäten zu tilgen.

a) Bei einem realen Jahreszinssatz von 6,2% erhält man die Laufzeit der äquivalenten Zinsanleihe (mittlere Laufzeit) aus (57) mit p' = 6,2; q' = 1,062; p = 5,5

$$a_{20} = \frac{1 - \dfrac{1}{1{,}055^{20}}}{0{,}055}; \quad a'_{20} = \frac{1 - \dfrac{1}{1{,}062^{20}}}{0{,}062};$$

x = 11,27 Jahre;
abgerundet x = 11 Jahre.

b) Für x = 11 lautet der Kurswert der Zinsanleihe

$$C = 5{,}5 \cdot \frac{1 - \dfrac{1}{1{,}062^{11}}}{0{,}062} + \frac{100}{1{,}062^{11}} = 94{,}54\,\%.$$

c) Für den Ausgabekurs der Annuitätsanleihe erhält man

$$C = 100 \cdot \frac{a'_{20}}{a_{20}} = 94{,}44\,\%.$$

Die Differenz ist auf die oben vorgenommene Abrundung von x zurückzuführen.

Beispiel 39: Bei einem realen Jahreszinssatz von 6,2% ist eine 15-jahrige Annuitätenanleihe mit einem nominellen Jahreszinssatz von 5% ausgestattet.

a) Bei jährlicher Tilgung und jährlicher Verzinsung erhält man mit

$$a_{15} = \frac{1 - \frac{1}{1{,}05^{15}}}{0{,}05}; \quad a'_{15} = \frac{1 - \frac{1}{1{,}062^{15}}}{0{,}062}$$

aus (57) die „mittlere Laufzeit" x = 8,34768 Jahre.

b) Falls die zugehörige Zinsanleihe mit einem Tilgungsaufgeld von 5% ausgestattet ist, lautet ihr Kurs

$$C = 100 \cdot \left[\left(1{,}05 - \frac{5}{6{,}2}\right) \cdot \frac{1}{1{,}062^x} + \frac{5}{6{,}2}\right] = 95{,}3855\,\%.$$

c) Bei einem Tilgungsaufgeld von 5% lautet der Kurs der Annuitätenschuld mit

$$p^* = \frac{5}{1{,}05}$$

$$\tilde{C} = 105 \cdot \frac{a'_{15}}{a^*_{15}} = 95{,}4228\,\%.$$

Bemerkung: Im Gegensatz zu Tilgungsanleihen haben Tilgungsaufgelder und unterjährige Verzinsungen von Annuitätenanleihen Einfluss auf die (mittlere) Laufzeit x der äquivalenten Zinsanleihe, wie in Beispiel 39b) und c) ersichtlich wird. Die entsprechenden „Rücktransformationen" liefern bei Annuitätenanleihen daher nur Näherungswerte.

6.7. Aufgaben

1) Bei einem realen Jahreszinssatz von 6,75% wird eine Nullkupon-Anleihe mit einer Laufzeit von 20 Jahren ausgegeben.
   a) Berechnen Sie den Ausgabekurs.
   b) Nach 8 Jahren betrage der Realzinssatz 6,25%. Berechnen Sie den Kurs der Anleihe.
   c) Berechnen Sie den Kurs bei einer Restlaufzeit von 3 Jahren und 2 Monaten bei einem realen Jahreszinssatz von 6,2%.

2) Bei einem realen Jahreszinssatz von 6% möchte jemand eine
   a) 20-jährige;
   b) ewige

   jährliche (nachschüssige) Rente über 18 000 EUR erwerben. Welcher Betrag muss dafür gezahlt werden?

c) Nach 10 Jahren soll der restliche Rentenanspruch vorzeitig zurückgezahlt werden. Wie hoch ist der Rückkaufswert bei einem realen Jahreszinssatz von 7,2%?
d) Wie viel Prozent beträgt dieser Wert vom Rückkaufswert ohne Zinssteigerung?

3) Eine mit einem nominellen Jahreszinssatz von 6% ausgestattete Zinsanleihe werde nach 20 Jahren zu pari zurückgezahlt. Gesucht ist der Ausgabekurs bei einem realen Jahreszinssatz von 6,2% bei
a) jährlicher;
b) halbjährlicher
Zinszahlung?
c) Gesucht ist der Ausgabekurs der Anleihe ohne Rückzahlung (ewige Anleihe) bei jährlicher und halbjährlicher Zinszahlung.

4) Eine mit einem nominellen Jahreszinssatz von p = 5,5% ausgestattete Zinsanleihe habe eine Laufzeit von 10 Jahren. Die Zinsen werden halbjährlich gezahlt. Gesucht ist der Kurs C bei einem realen Jahreszinssatz von 6,25%
a) ohne Tilgungsaufgeld;
b) bei 5% Tilgungsaufgeld.
c) Bei welchem Tilgungsaufgeld ist der Begebungskurs genau 100%?

5) Eine Zinsanleihe mit jährlicher Zinszahlung sei mit einem nominellen Jahreszinssatz von 6% ausgestattet.
a) Gesucht ist der Kurs sowie der börsennotierte Nettokurs bei einer Restlaufzeit von 4 Jahren und 5 Monaten, falls der Realzinssatz 6,42% beträgt und die Anleihe am Ende der Laufzeit zu pari zurückgezahlt wird.
b) Bei einer Restlaufzeit von 3 Jahren und 100 Tagen laute der börsennotierte Nettokurs $\check{C}$ = 99,56%. Berechnen Sie hieraus den tatsächlichen Kurs. Dabei werde das Jahr mit 360 Tagen angesetzt.
*c) Berechnen Sie den realen Jahreszinssatz, der für die Kursberechnung in b) zu Grunde gelegt wurde.

6) Eine Ratenschuld sei mit dem nominellen Jahreszinssatz von 7% ausgestattet. Die Laufzeit betrage 10 Jahre. Verzinsung und Tilgung erfolgen jährlich. Der reale Jahreszinssatz betrage 8,12%.
a) Berechnen Sie den Kurs C
   α) ohne Tilgungsaufgeld;
   β) bei 5% Tilgungsaufgeld.
b) Bei welchem Tilgungsaufgeld ist der Kurs genau 100%?
c) Berechnen Sie die in a) gesuchten Größen, falls vor der zehnjährigen Tilgungszeit 5 tilgungsfreie Jahre vereinbart werden. Während dieser tilgungsfreien Zeit werden die anfallenden Zinsen gezahlt.

7) Eine mit einem nominellen Jahreszinssatz von p = 6% ausgestattete Ratenschuld soll innerhalb von 20 Jahren getilgt werden. Der reale Jahreszinssatz sei 8,2%. Berechnen Sie die Kurse für folgende Modelle:

Tilgung	Verzinsung	Aufgeld
a) jährlich	jährlich	0%
b) jährlich	jährlich	5%
c) vierteljährlich	vierteljährlich	0%
d) monatlich	jährlich ohne Berücksichtigung der Unterjährigkeit der Tilgung	0%
e) monatlich	jährlich mit Berücksichtigung der Unterjährigkeit der Tilgung	0%

8) Eine mit einem nominellen Jahreszinssatz von p = 6,5% ausgestattete Ratenschuld habe eine Laufzeit von 10 Jahren. Verzinsung und Tilgung erfolgen jährlich. Der reale Jahreszinssatz sei 6,85%.
   a) Berechnen Sie den Kurs ohne Tilgungsaufgeld.
   b) Wie hoch müsste bei einem Kurs von 100% das Tilgungsaufgeld festgesetzt werden?

9) Eine Annuitätenanleihe mit einer Laufzeit von 20 Jahren sei mit einem nominellen Jahreszinssatz von 6% ausgestattet. Die Tilgung erfolge jährlich.
   a) Gesucht ist der Ausgabekurs bei einem realen Jahreszinssatz von 6,3%.
   b) Ein Schuldner möchte 50000 EUR ausgezahlt erhalten. Welche Nominalschuld muss dafür angesetzt werden? Berechnen Sie die dazugehörige Annuität.
   c) Nach 7 Jahren sei der reale Jahreszinssatz auf 5,6% gefallen. Welcher Betrag muss dann für die vorzeitige Ablösung des Darlehens aus b) aufgewendet werden? Welchem Kurs entspricht dieser Ablösungsbetrag?

10) Eine Annuitätenschuld mit einem nominellen Jahreszinssatz von 5,5% und einer Laufzeit von 10 Jahren wird mit 5% Aufgeld zurückgezahlt. Gesucht ist die jährliche Annuität für die Nominalschuld 100 EUR (einschließlich Tilgungsaufgeld) und der Begebungskurs bei einem realen Jahreszinssatz von 6,2% bei jährlicher Tilgung.

11) Die Annuitätenschuld aus Aufgabe 10 soll nach 5 tilgungsfreien Jahren in 10 Jahren zurückgezahlt werden. Während der tilgungsfreien Zeit werden nur die anfallenden Zinsen gezahlt. Gesucht ist der Begebungskurs.

12) Eine Annuitätenschuld ist mit einem nominellen Jahreszinssatz von 5,5% ausgestattet bei einem realen Jahreszinssatz von 6,4%.
   a) Berechnen Sie den Ausgabekurs bei einer Laufzeit von 10 Jahren bei jährlicher Tilgung.
   *b) Bei welchem Tilgungsaufgeld beträgt der Ausgabekurs 100%?
   c) Berechnen Sie die zu b) gehörige Annuität (einschließlich Tilgungsaufgeld) für die Nominalschuld 100 EUR.

13) Bei einem realen Jahreszinssatz von 6,6% ist eine Annuitätenschuld mit dem nominellen Jahreszinssatz p = 6% ausgestattet. Pro 100 EUR Nominalkapital muss jährlich eine Annuität von 8 EUR gezahlt werden.
   a) Berechnen Sie die Laufzeit.
   b) Berechnen Sie den Kurs der Annuitätenschuld.
   c) Welche Restannuität muss am Ende des letzten Jahres für $K_{nom} = 100$ EUR gezahlt werden?

14) a) Welcher konformen Vierteljahresannuität entspricht die Jahresannuität aus Aufgabe 13?
b) Anstelle der Jahresannuität von 8 EUR verlange die Bank 4 Quartalsannuitäten von jeweils 2 EUR. Bei der Verzinsung am Jahresende werde die Unterjährigkeit der Tilgung jedoch nicht berücksichtigt. Wie hoch müsste bei dieser Tilgung der Kurs sein?

*15) Eine mit dem nominellen Zinssatz von $p = 5\%$ ausgestattete Annuitätenschuld habe die Laufzeit von 20 Jahren. Die Tilgung erfolge monatlich, die Verzinsung jährlich, wobei die Unterjährigkeit der Tilgung bei der Verzinsung berücksichtigt wird. Welcher reale Jahreszinssatz p' ergibt einen Auszahlungskurs von 91%?

16) Eine Annuitätenschuld mit der Laufzeit von 15 Jahren ist mit einem nominellen Jahreszinssatz von 6% ausgestattet. Die Tilgung erfolge jährlich. Der reale Jahreszinssatz betrage 6,75%.
a) Berechnen Sie die mittlere Laufzeit.
b) Berechnen Sie den Kurs der Annuitätenschuld.
c) Berechnen Sie den Kurs der Annuitätenschuld bei einem Tilgungsaufgeld von 5%
α) exakt;
β) näherungsweise über den Kurszuschlag der äquivalenten Zinsanleihe.

17) Eine mit einem nominellen Jahreszinssatz von 5% ausgestattete Ratenschuld ist nach 5 tilgungsfreien Jahren ab dem Ende des 6. Jahres mit 20 gleichen Tilgungsraten zu tilgen. Der reale Jahreszinssatz betrage 6,5%.
a) Berechnen Sie die mittlere Laufzeit.
b) Berechnen Sie den Kurs der Ratenschuld auf direktem Wege.
c) Berechnen Sie den Kurs der äquivalenten Zinsanleihe.

Kapitel 7: Grundbegriffe der Versicherungsmathematik

Bei den bisher behandelten Problemen der laufenden Einzahlungen, Tilgungen und Rentenauszahlungen ist mit Ausnahme der ewigen Rente die Laufzeit entweder fest vorgegeben oder sie konnte aus dem zur Verfügung stehenden Kapital (Kredit, Bar- oder Endwert) berechnet werden. Oft sind jedoch regelmäßige Ein- und Auszahlungen an das Leben der entsprechenden versicherten Personen gebunden. So müssen z. B. Beiträge für eine Lebensversicherung nur eine bestimmte Zeit, höchstens jedoch bis zum Tode der versicherten Person gezahlt werden. Ein anderes Beispiel ist die **Leibrente**, z. B. eine Altersversorgungsrente, die nur bis zum Tod des Empfängers gezahlt wird. Die Laufzeit N ist in diesen Fällen keine konstante (deterministische) Größe. Sie hängt von der Lebensdauer und somit in gewisser Weise „vom Zufall" ab. Finanzmathematische Probleme mit zufälliger Laufzeit (Lebensdauer) werden in der Versicherungsmathematik ausführlich behandelt. Grundlagen dafür sind die Sterbetafeln und mittlere Lebensdauer (Lebenswerwartungen). Zur Berechnung werden Methoden aus der Wahrscheinlichkeitsrechnung und der mathematischen Statistik benutzt. Auf die gesamte Problematik soll hier nur kurz eingegangen werden. Eine ausführlichere Darstellung ist in der Fachliteratur der Versicherungsmathematik zu finden.

7.1. Die Sterbetafeln

In **Sterbetafeln** wird für Frauen und Männer getrennt zusammengestellt, wie viel der Lebendgeborenen das Alter x erreichen, für $x = 1, 2, \ldots$ In solchen **Absterbeordnungen** werden die entsprechenden Häufigkeiten i. a. auf 100000 normiert (umgerechnet). Die Sterbetafeln werden z. B. in den Statistischen Jahrbüchern für die Bundesrepublik Deutschland veröffentlicht. Die Neueste stammt z. Zt. aus den Jahren 1981/83. In abgekürzter Form ist sie in Wirtschaft und Statistik 12, 1984, S. 472–474 veröffentlicht. Diese Tafel ist im Anhang zu finden.

Üblicherweise werden folgende **Bezeichnungen** benutzt:

x = Alter = Anzahl der vollendeten Jahre (abgerundeter Wert).

l_x = Anzahl der Personen des Alters x, (Anzahl derjenigen Personen, die mindestens x Jahre alt geworden sind).

$d_x = l_x - l_{x+1}$ = Anzahl derjenigen Personen, die zwischen dem Alter x und $x + 1$ sterben.

$d_{x+n} = l_{x+n} - l_{x+1+n}$ = Anzahl derjenigen x-jährigen, die zwischen dem Alter $x + n$ und $x + n + 1$ sterben.

Wir betrachten eine zufällig ausgewählte Person, die heute x Jahre alt ist. Die Zufallsvariable R_x beschreibe die restliche Lebensdauer dieser x-jährigen Person. $x + R_x$ stellt dann die gesamte Lebensdauer dar. g_{x+n} sei die **Wahrscheinlichkeit** dafür, dass diese x-jährige Person noch mindestens n Jahre lang lebt, insgesamt also mindestens $x + n$ Jahre alt wird, also

$$g_{x+n} = P(R_x \geqq n) \quad \text{für } n = 1, 2, \ldots \tag{1}$$

p_{x+n} sei die Wahrscheinlichkeit dafür, dass diese Person noch n, aber nicht mehr $n + 1$ Jahre lebt, also zwischen dem n-ten und $(n + 1)$-ten Jahr stirbt. Aus (1) folgt

$$p_{x+n} = P(\hat{R}_x = n) = P(R_x \geqq n) - P(R_x \geqq n+1) = g_{x+n} - g_{x+n+1}\,. \tag{2}$$

$\hat{R}_x$ stellt also das abgerundete Restlebensalter dar. Bei den Wahrscheinlichkeiten g_{x+n} und p_{x+n} handelt es sich um sog. **bedingte Wahrscheinlichkeiten**. Es sind Wahrscheinlichkeiten unter der Bedingung, dass eine zufällig ausgewählte Person mindestens x Jahre alt wird. Die Grundgesamtheit besteht aus den x-jährigen Personen.

Wir nehmen an, dass M Personen mit dem fest vorgegebenen Alter x zufällig ausgewählt werden, wobei M groß ist. Die Anzahl derjenigen Personen davon, die mindestens x + n Jahre alt werden, ist die **absolute** Häufigkeit $h(x+n)$ und $r(x+n) = \dfrac{h(x+n)}{M}$ die **relative Häufigkeit**. $100 \cdot r(x+n)$ stellt den prozentualen Anteil dar.

Nach dem **Gesetz der großen Zahlen** schwankt die relative Häufigkeit um die entsprechende Wahrscheinlichkeit, wobei die Schwankungsbreite i. a. mit wachsendem n abnimmt. Ungefähr $M \cdot g_{x+n}$ der ausgewählten Personen werden also noch mindestens n Jahre lang leben.

Damit können die unbekannten Wahrscheinlichkeiten (1) und (2) aus den entsprechenden Werten der Sterbetafel geschätzt werden.

Wahrscheinlichkeit dafür, dass eine x-jährige Person noch mindestens n Jahre lebt:

$$g_{x+n} = P(R_x \geqq n) \approx \frac{l_{x+n}}{l_x} \quad \text{(relative Häufigkeit).} \tag{3}$$

Wahrscheinlichkeit dafür, dass eine x-jährige Person noch genau n Jahre lebt (abgerundeter Wert!):

$$p_{x+n} = P(\hat{R}_x = n) = g_{x+n} - g_{x+n+1} \approx \frac{d_{x+n}}{l_x} = \frac{l_{x+n} - l_{x+n+1}}{l_x}$$

(relative Häufigkeit).

Die (zunächst) unbekannten Wahrscheinlichkeiten werden also durch die entsprechenden relativen Häufigkeiten aus der Sterbetafel geschätzt. Weil die betrachtete Grundgesamtheit groß ist, kann davon ausgegangen werden, dass die entsprechenden Schätzwerte sehr gut sind. Wegen des medizinischen Fortschritts werden sich diese Wahrscheinlichkeiten jedoch im Laufe der Zeit ändern. Aus diesem Grund müssen die Sterbetafeln laufend aktualisiert werden.

Beispiel 1: Aus der Sterbetafel im Anhang erhält man folgende Werte: Wahrscheinlichkeit, dass ein 50jähriger Mann noch mindestens ein Jahr lebt

$$g_{50} \approx 0{,}99275501\,.$$

Wahrscheinlichkeit, dass eine 70jährige Frau noch mindestens 5 Jahre lebt

$$g_{70+5} \approx \frac{l_{75}}{l_{70}} = \frac{68146}{78976} = 0{,}862870\,.$$

Wahrscheinlichkeit, dass ein 85jähriger Mann noch genau 2 Jahre lebt

$$p_{85+2} \approx \frac{l_{85} - l_{87}}{l_{85}} = \frac{14002 - 9529}{14002} = 0{,}319454\,.$$

7.2. Die Lebenserwartung (mittlere Lebensdauer)

Der Erwartungswert der restlichen Lebensdauer einer x-jährigen Person berechnet sich nach der Formel

$$\underbrace{E(R_x)}_{\text{exakt}} = \underbrace{E(\hat{R}_x)}_{\text{abgerundet}} + 1/2 = \sum_{k=0}^{\infty} k \cdot p_{x+k} + 1/2.$$

Dass in dieser Formel 1/2 addiert wird, ist darauf zurückzuführen, dass diejenigen Personen die zwischen dem n-ten und dem (n + 1)-ten Jahr sterben, im Mittel n + 1/2 Jahre lang leben.

Mit (2) folgt hieraus nach den Regeln der Erwartungswertbildung

$$\begin{aligned} E(\hat{R}_x) &= p_{x+1} + 2p_{x+2} + 3p_{x+3} + \dots \\ &= (g_{x+1} - g_{x+2}) + 2 \cdot (g_{x+2} - g_{x+3}) + 3 \cdot (g_{x+3} - g_{x+4}) + 4 \cdot (g_{x+4} - g_{x+5}) \\ &\quad + \dots\dots\dots \\ &= g_{x+1} + g_{x+2} + g_{x+3} + \dots = \sum_{k=1}^{\infty} g_{x+k}. \end{aligned}$$

Damit gilt

$$E(R_x) = \sum_{k=1}^{\infty} g_{x+k} + 1/2. \tag{4}$$

Mit der Approximation (3) erhält man die Näherung

$$\boxed{\begin{aligned} E(R_x) \approx \frac{l_{x+1} + l_{x+2} + l_{x+3} + \dots}{l_x} + 1/2 &= \frac{l_x + l_{x+1} + l_{x+2} + \dots}{l_x} - 1/2 \\ &= \frac{\sum_{k=0}^{\infty} l_{x+k}}{l_x} - 1/2. \end{aligned}} \tag{5}$$

Erwartungswert der restlichen Lebensdauer (mittlere Restlebensdauer) einer x-jährigen Person.

Die Formel (5) lässt folgende Interpretation zu:

Falls viele Personen mit dem gleichen Alter x aus der entsprechenden Grundgesamtheit (Männer oder Frauen) ausgewählt werden, wird ihre durchschnittliche Restlebensdauer noch ungefähr gleich

$$\frac{\sum_{k=0}^{\infty} l_{x+k}}{l_x} - 1/2 \quad \text{sein.}$$

In Abhängigkeit von x ist diese restliche Lebenserwartung ebenfalls in den Sterbetafeln aufgeführt. Sie erhöht sich im Laufe der Zeit und ist prinzipiell bei Frauen größer als bei Männern. Für x = 0 erhält man die durchschnittliche Gesamtlebensdauer aller Lebendgeborenen in der entsprechenden Grundgesamtheit. Die gesamte mittlere Lebensdauer der x-jährigen Personen $x + E(R_x)$ wird mit wachsendem x größer. Diese Eigenschaft ist auch plausibel, da die Information vorliegt, dass die entsprechenden Personen mindestens das Alter x erreichen und somit nicht zu denjenigen gehören können, die vorher sterben.

$E(R_x)$ und $x + E(R_x)$ stellen sog. **bedingte** Erwartungswerte dar unter der Bedingung, dass die entsprechende Person mindestens x Jahre alt wird.

Beispiel 2: Für $x = 0$ erhält man die
durchschnittliche Lebenserwartung der Männer $\approx$ 70,46 Jahre;
durchschnittliche Lebenserwartung der Frauen $\approx$ 77,09 Jahre.
50-jährige Männer haben noch eine durchschnittliche Restlebenserwartung von 24,41 Jahren und 50-jährige Frauen eine von 29,65 Jahren. Die restliche Lebenserwartung beträgt bei 80-jährigen Männern noch 5,73 Jahre und bei 80-jährigen Frauen 7,03 Jahre (Sterbetafel 1981/83).

7.3. Leibrenten

Leibrenten sind regelmäßige Zahlungen an einen Versicherten, die von einem bestimmten Alter an bis zu dessen Tod gezahlt werden.

Eine x-jährige Person erhalte bis zu ihrem Tod in den Jahren $x + k$ den Rentenbetrag r ausbezahlt für $k = 1, 2, \ldots$

Die Anzahl der Rentenzahlungen wird durch eine **Zufallsvariable** beschrieben, deren bedingte Wahrscheinlichkeiten aus den Sterbewahrscheinlichkeiten p_{x+k}, $k = 0, 1, \ldots$ berechnet werden können. Allerdings muß dabei unterschieden werden zwischen nach- und vorschüssigen Rentenzahlungen.

7.3.1. Nachschüssige lebenslängliche Leibrenten

Falls eine x-jährige Person am Ende des $(x + k)$-ten Lebensjahres noch am Leben ist, soll sie die Jahresrente r ausgezahlt bekommen für $k = 1, 2, \ldots$

Die Zufallsvariable, welche die Anzahl der Rentenauszahlungen beschreibt, bezeichnen wir mit X. Sie kann die Werte 0, 1, 2, ... annehmen. Für die einzelnen Wahrscheinlichkeiten gilt nach (3)

$$P(X = k) = p_{x+k} \approx \frac{l_{x+k} - l_{x+k+1}}{l_x}, \quad k = 0, 1, 2, \ldots \tag{6}$$

Die mittlere Anzahl der Rentenzahlungen wird beschrieben durch den Erwartungswert

$$\boxed{E(X) = \sum_{k=1}^{\infty} k p_{x+k} = E(\hat{R}_x) \approx \frac{1}{l_x} \cdot \sum_{k=1}^{\infty} l_{x+k}.} \tag{7}$$

Mittlere Anzahl nachschüssiger Rentenzahlungen einer x-jährigen Person

Die Zufallsvariable Y beschreibe die gesamte Rente, die bis zum Tod ausgezahlt wird. Falls X den Wert k annimmt, wird der gesamte Rentenbetrag $k \cdot r$ ausgezahlt. Die Wahrscheinlichkeit für diese Auszahlung ist p_{x+k}. Die **mittlere Gesamtrente** wird beschrieben durch den

Erwartungswert

$$E(Y) = \sum_{k=1}^{\infty} r \cdot k \cdot p_{x+k} = r \cdot E(X) \approx r \cdot \frac{1}{l_x} \cdot \sum_{k=1}^{\infty} l_{x+k}. \tag{8}$$

Erwartungswert der Gesamtrente einer x-jährigen Person

Falls der Rentenempfänger noch genau $x + k$ ganze Jahre lebt, erhält er für k Jahre die jeweilige Rente r ausgezahlt. Diese Rente bis zur Laufzeit k besitzt den Barwert

$$b_k = \frac{r}{q} + \frac{r}{q^2} + \frac{r}{q^3} + \ldots + \frac{r}{q^k} = r \cdot \frac{1 - \frac{1}{q^k}}{q-1}. \tag{9}$$

Bei einem Versicherungsfall wird dieser Barwert mit der Wahrscheinlichkeit p_{x+k} realisiert. Die Zufallsvariable R_0, welche den Rentenbarwert eines Versicherten beschreibt, nimmt also die Werte b_k mit den Wahrscheinlichkeiten p_{x+k} an. Sie besitzt den Erwartungswert

$$E(R_0) = \sum_{k=1}^{\infty} b_k \cdot p_{x+k} \approx \sum_{k=1}^{\infty} b_k \cdot \frac{l_{x+k} - l_{x+k+1}}{l_x}.$$

Aus (9) folgt

$$\begin{aligned}
\sum_{k=1}^{\infty} b_k \cdot \frac{l_{x+k} - l_{x+k+1}}{l_x} &= \frac{r}{l_x} \cdot \sum_{k=1}^{\infty} \frac{\left(1 - \frac{1}{q^k}\right)}{q-1} \cdot (l_{x+k} - l_{x+k+1}) \\
&= \frac{r}{l_x} \cdot \left[\frac{1}{q-1} \cdot \underbrace{\sum_{k=1}^{\infty} (l_{x+k} - l_{x+k+1})}_{= l_{x+1}} - \frac{1}{q-1} \cdot \sum_{k=1}^{\infty} \frac{l_{x+k}}{q^k} + \frac{1}{q-1} \cdot \sum_{k=1}^{\infty} \frac{l_{x+k+1}}{q^k}\right] \\
&= \frac{r}{l_x} \cdot \left[\frac{l_{x+1}}{q-1} - \frac{1}{q-1} \cdot \sum_{k=1}^{\infty} \frac{l_{x+k}}{q^k} + \frac{q}{q-1} \cdot \sum_{k=1}^{\infty} \frac{l_{x+k+1}}{q^{k+1}}\right] \\
&= \frac{r}{l_x} \cdot \left[\frac{l_{x+1}}{q-1} - \frac{1}{q-1} \cdot \sum_{k=1}^{\infty} \frac{l_{x+k}}{q^k} + \frac{q}{q-1} \cdot \left(\sum_{k=1}^{\infty} \frac{l_{x+k}}{q^k} - \frac{l_{x+1}}{q}\right)\right] \\
&= \frac{r}{l_x} \cdot \left[\frac{l_{x+1}}{q-1} + \sum_{k=1}^{\infty} \frac{l_{x+k}}{q^k} \cdot \underbrace{\left(\frac{q}{q-1} - \frac{1}{q-1}\right)}_{=1} - \frac{l_{x+1}}{q-1}\right] \\
&= \frac{r}{l_x} \cdot \sum_{k=1}^{\infty} \frac{l_{x+k}}{q^k}.
\end{aligned}$$

Damit gilt

$$E(R_0) \approx \frac{r}{l_x} \cdot \sum_{k=1}^{\infty} \frac{l_{x+k}}{q^k}. \tag{10}$$

mittlerer Rentenbarwert (Erwartungswert) der nachschüssig zu zahlenden jährlichen Leibrente der Höhe r einer x-jährigen Person

Diese Formel ist gleichwertig mit

$$\boxed{E(R_0) \cdot \frac{l_x}{q^x} \approx r \cdot \sum_{k=1}^{\infty} \frac{l_{x+k}}{q^{x+k}}.} \tag{10'}$$

Interpretation: Der durchschnittliche Rentenbarwert vieler nachschüssiger Jahresleibrenten mit dem Betrag r bei vielen Personen des festen Alters x liegt in der Nähe dieses Erwartungswertes $E(R_0)$.

Damit eine Versicherungsgesellschaft auf Dauer keinen Verlust erleidet, muss sie mindestens diesen mittleren Rentenbarwert in Abhängigkeit vom Alter x als einmaligen Beitrag erheben.

7.3.2. Vorschüssige lebenslängliche Leibrenten

Bei vorschüssigen Jahresrenten der Höhe r′ beginnend mit dem Alter x wird die erste Rente bei x-jährigen auf jeden Fall gezahlt.

Mit den Zufallsvariablen

X' = Anzahl der vorschüssigen Rentenzahlungen
Y' = gesamte vorschüssige Rente
R_0' = Barwert der vorschüssigen Rente

erhält man aus (7)–(8) unmittelbar

$$\boxed{\begin{aligned} E(X') &= 1 + E(X) \approx \frac{1}{l_x} \cdot \sum_{k=0}^{\infty} l_{x+k}; \\ E(Y') &= r + E(Y) \approx r' \cdot \frac{1}{l_x} \sum_{k=0}^{\infty} l_{x+k}. \end{aligned}} \tag{11}$$

$E(X')$ = mittlere Anzahl vorschüssiger Rentenzahlungen
$E(Y')$ = mittlere gesamte vorschüssige Rente einer x-jährigen Person

Falls der Rentenempfänger noch k Jahre lebt, lautet der vorschüssige Barwert

$$b_k' = r' + b_k.$$

Mit (10) erhält man den Erwartungswert des vorschüssigen Barwerts R_0' als

$$E(R_0') \approx r' + \frac{r'}{l_x} \cdot \sum_{k=1}^{\infty} \frac{l_{x+k}}{q^k} = \frac{r'}{l_x} \cdot \sum_{k=0}^{\infty} \frac{l_{x+k}}{q^k}.$$

Hieraus folgt

$$E(R_0') \cdot \frac{l_x}{q^x} \approx r' \cdot \sum_{k=0}^{\infty} \frac{l_{x+k}}{q^{x+k}}.$$

Damit gilt

$$E(R_0') \approx r' \cdot \sum_{k=0}^{\infty} \frac{l_{x+k}}{q^{x+k}} = \frac{r' \cdot N_x}{D_x}$$

mit (12)

$$D_{x+k} = \frac{l_{x+k}}{q^{x+k}} \qquad N_x = \sum_{k=0}^{\infty} D_{x+k}.$$

mittlerer Rentenendwert bei vorschüssiger Jahresleibrente r′ bei x-jährigen Personen

Die Werte D_x und N_x sind in Abhängigkeit vom Faktor q tabelliert. Falls die Berechnungen mit einem Computer vorgenommen werden, genügt die Speicherung der Werte l_{x+k} für $k = 0, 1, \ldots$.

7.4. Lebensversicherungen

Bei Lebensversicherungen wird im Todesfall die Versicherungssumme T ausgezahlt. Daneben kann vereinbart werden, dass beim Erreichen eines bestimmten Alters ein Betrag L ausgezahlt wird. Bei reinen **Risikoversicherungen (Ablebensversicherungen)** ist $L = 0$, bei Versicherungen auf den Erlebensfall i. A. $L = T$. Im Falle $T = 0$ und $L \neq 0$ erfolgt eine Rückzahlung nur im Erlebensfall **(Erlebensversicherung)**. Die Einzahlungen können einmalig oder in gleichbleibenden Raten erfolgen.

		Auszahlungen im Todesfall: 0	Auszahlungen im Todesfall: T
Auszahlungen im Erlebensfall	0	entfällt (keine Versicherung)	reine Risikolebensversicherung (Ablebensversicherung)
	L	Versicherung auf den Erlebensfall (Erlebensversicherung)	Risiko- + Erlebensversicherung

7.4.1. Einmalige Prämienzahlung

Ein Versicherter bezahle im Alter x eine einmalige Prämie P. Stirbt er innerhalb der nächsten n Jahre, so muss die Versicherung an die Hinterbliebenen den Betrag T auszahlen. Überlebt der Versicherte die nächsten n Jahre, so erhält er den Betrag L ausgezahlt. Die Auszahlungen sollen jeweils zum Ende des betreffenden Jahres erfolgen.

Jahr	x	$x+1$	$x+2$	$x+3$	…	$x+n-1$	$x+n$	→ Alter
Auszahlungen im Todesfall		T	T	T		T	T	
Wahrscheinlichkeit		p_x	p_{x+1}	p_{x+2}		p_{x+n-2}	p_{x+n-1}	

Im Erlebensfall wird der Betrag L ausgezahlt. Die Wahrscheinlichkeit dafür ist g_{x+n}.

Für den Erwartungswert des Barwertes zum Alter x erhält man

$$E(B_0) = \frac{T}{q} \cdot p_x + \frac{T}{q^2} \cdot p_{x+1} + \frac{T}{q^3} \cdot p_{x+2} + \ldots + \frac{T}{q^n} \cdot p_{x+n-1} + \frac{L}{q^n} \cdot g_{x+n}.$$

Mit (3) folgt hieraus

$$\boxed{E(B_0) \approx \frac{T}{l_x} \cdot \left[\frac{d_x}{q} + \frac{d_{x+1}}{q^2} + \frac{d_{x+2}}{q^3} + \ldots + \frac{d_{x+n-1}}{q^n}\right] + \frac{L}{l_x} \cdot \frac{l_{x+n}}{q^n}.} \qquad (13)$$

mittlerer Barwert (Erwartungswert) der Versicherungsleistungen für einen x-jährigen
n = Versicherungslaufzeit

Dieser Erwartungswert könnte als Prämie festgesetzt werden. Im Falle $P = E(B_0)$ wird der mittlere Barwert (Durchschnittswert) vieler solcher Versicherungen ungefähr mit der Prämie übereinstimmen. Die Unkosten der Versicherungsgesellschaft und deren angesetzter mittlerer Gewinn müssen noch berücksichtigt werden.

Spezialfälle:

Die unbefristete Todesfallversicherung

Im Falle $n = \infty$ wird nur im Todesfall der Betrag T ausgezahlt. Dann erhält man aus (13)

$$\boxed{E(B_0) \approx \frac{T}{l_x} \cdot \sum_{k=0}^{\infty} \frac{d_{x+k}}{q^{k+1}}.} \qquad (14)$$

Die befristete Todesfallversicherung

Für $L = 0$ wird nur während n Jahren im Todesfall der Betrag T ausgezahlt. Dann gilt

$$\boxed{E(B_0) \approx \frac{T}{l_x} \cdot \left[\frac{d_x}{q} + \frac{d_{x+1}}{q^2} + \ldots + \frac{d_{x+n-1}}{q^n}\right].} \qquad (15)$$

Die reine Erlebensversicherung

Mit $T = 0$ wird der Betrag L ausgezahlt, falls die versicherte Person noch mindestens n Jahre lebt. Dieser Betrag könnte auch als mittlerer Barwert für eine Leibrente vom (x + n)-ten Lebensjahr an benutzt werden.

Damit gilt

$$\boxed{E(B_0) \approx \frac{L}{l_x} \cdot \frac{l_{x+n}}{q^n}.} \qquad (16)$$

7.4.2. Jährliche befristete Prämienzahlungen

Um die in 7.4.1. beschriebenen Versicherungsleistungen zu erhalten, soll ein x-jähriger Versicherter m mal, jedoch höchstens bis zu seinem Tod die vorschüssige Jahresprämie P_m zahlen. Dabei sei m < n vorausgesetzt.

Diese Zahlungen können als **zeitlich begrenzte** vorschüssige Leibrente aufgefasst werden, mit dem mittleren Barwert

$$E(B_{P_m}) \approx \frac{P_m}{l_x} \cdot \sum_{k=0}^{m-1} \frac{l_{x+k}}{q^k}. \qquad (17)$$

Barwert von höchstens m vorschüssigen Jahresprämien P_m.

Gleichsetzen dieses mittleren Prämienbarwerts aus (17) mit dem mittleren Barwert aller Versicherungsleistungen aus (13) liefert die minimale Jahresprämie P_m.

Lösungen der Aufgaben

Abschnitt 2.8

1) a) Jährlicher Abschreibungsbetrag d = 3000 EUR.
R_5 = 35000 EUR.

b) $50000 \cdot q^{10} = 20000$; q = 0,912444; jährliche Abschreibung p = 8,755646%.
$R_5 = 50000 \cdot q^5 = 31622{,}78$ EUR.

2) a = Abschreibungsbetrag im 1. Jahr.
Bedingung: $2750 < a < 5500$.

a) Keine arithmetisch-degressive Abschreibung möglich.

b) Eine arithmetisch-degressive Abschreibung ist möglich.

c) a = 3000; Abschreibungsgefälle d = 71,43 EUR.
Abschreibung im n-ten Jahr
$a_n = a - (n-1) \cdot d = 3000 - 71{,}43 \cdot (n-1)$, $n = 1, 2, \ldots, 8$.

Jahr	Abschreibung	Restwert
1	3000	19000
2	2928,57	16071,43
3	2857,14	13214,29
4	2785,71	10428,58
5	2714,28	7714,30
6	2642,85	5071,45
7	2571,42	2500,03
8	2499,99	0,04 (Rundungsfehler).

3) $d = \dfrac{2 \cdot (19000 - 1000)}{9 \cdot 10} = 400$ EUR; $a_1 = 3600$ EUR.

Jahr	Abschreibung	Restwert
1	3600	15400
2	3200	12200
3	2800	9400
4	2400	7000
5	2000	5000
6	1600	3400
7	1200	2200
8	800	1400
9	400	1000

4) $A \cdot 0{,}89^n \leqq 0{,}1 \cdot A$; $n \geqq \dfrac{\lg 0{,}1}{\lg 0{,}89} = 19{,}76$; n = 20 (aufgerundet).

5) $15000 \cdot \left(1 - \dfrac{p}{100}\right)^{20} = 20000$; p = 9,583657%.

6) Restwert nach 9 Jahren: $R_9 = 200000 \cdot 0{,}9^9 = 77484{,}10$ EUR.
Abschreibung im 10. Jahr: $0{,}1 \cdot R_9 = 7748{,}41$ EUR.
Restwert nach 10 Jahren: $R_{10} = 69735{,}69$ EUR.

Digitale Abschreibung: $d = \frac{2 \cdot 69735{,}69}{2 \cdot 6 \cdot 7} = 1660{,}37$ EUR.

Lineare Abschreibung: $d = 1743{,}39$ EUR.

Jahr	Abschreibung	Restwert
10	7748,41	69735,69
11	6d = 9962,24	59773,45
12	5d = 8301,87	51471,58
13	4d = 6641,49	44830,09
14	3d = 4981,12	39848,97
15	2d = 3320,75	36528,22
16	d = 1660,37	34867,85
17	1743,39	33124,46
18	1743,39	31381,07
19	1743,39	29637,68
20	1743,39	27894,29

7) Dauer der geometrisch degressiven Abschreibung = m Jahre; gesamte Abschreibungszeit N = 20 Jahre.

a) $m > 20 - \frac{100}{9} = 8{,}89 \Rightarrow m = 9$ (minimal).

b) Abschreibung im 9. Jahr: $500000 \cdot 0{,}91^8 \cdot 0{,}09 = 21161{,}36$ EUR.
Restwert nach 9 Jahren: $R_9 = 500000 \cdot 0{,}91^9 = 213964{,}90$ EUR.

c) $d = \frac{R_9}{11} = 19451{,}36$ EUR.

8) $a_{10} = d = 2500$ EUR;

$$A = \sum_{k=1}^{10} a_k = d \cdot (1 + 2 + \ldots + 10) = \frac{2500 \cdot 10 \cdot 11}{2} = 137500 \text{ EUR.}$$

Abschnitt 3.6

1) a) 122500 EUR; b) 124618,19 EUR; c) 125075,05 EUR; d) 125232,27 EUR.
e) in c) $p_{eff} = 4{,}576509\,\%$; in d) $p_{eff} = 4{,}602786\,\%$.

2) 27957 EUR.

3) a) $K_{14} = 25000 \cdot 1{,}05^5 \cdot 1{,}06^5 \cdot 1{,}07^4 = 55969{,}44$ EUR.

b) $25000 \cdot \left(1 + \frac{p'}{100}\right)^{14} = 55969{,}44$; $p' = 5{,}925563\,\%$.

4) $K_{30} = 3 \cdot K_0$;

a) $\left(1 + \frac{p}{100}\right)^{30} = 3$; $p = 3{,}729920\,\%$;

b) $\left(1 + \frac{p}{100 \cdot 3}\right)^{90} = 3$; $p = 3{,}684483\,\%$;

c) $e^{\frac{30 \cdot p}{100}} = 3$; $p = \frac{100}{30} \cdot \ln 3 = 3{,}662041\,\%$.

5) a) $1{,}052^n = 1{,}5$; $n = \dfrac{\lg 1{,}5}{\lg 1{,}052} = 7{,}999$ Jahre.

b) $1{,}026^{2n} = 1{,}5$; $n = 7{,}898$ Jahre.

c) $e^{\frac{5{,}2 \cdot t}{100}} = 1{,}5$; $t = \dfrac{100}{5{,}2} \cdot \ln 1{,}5 = 7{,}797$ Jahre.

6) $K_0 = \dfrac{100}{\left(1 + \dfrac{p}{100}\right)^{15}} = 38{,}88$; $p = 6{,}500484\,\%$.

7) a) $K_0 = \dfrac{100}{1{,}08^{25}} = 14{,}60$ EUR.

b) Restliche Laufzeit $n = 15$;

$K_{15} = \dfrac{100}{1{,}06^{15}} = 41{,}73$ EUR.

c) $14{,}60 \cdot \left(1 + \dfrac{p}{100}\right)^{10} = 41{,}73$; $p = 11{,}0733\,\%$.

8) a) 154846,01 EUR; b) 148890,39 EUR.

9) a) 2991,69 EUR; b) 3141,27 EUR.

10) a) $n \geqq \dfrac{\lg\left(1 + \dfrac{0{,}06 \cdot 60000}{6000 \cdot 1{,}06}\right)}{\lg 1{,}06} = 7{,}698$; $n = 8$ Jahre (aufgerundet).

$K_8 = 62947{,}90$ EUR.

b) $n \geqq \dfrac{\lg\left(1 + \dfrac{0{,}06 \cdot 60000}{6000}\right)}{\lg 1{,}06} = 8{,}066$; $n = 9$ Jahre (aufgerundet).

$K_9 = 68947{,}90$ EUR.

11) $E = \dfrac{10000 \cdot 0{,}05}{1{,}05^8 - 1} \cdot \dfrac{1}{12 + \dfrac{13 \cdot 5}{200}} = 84{,}97$ EUR pro Monat.

12) Anzahl der Zinsperioden: $n = 10 \cdot 4 = 40$ Vierteljahre.
Unterjährige Einzahlung mit $m = 3 \cdot 2 = 6$.

a) $K_{40} = 200 \cdot \left[6 + \dfrac{7 \cdot 1{,}25}{200}\right] \cdot \dfrac{1{,}0125^{40} - 1}{0{,}0125} = 62238$ EUR.

b) p' = effektiver Jahreszinssatz; $q' = 1 + \dfrac{p'}{100} = 1{,}0125^4 = 1{,}050945$.

$E = \dfrac{62238 \cdot (q' - 1)}{q' \cdot (q'^{10} - 1)} = 4687{,}60$ EUR pro Jahr.

13) $200 \cdot \left[12 + \dfrac{13 \cdot 4}{200}\right] \cdot \dfrac{1{,}04^n - 1}{0{,}04} \geqq 33000$;

$n \geqq 10{,}98$; Lösung $n = 11$ Jahre (aufgerundet).
$K_{11} = 33068{,}53$ EUR.

14) a) $K_{10} = 12000 \cdot \frac{1{,}06^{10} - 1}{0{,}06} = 158169{,}54$ EUR;

b) $1{,}06 \cdot K_{10} = 167659{,}71$ EUR;

c) $\left(1 + \frac{13 \cdot 6}{200 \cdot 12}\right) \cdot K_{10} = 163310{,}05$ EUR;

d) $\left(1 + \frac{11 \cdot 6}{200 \cdot 12}\right) \cdot K_{10} = 162519{,}20$ EUR.

15) a) 2702,73 EUR pro Jahr (vorschüssig);

b) 2878,41 EUR pro Jahr (nachschüssig);

c) $e' = \frac{2878{,}41}{12 + \frac{13 \cdot 6{,}5}{200}} = 231{,}71$ EUR pro Monat (vorschüssig);

d) $e = \frac{2878{,}41}{12 + \frac{11 \cdot 6{,}5}{200}} = 232{,}93$ EUR pro Monat (nachschüssig).

16) Das BASIC-Programm ZINSEN liefert folgende Werte:

a) $p = 6{,}153923\,\%$;

b) $p = 6{,}483599\,\%$;

c) $p = 6{,}548149\,\%$.

Abschnitt 4.9

1) a) Zinsen für das n-te Jahr: $Z_n = 3000 \cdot \left(1 - \frac{n-1}{20}\right)$;

$Z_{10} = 1650$ EUR; $Z_{15} = 900$ EUR; $Z_{20} = 150$ EUR.

b) $Z = 0{,}06 \cdot \frac{21}{2} \cdot 50000 = 31500$ EUR.

2) Laufzeit N = 120 Monate.

a) α) $Z_{120} = 60000 \cdot \left(1 - \frac{119}{120}\right) \cdot 0{,}006 = 500 \cdot 0{,}006 = 3$ EUR.

β) $Z = 0{,}006 \cdot \frac{121}{2} \cdot 60000 = 21780$ EUR.

b) Jährliche Tilgung = 6000 EUR; N = 10 Jahre.

α) $\hat{Z}_{120} = 60000 \cdot \left(1 - \frac{9}{10}\right) \cdot 0{,}006 = 36$ EUR;

β) $\hat{Z} = 12 \cdot 0{,}006 \cdot \frac{11}{2} \cdot 60000 = 23760$ EUR.

$\frac{12 \cdot \hat{p}}{100} \cdot \frac{11}{2} \cdot 60000 = 21780$; $\hat{p} = 0{,}55\,\%$ pro Monat.

3)

Jahr	Ausgangs-schuld	Zinsen	Rest-schuld	α) 5% Tilgungs-aufgeld	β) 2% Gebühren
1	20000	1400	18000	100	400
2	18000	1260	16000	100	360
3	16000	1120	14000	100	320
4	14000	980	12000	100	280
5	12000	840	10000	100	240
6	10000	700	8000	100	200
7	8000	560	6000	100	160
8	6000	420	4000	100	120
9	4000	280	2000	100	80
10	2000	140	0	100	40
	Summe	7700		1000	2200

Gesamtzinsen: $Z = 0{,}07 \cdot \frac{11}{2} \cdot 20000 = 7700\,\text{EUR}$;

gesamte Gebühren: α) $G = 1000$ EUR,
β) $G = 2200$ EUR.

4) a) $A = \frac{20000 \cdot 1{,}05^{10} \cdot 0{,}05}{1{,}05^{10} - 1} = 2590{,}09$ EUR pro Jahr;

b) $S_6 = \frac{20000 \cdot (1{,}05^{10} - 1{,}05^{6})}{1{,}05^{10} - 1} = 9184{,}34$ EUR;

c) $T_6 = 1{,}05^5 \cdot \frac{2590{,}09}{1{,}05^{10}} = 2029{,}40$ EUR.

5) $S = \frac{8000 \cdot (1{,}05^{15} - 1)}{1{,}05^{15} \cdot 0{,}05} = 83037{,}25$ EUR.

6) a) $A = \frac{200000 \cdot 1{,}0625^{15} \cdot 0{,}0625}{1{,}0625^{15} - 1} = 20930{,}25$ EUR;

b) $Z = 15 \cdot 20930{,}25 - 200000 = 113953{,}69$ EUR.

c) $T_{15} = \frac{1{,}0625^{14} \cdot 20930{,}25}{1{,}0625^{15}} = \frac{A}{q} = 19699{,}06$ EUR.

7) a) $N = \frac{-\lg\left(1 - \frac{0{,}08 \cdot 75000}{9000}\right)}{\lg 1{,}08} = 14{,}27$ Jahre.

b) $S_{14} = 75000 \cdot 1{,}08^{14} - 9000 \cdot \frac{1{,}08^{14} - 1}{0{,}08} = 2355{,}24$ EUR.

c) $A_{15} = 1{,}08 \cdot S_{14} = 2543{,}66$ EUR.

8) Zinsperioden = halbe Jahre.

a) Konforme nachschüssige Halbjahresannuität

$$A = 1000 \cdot \left[6 + \frac{5 \cdot 4}{200}\right] = 6100\,\text{EUR}.$$

b) $$N = \frac{-\lg\left(1 - \frac{0{,}04 \cdot 80000}{6100}\right)}{\lg 1{,}04} = 18{,}96 \text{ halbe Jahre.}$$

Laufzeit etwa $9^1/_2$ Jahre.

c) Restschuld nach 9 Jahren (= 18 halben Jahren):

$$S_{18} = 80000 \cdot 1{,}04^{18} - 6100 \cdot \frac{1{,}04^{18} - 1}{0{,}04} = 5628{,}30 \text{ EUR.}$$

Konforme Restannuität im 19. Halbjahr
$A_{19} = 1{,}04 \cdot S_{18} = 5853{,}43$ EUR.
Dieser Halbjahresannuität entspricht die konforme Monatsannuität

$$a_{19} = \frac{5853{,}43}{6 + \frac{5 \cdot 4}{200}} = 959{,}58 \text{ EUR.}$$

9) a) $N = 10$ Jahre;

p = effektiver Jahreszinssatz; $\left(1 + \frac{p}{100}\right) = 1{,}0175^4$;

$p = 7{,}185903\,\%$ pro Jahr.

$$A = \frac{350000 \cdot 1{,}0175^{40} \cdot 0{,}07185903}{1{,}0175^{40} - 1} = 50261{,}21 \text{ EUR pro Jahr.}$$

b) $N = 20$ halbe Jahre;

p = Halbjahreszinssatz; $\left(1 + \frac{p}{100}\right) = 1{,}0175^2$; $p = 3{,}530625\,\%$ pro Halbjahr;

$$A = \frac{350000 \cdot 1{,}0175^{40} \cdot 0{,}03530626}{1{,}0175^{40} - 1} = 24694{,}67 \text{ EUR pro Halbjahr.}$$

c) $N = 40$ Vierteljahre; $p = 1{,}75\,\%$.

$$A = \frac{350000 \cdot 1{,}0175^{40} \cdot 0{,}0175}{1{,}0175^{40} - 1} = 12240{,}23 \text{ EUR pro Quartal.}$$

d) $A = 12240{,}23$ ist die konforme Quartalsannuität.

$$a = \frac{12240{,}23}{3 + \frac{2 \cdot 1{,}75}{200}} = 4056{,}41 \text{ EUR pro Monat.}$$

10) a) α) $n = 8 \cdot 4 = 32$ Quartale;

$$S_{32} = 50000 \cdot 1{,}02^{32} - 2000 \cdot \frac{1{,}02^{32} - 1}{0{,}02} = 5772{,}97 \text{ EUR.}$$

β) $n = 8$ Jahre (Jahreannuität = 8000 EUR);

$$\tilde{S}_8 = 50000 \cdot 1{,}08^8 - 8000 \cdot \frac{1{,}08^8 - 1}{0{,}08} = 7453{,}49 \text{ EUR.}$$

*b) Mit 8 unterjährigen Vierteljahresannuitäten der Höhe 2000 EUR erhält man aus dem BASIC-Programm TILGEN den effektiven Jahreszinssatz

α) Restschuld 5772,97 EUR ⇒ $p = 8{,}255926\,\%$ p.a.;
β) Restschuld 7453,49 EUR ⇒ $p = 8{,}733391\,\%$ p.a..

11) a) $A = \dfrac{100000 \cdot 1{,}065^{10} \cdot 0{,}065}{1{,}065^{10} - 1} = 13910{,}47$ EUR pro Jahr.

b) Aus Zinsen + Tilgung = 13910,47 erhält man den Tilgungsplan

Jahr	Ausgangs-schuld	Zinsen	Tilgung	Tilgungs-aufgeld b)	Gebühren nach c)
1	100000	6500	7410,47	222,31	1000
2	92589,53	6018,32	7892,15	236,76	925,90
3	84697,38	5505,33	8405,14	252,15	846,97
4	76292,24	4959	8951,47	268,54	762,92
5	67340,77	4377,15	9533,32	286	673,41
6	57807,45	3757,48	10152,99	304,59	578,07
7	47654,45	3097,54	10812,93	324,39	476,54
8	36841,52	2394,70	11515,77	345,47	368,42
9	25325,75	1646,17	12264,30	367,93	253,26
10	13061,45	848,99	13061,48	391,84	130,61
11	−0,03				
			Summe	2999,98	6016,10

(Rundungsfehler)

Gesamte Tilgungsgebühren = $0{,}03 \cdot S = 3000$ EUR.

c) Nach (41) gilt

$$G = 0{,}01 \cdot \frac{13910{,}47}{0{,}065} \cdot \left[10 - \frac{1{,}065^{10} - 1}{1{,}065^{10} \cdot 0{,}065}\right] = 6016{,}11 \text{ EUR.}$$

12) A^* = Annuität einschließlich Tilgungsaufgeld.

$q^* = 1 + \dfrac{5{,}5}{108}$; $A^* = \dfrac{50000 \cdot 1{,}08 \cdot q^{*6} \cdot (q^* - 1)}{q^{*6} - 1} = 10670{,}47$ EUR pro Jahr.

T_n = Tilgung im n-ten Jahr; Z_n = Zinsen im n-ten Jahr $\Rightarrow T_n = \dfrac{A^* - Z_n}{1{,}08}$.

Tilgungsplan:

Jahr	Ausgangsschuld	Zinsen	Tilgung
1	50000	2750	7333,77
2	42666,23	2346,64	7707,25
3	34958,98	1922,74	8099,75
4	26859,23	1477,26	8512,23
5	18347	1009,09	8954,72
6	9401,28	517,07	9401,30
7	−0,02		

13) b) $q^* = 1 + \dfrac{6{,}5}{103}$; $A^* = \dfrac{100000 \cdot 1{,}03 \cdot q^{*10} \cdot (q^* - 1)}{q^{*10} - 1} = 14201{,}11$ EUR;

c) $\tilde{p} = 7{,}5$; $\tilde{A} = \dfrac{100000 \cdot 1{,}075^{10} \cdot 0{,}075}{1{,}075^{10} - 1} = 14568{,}59$ EUR.

*14) Das BASIC-Programm TILGEN liefert p = 6,999972%.

*15) Aus dem BASIC-Programm TILGEN erhält man mit der Restschuld 0 nach 5 Jahren

a) nachschüssig; jährlich; $p = 6{,}40225\ \%$;
b) nachschüssig; unterjährig; $m = 4$: $p = 7{,}426771\,\%$;
c) vorschüssig; unterjährig; $m = 4$: $p = 8{,}301958\,\%$;
d) nachschüssig; unterjährig; $m = 12$: $p = 7{,}698299\,\%$;
e) vorschüssig; unterjährig; $m = 12$: $p = 7{,}989346\,\%$.

16) Nominelle Schuld S = 150000 EUR.

a) $A = \frac{150000 \cdot 1{,}06^{20} \cdot 0{,}06}{1{,}06^{20} - 1} = 13077{,}68$ EUR pro Jahr.

*b) Jahresannuität = 13077,68 EUR.
Auszahlungsbetrag = 138000 EUR.
Restschuld nach 20 Jahren = 0.
Das BASIC-Programm TILGEN liefert den effektiven Jahreszinssatz $p = 7{,}050782\,\%$.

17) Annuität A = 9840 EUR pro Jahr.

a) $S_{10} = 120000 \cdot 1{,}062^{10} - 9840 \cdot \frac{1{,}062^{10} - 1}{0{,}062} = 88067{,}40$ EUR.

b) Annuität a = 2460 EUR pro Quartal (n = 40 Quartale).

α) $S_{40} = 120000 \cdot 1{,}0155^{40} - 2460 \cdot \frac{1{,}0155^{40} - 1}{0{,}0155} = 87092{,}59$ EUR.

β) Die Unterjährigkeit der Tilgung wird nicht berücksichtigt.
$S_{10} = 88067{,}40$ EUR.

* Effektivverzinsung
Das BASIC-Programm TILGEN liefert mit dem ausgezahlten Kreditbetrag von 114000 EUR und den obigen Annuitäten und Restschulden den effektiven Zinssatz pro Tilgungsintervall:
a) $n = 10$; S_{10}; $A \Rightarrow p = 6{,}98389\,\%$ pro Jahr;
b) α) $n = 40$; S_{40}; $a \Rightarrow p = 1{,}745064\,\%$ pro Quartal.
Dieser Quartalszinssatz entspricht einem effektiven Jahreszinssatz von $p = 7{,}1651\,\%$.
β) $n = 40$; S_{10}; $a \Rightarrow p = 1{,}761413\,\%$ pro Quartal.
Daraus erhält man einen effektiven Jahreszinssatz von $p = 7{,}2340\,\%$ p.a.

18) a) $A = \frac{70000 \cdot 1{,}06^{10} \cdot 0{,}06}{1{,}06^{10} - 1} = 9510{,}76$ EUR.

b) $A = \frac{70000 \cdot 1{,}06^{5} \cdot 1{,}06^{10} \cdot 0{,}06}{1{,}06^{10} - 1} = 12727{,}54$ EUR.

19) Restschuld nach 10 Jahren

$$S_{10} = 80000 \cdot 1{,}07^{10} - 8000 \cdot \frac{1{,}07^{10} - 1}{0{,}07} = 46840{,}52 \text{ EUR.}$$

$$A = \frac{46840{,}52 \cdot 1{,}08^{10} \cdot 0{,}08}{1{,}08^{10} - 1} = 6980{,}62 \text{ EUR.}$$

20) Die Tilgungsrücklage wird 10 Jahre lang gezahlt.

a) Ablösungsbetrag = 100000 EUR.

$$100000 = R \cdot \frac{1{,}0725^{10} - 1}{0{,}0725} \Rightarrow R = 7152{,}73\,\text{EUR}.$$

b) Ablösungsbetrag = $100000 \cdot 1{,}07^{15}$ EUR.

$$100000 \cdot 1{,}07^{15} = R \cdot \frac{1{,}0725^{10} - 1}{0{,}0725}$$

$\Rightarrow R = 1{,}0725^{15} \cdot 7152{,}73 = 19734{,}61$ EUR.

Abschnitt 5.11.

1) a) Gesucht ist der Rentenendwert nach 20 Jahren;

α) nachschüssig: $R_{20} = 6000 \cdot \dfrac{1{,}06^{20} - 1}{0{,}06} = 220713{,}55$ EUR;

β) vorschüssig: $R'_{20} = q \cdot R_{20} = 233956{,}36$ EUR.

b) Rentenbarwerte für n = 20:

α) nachschüssig: $R_0 = \dfrac{R_{20}}{1{,}06^{20}} = 68819{,}53$ EUR;

β) vorschüssig: $R'_0 = \dfrac{R'_{20}}{1{,}06^{20}} = 72948{,}70$ EUR.

c) α) Bei nachschüssiger Einzahlung:
nachschüssige ewige Jahresrente
$r_e = 220713{,}55 \cdot 0{,}055 = 12139{,}25$ EUR;
vorschüssige ewige Jahresrente

$$r'_e = \frac{r_e}{1{,}055} = 11506{,}39\,\text{EUR}.$$

β) Bei vorschüssiger Einzahlung:
nachschüssige ewige Jahresrente
$r_e = 233956{,}36 \cdot 0{,}055 = 12867{,}60$ EUR;
vorschüssige ewige Jahresrente $r'_e = \dfrac{r_e}{1{,}055} = 12196{,}78$ EUR.

2) a) nachschüssig:

$$r = \frac{500000 \cdot 1{,}07^{20} \cdot 0{,}07}{1{,}07^{20} - 1} = 47196{,}46\,\text{EUR};$$

b) vorschüssig:

$$r' = \frac{47196{,}46}{1{,}07} = 44108{,}84\,\text{EUR}.$$

3) Unterjährige Rente mit m = 12:

$$\text{nachschüssig: } r_M = \frac{47196{,}46}{12 + \dfrac{11 \cdot 7}{200}} = 3810{,}78\,\text{EUR pro Monat};$$

$$\text{vorschüssig: } r'_M = \frac{47196{,}46}{12 + \dfrac{13 \cdot 7}{200}} = 3789{,}36\,\text{EUR pro Monat}.$$

4) a) nachschüssig:

$$N = \frac{-\lg\left(1 - \frac{200000 \cdot 0{,}06}{20000}\right)}{\lg 1{,}06} = 15{,}73 \text{ Jahre};$$

$N = 15$ (abgerundet).

$$K_{15} = 200000 \cdot 1{,}06^{15} - 20000 \cdot \frac{1{,}06^{15} - 1}{0{,}06} = 13792{,}24 \text{ EUR}.$$

b) vorschüssig:

$$N = 1 + \frac{-\lg\left(1{,}06 - \frac{200000 \cdot 0{,}06}{20000}\right)}{\lg 1{,}06} = 14{,}33 \text{ Jahre};$$

$N = 14$ (abgerundet).

Kontostand nach der 14. Rentenzahlung

$$K'_{13} - 20000 = 200000 \cdot 1{,}06^{13} - 20000 \cdot 1{,}06 \cdot \frac{1{,}06^{13} - 1}{0{,}06} - 20000$$

$= 6284{,}33$ EUR.

5) Arithmetisch fortschreitende Rente mit $r = 20000$ EUR und $d = 200$ EUR;

a) nachschüssig:

$$\text{Rentenendwert } R_{15} = \left(20000 + \frac{200}{0{,}065}\right) \cdot \frac{1{,}065^{15} - 1}{0{,}065} - \frac{15 \cdot 200}{0{,}065}$$

$= 511\,896{,}22$ EUR.

$$\text{Rentenbarwert } K = R_0 = \frac{R_{15}}{1{,}065^{15}} = 199038{,}83 \text{ EUR};$$

b) vorschüssig:

$$R'_{15} = 1{,}065 \cdot R_{15} = 545169{,}47 \text{ EUR};$$

$$R'_0 = \frac{R'_{15}}{1{,}065^{15}} = 1{,}065 \cdot R_0 = 211976{,}35 \text{ EUR}.$$

c) $S = 15 \cdot 20000 + 200 \cdot (1 + 2 + \ldots + 14)$

$$= 300000 + 200 \cdot \frac{14 \cdot 15}{2} = 321000 \text{ EUR}.$$

6) Geometrisch fortschreitende Rente mit $r = 15000$ EUR; $a = 1{,}05$; $N = 10$.

1. Fall: $p = 6\%$; $q = 1{,}06$:

a) nachschüssig: $$K = R_0 = 15000 \cdot \frac{1 - \left(\frac{1{,}05}{1{,}06}\right)^{10}}{1{,}06 - 1{,}05} = 135650{,}62 \text{ EUR};$$

b) vorschüssig: $K' = 1{,}06 \cdot K = 143789{,}66$ EUR.

2. Fall: $p = 5\% \Rightarrow q = a = 1{,}05$:

a) nachschüssig: $$K = \frac{10 \cdot 15000}{1{,}05} = 142857{,}14 \text{ EUR};$$

b) vorschüssig: $K' = 10 \cdot 15000 = 150000$ EUR.

c) Summe: $S = 15000 \cdot (1 + 1{,}05 + 1{,}05^2 + \ldots + 1{,}05^9)$

$$= 15000 \cdot \frac{1{,}05^{10} - 1}{0{,}05} = 188668{,}39 \text{ EUR}.$$

7) Geometrische Rente mit r = 20000 und a = 1,04.

a) $$N = \frac{\lg\left(1 + \frac{300000\,((1{,}04 - 1{,}05)}{20000}\right)}{\lg\left(\frac{1{,}04}{1{,}05}\right)} = 16{,}98 \text{ Jahre;}$$

N = 16 Jahre (abgerundet).

$$\text{Restkapital } K_{16} = 300000 \cdot 1{,}05^{16} - 20000 \cdot \frac{1{,}05^{16} - 1{,}04^{16}}{1{,}05 - 1{,}04}$$
$$= 35075{,}69 \text{ EUR.}$$

Dieser Betrag verzinst sich bis zum nächsten Rententermin auf 36829,48 EUR. Die dann fällige Rente von $r_{17} = 20000 \cdot 1{,}04^{16} = 37459{,}62$ EUR würde diesen Betrag übersteigen.

b) $$N = \frac{\lg\left(1 + \frac{300000 \cdot (1{,}04 - 1{,}05)}{20000 \cdot 1{,}05}\right)}{\lg\left(\frac{1{,}04}{1{,}05}\right)} = 16{,}11 \text{ Jahre;}$$

N = 16 Jahre (abgerundet).
Kontostand nach der 16. Auszahlung

$$\frac{K'_{16}}{q} = \frac{1}{1{,}05} \cdot \left(300000 \cdot 1{,}05^{16} - 20000 \cdot 1{,}05 \cdot \frac{1{,}05^{16} - 1{,}04^{16}}{1{,}05 - 1{,}04}\right)$$
$$= 3891{,}77 < r_{17}.$$

8) Rentenendwert zum Zeitpunkt des Geburtstags mit m = 12; p = 5,5;

$$R_{20} = 2000 \cdot \left(12 + \frac{11 \cdot 5{,}5}{200}\right) \cdot \frac{1{,}055^{20} - 1}{0{,}055} = 857934{,}96 \text{ EUR;}$$

Rentenbarwert

$$R_0 = K = \frac{R_{20}}{1{,}055^{20}} = 294039{,}16 \text{ EUR.}$$

Einzahlungszeit: vierteljährliche Einzahlung: m = 4, vorschüssig

$$r_Q = \frac{294039{,}16 \cdot 0{,}055}{\left(4 + \frac{5 \cdot 5{,}5}{200}\right) \cdot (1{,}055^{30} - 1)} = 981{,}11 \text{ EUR pro Quartal.}$$

$$\text{Ewige Rente } r_M = \frac{294039{,}16 \cdot 0{,}055}{12 + \frac{11 \cdot 5{,}5}{200}} = 1314{,}54 \text{ EUR pro Monat.}$$

9 a) p = 2,5%; N = 8; m = 4; vorschüssig;

$$r_Q = \frac{80000 \cdot 0{,}025}{(1{,}025^8 - 1) \cdot \left(4 + \frac{5 \cdot 2{,}5}{200}\right)} = 2254{,}13 \text{ EUR pro Quartal.}$$

b) $p = \frac{4,5}{4} = 1,125$; Zinsperiode = ein Quartal;

$N = 15 \cdot 4 = 60$; $m = 3$; nachschüssig;

$$r_M = \frac{120000 \cdot 1,01125^{60} \cdot 0,01125}{(1,01125^{60} - 1) \cdot \left(3 + \frac{2 \cdot 1,125}{200}\right)} = 916,96 \text{ EUR pro Monat.}$$

10) a) Arithmetisch fortschreitende Rente mit $r = 2000$; $d = 100$; $m = 12$ (vorschüssig); $p = 5\%$.

$\tilde{R}'_{10}$ = Rentenendwert nach 10 Jahren;

Unterjährungsfaktor: $12 + \frac{13 \cdot 5}{200} = 12,325$.

$$\tilde{R}'_{10} = 12,325 \cdot \left[\left(2000 + \frac{100}{0,05}\right) \cdot \frac{1,05^{10} - 1}{0,05} - \frac{10 \cdot 100}{0,05}\right]$$

$= 373\,590,10$ EUR.

Verkaufspreis = Rentenbarwert $= \frac{\tilde{R}'_{10}}{1,05^{10}} = 229\,351,92$ EUR.

b) Geometrisch fortschreitende Rente mit $r = 2000$; $a = 1,045$; $m = 12$ (vorschüssig); $p = 5\%$.

$$\tilde{R}'_{10} = 12,325 \cdot 2000 \cdot \frac{1,05^{10} - 1,045^{10}}{1,05 - 1,045} = 374\,311,26 \text{ EUR.}$$

Verkaufspreis $= \frac{\tilde{R}'_{10}}{1,05^{10}} = 229\,794,64$ EUR.

11) Konforme nachschüssige Jahresrente im ersten Jahr

$$R = 3000 \cdot \left(12 + \frac{11 \cdot 6}{200}\right) = 36990 \text{ EUR;}$$

d = Erhöhung der konformen Jahresrente;

$R_{20} = 500000 \cdot 1,06^{20}$. d = Erhöhung der konformen Jahresrente

$$500000 \cdot 1,06^{20} = 36990 \cdot \frac{1,06^{20} - 1}{0,06} + \frac{d}{0,06} \cdot \left(\frac{1,06^{20} - 1}{0,06} - 20\right)$$

$\Rightarrow d = 868,13$ EUR.

Jährliche Erhöhung der Monatsrente:

$$d_M = \frac{d}{12 + \frac{11 \cdot 6}{200}} = 70,41 \text{ EUR.}$$

Die Monatsrente kann jährlich um 70,41 EUR erhöht werden.

12) Geometrisch fortschreitende Rente mit unterjähriger Zahlung; $a = 1,03$.

a) Konforme nachschüssige Jahresrente $R = 1500 \cdot \left(12 + \frac{13 \cdot 5}{200}\right)$ $= 18\,487,50$ EUR im 1. Jahr.

$$R_{20} = 18487{,}50 \cdot \frac{1{,}05^{20} - 1{,}03^{20}}{1{,}05 - 1{,}03} = 783117{,}99 \text{ EUR};$$

b) $R_0 = \frac{R_{20}}{1{,}05^{20}} = 295148{,}94$ EUR;

c) $S = 12 \cdot 1500 \cdot (1 + 1{,}03 + 1{,}03^2 + \ldots + 1{,}03^{19})$

$$= 12 \cdot 1500 \cdot \frac{1{,}03^{20} - 1}{0{,}03} = 483666{,}74 \text{ EUR}.$$

13) a) r_k = monatliche Rente im k-ten Jahr.
Diese 12 Rentenbeträge ergeben die konforme nachschüssige Jahresrente
$r_k \cdot \left(12 + \frac{11 \cdot 5}{200}\right) = 12{,}275 \cdot r_k$.
R_n sei der Rentenendwert nach dem n-ten Jahr. Dann gilt die Rekursionsformel

$$R_n = R_{n-1} \cdot 1{,}05 + 12{,}275 \cdot r_n \text{ mit } R_o = 0.$$

Jahr	monatliche Rente	konforme nachschüssige Jahresrente	+ Zuwachs aus Vorjahren	= Renten-endwert
1	1200	14730	–	14730
2	1330	16325,75	15466,50	31792,25
3	1463,25	17961,39	33381,86	51343,25
4	1599,83	19637,91	53910,41	73548,32
5	1739,83	21356,41	77225,74	98582,15

b) $w = 1$; $a = 1{,}025$; $d = 100$;

$$R_5 = 12{,}275 \cdot \left[1200 \cdot \frac{1{,}05^5 - 1{,}025^5}{1{,}05 - 1{,}025} + \frac{100}{0{,}025} \cdot \left(\frac{1{,}05^4 - 1{,}025^4}{\frac{1{,}05}{1{,}025} - 1} - \frac{1{,}05^4 - 1}{0{,}05}\right)\right] = 98582{,}15 \text{ EUR}.$$

$$R_{10} = 12{,}275 \cdot \left[1200 \cdot \frac{1{,}05^{10} - 1{,}025^{10}}{1{,}05 - 1{,}025} + \frac{100}{0{,}025} \cdot \left(\frac{1{,}05^9 - 1{,}025^9}{\frac{1{,}05}{1{,}025} - 1} - \frac{1{,}05^9 - 1}{0{,}05}\right)\right] = 273007{,}38 \text{ EUR}.$$

14) a) Die arithmetisch fortschreitende Rente besitzt den Barwert
(= Verkaufspreis) von

$$R_0' = \frac{1}{1{,}061^{20}} \cdot \left[12 + \frac{13 \cdot 6{,}1}{200}\right] \cdot \left[\left(4000 + \frac{400}{0{,}061}\right) \cdot \frac{1{,}061^{20} - 1}{0{,}061} - \frac{20 \cdot 400}{0{,}061}\right] = 991557{,}47 \text{ EUR}.$$

*b) Das BASIC-Programm RENTEN liefert die maximale Steigerung der geometrischen Rente mit dem Barwert R_0'

$\alpha = 6{,}754494\,\%$ pro Jahr.

15) a) $r_M = \dfrac{750000 \cdot 0{,}058}{12 + \dfrac{13 \cdot 5{,}8}{200}} = 3514{,}58$ EUR pro Monat.

b) α) $R = 6000 \cdot \left(12 + \dfrac{13 \cdot 5{,}8}{200}\right) = 74262$ EUR pro Jahr (nachschüssig);

β) $\dfrac{R}{1{,}058} = 70190{,}93$ EUR pro Jahr (vorschüssig);

γ) $N = \dfrac{-\lg\left(1 - \dfrac{750000 \cdot 0{,}058}{74262}\right)}{\lg 1{,}058} = 15{,}63$ Jahre;

δ) $K_{15} = 750000 \cdot 1{,}058^{15} - 74262 \cdot \dfrac{1{,}058^{15} - 1}{0{,}058} = 44797{,}26$ EUR;

ε) $r_{red.} = \dfrac{44797{,}26 \cdot 1{,}058}{12 + \dfrac{13 \cdot 5{,}8}{200}} = 3829{,}32$ EUR pro Monat im 16. Jahr.

c) Konforme nachschüssige Jahresrente

$$R = \frac{750000 \cdot 1{,}058^{25} \cdot 0{,}058}{1{,}058^{25} - 1} = 57559{,}73 \text{ EUR pro Jahr.}$$

Vorschüssige Monatsrente

$$r_M' = \frac{57559{,}73}{12 + \dfrac{13 \cdot 5{,}8}{200}} = 4650{,}54 \text{ EUR pro Monat.}$$

d) Arithmetisch fortschreitende Rente. Konforme nachschüssige Jahresanfangsrente

$$R = 4000 \cdot \left(12 + \frac{13 \cdot 5{,}8}{200}\right) = 49508 \text{ EUR.}$$

d = maximale Erhöhung der konformen Jahresrente

$$a_{20} = \frac{1{,}058^{20} - 1}{1{,}058^{20} \cdot 0{,}058};$$

$$750000 = 49508 \cdot a_{20} + \frac{d}{0{,}058} \cdot \left(a_{20} - \frac{20}{1{,}058^{20}}\right);$$

d = 1934,08 EUR = konforme Erhöhung der Jahresrente.

$$\frac{1934{,}08}{12 + \dfrac{13 \cdot 5{,}8}{200}} = 156{,}26 \text{ EUR} = \text{jährliche Erhöhung der Monatsrente.}$$

e) Geometrisch fortschreitende Rente mit a = 1,05.

Konforme nachschüssige Jahresanfangsrente R = 37131 EUR.

$$N = \frac{\lg\left(1 + \frac{750000 \cdot (1{,}05 - 1{,}058)}{37131}\right)}{\lg\left(\frac{1{,}05}{1{,}058}\right)} = 23{,}22 \text{ Jahre}.$$

*f) Das BASIC-Programm RENTEN liefert
$\alpha = 7{,}922483\,\%$ pro Jahr.

*g) Das BASIC-Programm RENTEN liefert:
N = 18 Jahre;
Rentenbarwert für 18 Jahre = 715429,50 EUR;
Rentenbarwert für 19 Jahre = 765231,60 EUR.

Abschnitt 6.7

1) a) $C_0 = \frac{100}{1{,}0675^{20}} = 27{,}0796\,\%;$

b) $C = \frac{100}{1{,}0625^{12}} = 48{,}3117\,\%;$

c) $C = \frac{100}{1{,}062^3 \cdot \left(1 + \frac{6{,}2 \cdot 2}{100 \cdot 12}\right)} = 82{,}6346\,\%.$

2) a) $K = 18000 \cdot \frac{1 - \frac{1}{1{,}06^{20}}}{0{,}06} = 206458{,}58 \text{ EUR}.$

b) $K_\infty = \frac{18000}{0{,}06} = 300000 \text{ EUR}.$

c) $K' = 18000 \cdot \frac{1 - \frac{1}{1{,}072^{10}}}{0{,}072} = 125263{,}90 \text{ EUR}.$

$K'_\infty = \frac{18000}{0{,}072} = 250000 \text{ EUR}.$

d) $C = 100 \cdot \frac{1 - \frac{1}{1{,}072^{10}}}{1 - \frac{1}{1{,}06^{10}}} \cdot \frac{0{,}06}{0{,}072} = 94{,}5519\,\%$

(Kurs der Rente mit der Restlaufzeit von 10 Jahren).

$C_\infty = 100 \cdot \frac{0{,}06}{0{,}072} = 83{,}3333\,\%$ (Kurs der ewigen Rente).

3) a) $C_0 = 100 \cdot \left(1 - \frac{6}{6{,}2}\right) \cdot \frac{1}{1{,}062^{20}} + 100 \cdot \frac{6}{6{,}2} = 97{,}7428\,\%.$

b) $m = 2;\ \hat{p} = 6 \cdot \left(1 + \frac{6{,}2}{400}\right) = 6{,}093.$

$$C_0 = 100 \cdot \left(1 - \frac{6{,}093}{6{,}2}\right) \cdot \frac{1}{1{,}062^{20}} + 100 \cdot \frac{6{,}093}{6{,}2} = 98{,}7924\,\%.$$

c) Jährliche Zinszahlung: $C_0 = 100 \cdot \frac{6}{6{,}2} = 96{,}7742\,\%;$

halbjährliche Zinszahlung: $C_0 = 100 \cdot \frac{6{,}093}{6{,}2} = 98{,}2742\,\%.$

4) Effektiver Nominalzinssatz $\hat{p} = 5{,}5 \cdot \left(1 + \frac{6{,}25}{400}\right) = 5{,}5859\,\%.$

a) $C = 100 \cdot \left(1 - \frac{\hat{p}}{6{,}25}\right) \cdot \frac{1}{1{,}0625^{10}} + \frac{\hat{p}}{6{,}25} \cdot 100 = 95{,}1698\,\%;$

b) $C + \frac{5}{1{,}0625^{10}} = 97{,}8968\,\%;$

c) $\alpha = (100 - 95{,}1698) \cdot 1{,}0625^{10} = 8{,}8563\,\%.$

5) a) Laufzeit $n - x = 5 - \frac{7}{12}$ Jahre.

Kurs bei einer Laufzeit von 5 Jahren

$$C = 100 \cdot \left(1 - \frac{6}{6{,}42}\right) \cdot \frac{1}{1{,}0642^5} + 100 \cdot \frac{6}{6{,}42} = 98{,}2508\,\%.$$

Kurs bei einer Laufzeit von 4 Jahren und 5 Monaten

$$\hat{C} = C \cdot \left(1 + \frac{6{,}42}{100} \cdot \frac{7}{12}\right) = 101{,}9303\,\%.$$

Börsennotierten Nettokurs:

$$\tilde{C} = \hat{C} - 6 \cdot \frac{7}{12} = 98{,}4303\,\%.$$

b) Laufzeit $4 - \frac{260}{360}$ Jahre.

Kurs $\hat{C} = 99{,}56 + 6 \cdot \frac{260}{360} = 103{,}8933\,\%.$

*c) Das BASIC-Programm ZINSANLEIHE liefert
$p' = 6{,}152562\,\%.$

6) a) $a'_{10} = \dfrac{1 - \dfrac{1}{1{,}0812^{10}}}{0{,}0812} = 6{,}67391372;$

α) $C = 100 \cdot \left[\frac{6{,}67391372}{10} \cdot \left(1 - \frac{7}{8{,}12}\right) + \frac{7}{8{,}12}\right] = 95{,}4123\,\%;$

β) $C + \frac{5}{10} \cdot a'_{10} = 98{,}7493\,\%.$

b) $\alpha = 100 \cdot \left(1 - \frac{7}{8{,}12}\right) \cdot \left(\frac{10}{a'_{10}} - 1\right) = 6{,}8741\,\%$;

c) $7 \cdot \frac{1 - \frac{1}{1{,}0812^5}}{0{,}0812} = 27{,}8608\,\%$;

ohne Tilgungsaufgeld: $C = 27{,}8608 + \frac{95{,}4123}{1{,}0812^5} = 92{,}4372\,\%$;

bei 5% Tilgungsaufgeld: $C = 27{,}8608 + \frac{98{,}7493}{1{,}0812^5} = 94{,}6958\,\%$.

7) $a'_{20} = \frac{1 - \frac{1}{1{,}082^{20}}}{0{,}082} = 9{,}67372669$;

a) $C = 100 \cdot \left[\frac{a'_{20}}{20} \cdot \left(1 - \frac{6}{8{,}2}\right) + \frac{6}{8{,}2}\right] = 86{,}1477\,\%$;

b) $C + \frac{5}{20} \cdot a'_{20} = 88{,}5661\,\%$;

c) Zinsintervalle = Vierteljahre;
konformer vierteljährlicher Nominalzins $p_{konf} = 1{,}4673854\,\%$;
konformer vierteljährlicher Realzinssatz $p'_{konf} = 1{,}989818\,\%$.
Laufzeit $n = 20 \cdot 4 = 80$ Quartale;

$$C = 100 \cdot \left[\frac{a'_{80}}{80} \cdot \left(1 - \frac{p_{konf}}{p'_{konf}}\right) + \frac{p_{konf}}{p'_{konf}}\right] = 86{,}8281\,\%.$$

d) $m = 12$: Kurszuschlag gegenüber a)

$$\Delta = \frac{11 \cdot 8{,}2}{2400} \cdot 100 \cdot \frac{a'_{20}}{20} = 1{,}8179\,\%;$$

Kurs $C = 86{,}1477 + 1{,}8179 = 87{,}9656\,\%$.

e) Kurszuschlag gegenüber a)

$$\Delta = \frac{11 \cdot 2{,}2}{2 \cdot 12 \cdot 20} \cdot a'_{20} = 0{,}4877\,\%.$$

Kurs $C = 86{,}1477 + 0{,}4877 = 86{,}6354\,\%$.

8) $a'_{10} = \frac{1 - \frac{1}{1{,}0685^{10}}}{0{,}0685} = 7{,}07254102$;

a) $C = 100 \cdot \left[\frac{a'_{10}}{10} \cdot \left(1 - \frac{6{,}5}{6{,}85}\right) + \frac{6{,}5}{6{,}85}\right] = 98{,}5042\,\%$;

b) $\alpha = 100 \cdot \left(1 - \frac{6{,}5}{6{,}85}\right) \cdot \left(\frac{10}{a'_{10}} - 1\right) = 2{,}1149\,\%$.

9) a) $$C = 100 \cdot \frac{1 - \frac{1}{1{,}063^{20}}}{1 - \frac{1}{1{,}06^{20}}} \cdot \frac{0{,}06}{0{,}063} = 97{,}609453\,\%;$$

b) $$\frac{C}{100} \cdot K_{nom} = K_{real} = 50\,000 \Rightarrow K_{nom} = 51\,224{,}55 \text{ EUR}.$$

$$A = \frac{K_{nom} \cdot 0{,}06}{1 - \frac{1}{1{,}06^{20}}} = 4465{,}99 \text{ EUR pro Jahr}.$$

c) Nominelle Restschuld nach 7 Jahren

$$S_7 = 51\,224{,}55 \cdot 1{,}06^7 - 4465{,}99 \cdot \frac{1{,}06^7 - 1}{0{,}06} = 39\,535{,}99 \text{ EUR};$$

Kurswert von K_7 bei einer Restlaufzeit von 7 Jahren

$$K = 39\,535{,}99 \cdot \frac{1 - \frac{1}{1{,}056^{13}}}{1 - \frac{1}{1{,}06^{13}}} \cdot \frac{0{,}06}{0{,}056} = 40\,476{,}39 \text{ EUR};$$

$$C = 100 \cdot \frac{40\,476{,}39}{39\,535{,}99} = 102{,}3786\,\%.$$

10) $$p^* = \frac{5{,}5}{1{,}05}; \quad \tilde{A}^* = \frac{100 + 5}{a^*_{10}} = 13{,}7557 \text{ EUR}.$$

$$C = 105 \cdot \frac{1 - \frac{1}{1{,}062^{10}}}{0{,}062 \cdot a^*_{10}} = 100{,}2903\,\%.$$

$$= \tilde{A}^* = \frac{1 - \frac{1}{1{,}062^{10}}}{0{,}062}.$$

11) $$C = 5{,}5 \cdot \frac{1 - \frac{1}{1{,}062^5}}{0{,}062} + \frac{100{,}2903}{1{,}062^5} = 97{,}2822\,\%.$$

12) a) $$C = 100 \cdot \frac{1 - \frac{1}{1{,}064^{10}}}{1 - \frac{1}{1{,}055^{10}}} \cdot \frac{0{,}055}{0{,}064} = 95{,}8205\,\%.$$

*b) Das BASIC-Programm ANNANLEIHE liefert $\alpha = 5{,}917172\,\%$.

c) $$p^* = \frac{5{,}5}{1{,}059172}; \quad A^* = \frac{100 + 5{,}917172}{a^*_{10}} = 13{,}85454 \text{ EUR}.$$

13) a) $n+\varrho = \dfrac{-\lg\left(1-\dfrac{0{,}06\cdot 100}{8}\right)}{\lg 1{,}06} = 23{,}79$ Jahre;

b) $n = 23;\; C = 8\cdot\dfrac{1-\dfrac{1}{1{,}066^{23}}}{0{,}066} + \left(100-8\cdot\dfrac{1-\dfrac{1}{1{,}06^{23}}}{0{,}06}\right)\cdot\left(\dfrac{1{,}06}{1{,}066}\right)^{24}$
$= 94{,}7162\,\%$.

c) $\tilde{A}_{24} = 1{,}06^{24}\cdot\left(100-8\cdot\dfrac{1-\dfrac{1}{1{,}06^{23}}}{0{,}06}\right) = 6{,}3688$ EUR.

14) a) $a = \dfrac{8}{4+\dfrac{3\cdot 6{,}6}{200}} = 1{,}956$ EUR pro Quartal;

b) $\tilde{C} = \left(1+\dfrac{3\cdot 6{,}6}{200\cdot 4}\right)\cdot 94{,}7162 = 97{,}0604\,\%$.

15) Das Programm ANNANLEIHE liefert $p' = 6{,}507237\,\%$.

16) a) $a_{15} = \dfrac{1-\dfrac{1}{1{,}06^{15}}}{0{,}06} = 9{,}712249;$

$a'_{15} = \dfrac{1-\dfrac{1}{1{,}0675^{15}}}{0{,}0675} = 9{,}253494;$

$x = \dfrac{\lg\left(\dfrac{0{,}75\cdot a_{15}}{6{,}75\cdot a'_{15}-6\cdot a_{15}}\right)}{\lg 1{,}0675} = 8{,}4750$ Jahre;

b) $C = 100\cdot\dfrac{a'_{15}}{a_{15}} = 95{,}2765\,\%;$

c) 1) $p^* = \dfrac{6}{1{,}05};\quad C = 105\cdot\dfrac{a'_{15}}{a^*_{15}} = 98{,}1812\,\%$.

2) Kursaufschlag der Zinsanleihe $\dfrac{5}{1{,}0675^{8{,}475}} = 2{,}8744\,\%;$

$C \approx 95{,}2765 + 2{,}8744 = 98{,}1509\,\%$.

17) a) Mittlere Tilgungszeit (für n = 20)

$x = \dfrac{\lg\left(\dfrac{20\cdot 0{,}065}{1-\dfrac{1}{1{,}065^{20}}}\right)}{\lg 1{,}065} = 9{,}4666$ Jahre.

Mittlere Laufzeit = tilgungsfreie Zeit + mittlere Tilgungszeit
= 5 + x = 14,4666 Jahre.

b) Direkte Berechnung des Kurses aus der Ratenschuld: Kurs ohne tilgungsfreie Zeit nach (18)

$$C_5 = 100 \cdot \left[\frac{1 - \frac{1}{1{,}065^{20}}}{0{,}065 \cdot 20} \cdot \left(1 - \frac{5}{6{,}5}\right) + \frac{5}{6{,}5} \right] = 89{,}636739\,\%.$$

Aus (28) folgt

$$C = 5 \cdot \frac{1 - \frac{1}{1{,}065^5}}{0{,}065} + \frac{C_5}{1{,}065^5} = 86{,}202535\,\%.$$

c) Die äquivalente Zinsanleihe hat eine Laufzeit von 14,4666 Jahren. Aus (8) folgt

$$C = 100 \cdot \left[\left(1 - \frac{5}{6{,}5}\right) \cdot \frac{1}{1{,}065^{14{,}4666}} + \frac{5}{6{,}5} \right] = 86{,}202523\,\%.$$

Anhang

1) Abgekürzte Sterbetafel 1981/83[1]) (Quelle: Wirtschaft und Statistik 12/1984)

Vollendetes Alter	Sterbe- wahrscheinlichkeit vom Alter x bis x + 1	Überlebens- wahrscheinlichkeit vom Alter x bis x + 1	Überlebende im Alter x	Gestorbene im Alter x bis unter x + 1	Von den Überlebenden im Alter x bis zum Alter x + 1 durchlebte Jahre	Von den Überlebenden im Alter x insgesamt noch zu durchlebende Jahre	Durchschnittliche Lebenserwartung im Alter x in Jahren
x	p_x	q_x	l_x	d_x	L_x	J_x	$\frac{J_x}{l_x}$
			Männlich				
0	0,01213226	0,98786774	100000	1213	99007	7045961	70,46
1	0,00091589	0,99908411	98787	90	98742	6946954	70,32
2	0,00057430	0,99942570	98696	57	98668	6848213	69,39
3	0,00050285	0,99949715	98640	50	98615	6749545	68,43
4	0,00040310	0,99959690	98590	40	98570	6650930	67,46
5	0,00039754	0,99960246	98550	39	98531	6552360	66,49
6	0,00032312	0,99967688	98511	32	98495	6453829	65,51
7	0,00035841	0,99964159	98479	35	98462	6355334	64,53
8	0,00031150	0,99968850	98444	31	98429	6256872	63,56
9	0,00027938	0,99972062	98413	27	98400	6158444	62,58
10	0,00025488	0,99974512	98386	25	98373	6060044	61,59
11	0,00027319	0,99972681	98361	27	98347	5961671	60,61
12	0,00026466	0,99973534	98334	26	98321	5863323	59,63
13	0,00031031	0,99968969	98308	31	98293	5765003	58,64
14	0,00036276	0,99963724	98277	36	98260	5666710	57,66
15	0,00048511	0,99951489	98242	48	98218	5568450	56,68
16	0,00082166	0,99917834	98194	81	98154	5470233	55,71
17	0,00105515	0,99894485	98113	104	98062	5372079	54,75
18	0,00147921	0,99852079	98010	145	97937	5274017	53,81
19	0,00154949	0,99845051	97865	152	97789	5176080	52,89
20	0,00145855	0,99854145	97713	143	97642	5078291	51,97
21	0,00141590	0,99858410	97571	138	97502	4980649	51,05
22	0,00130970	0,99869030	97433	128	97369	4883147	50,12
23	0,00130832	0,99869168	97305	127	97241	4785779	49,18
24	0,00121158	0,99878842	97178	118	97119	4688538	48,25
25	0,00121185	0,99878815	97060	118	97001	4591419	47,31
26	0,00119590	0,99880410	96942	116	96884	4494418	46,36
27	0,00120025	0,99879975	96826	116	96768	4397533	45,42
28	0,00125629	0,99874371	96710	121	96649	4300765	44,47
29	0,00127112	0,99872888	96589	123	96527	4204116	43,53
30	0,00131433	0,99868567	96466	127	96402	4107589	42,58
31	0,00136355	0,99863645	96339	131	96273	4011186	41,64
32	0,00141963	0,99858037	96208	137	96139	3914913	40,69
33	0,00137606	0,99862394	96071	132	96005	3818773	39,75
34	0,00153644	0,99846356	95939	147	95865	3722768	38,80
35	0,00161291	0,99838709	95791	155	95714	3626903	37,86
36	0,00175098	0,99824902	95637	167	95553	3531189	36,92
37	0,00201334	0,99798666	95470	192	95373	3435636	35,99
38	0,00223865	0,99776135	95277	213	95171	3340262	35,06
39	0,00241605	0,99758395	95064	230	94949	3245092	34,14
40	0,00263779	0,99736221	94834	250	94709	3150142	33,22
41	0,00302721	0,99697279	94584	286	94441	3055433	32,30
42	0,00321130	0,99678870	94298	303	94146	2960992	31,40
43	0,00347432	0,99652568	93995	327	93832	2866846	30,50
44	0,00389077	0,99610923	93668	364	93486	2773014	29,60
45	0,00421091	0,99578909	93304	393	93108	2679528	28,72
46	0,00495883	0,99530417	92911	436	92693	2586420	27,84
47	0,00523082	0,99476918	92475	484	92233	2493727	26,97
48	0,00571624	0,99428376	91991	526	91728	2401494	26,11
49	0,00634575	0,99365425	91465	580	91175	2309766	25,25
50	0,00724499	0,99275501	90885	658	90556	2218591	24,41

[1]) Hinweis: Für juristische und versicherungsrechtliche Belange ist die Allgemeine Sterbetafel 1970/72" zu verwenden. Diese ist veröffentlicht im Statistischen Jahrbuch für die Bundesrepublik Deutschlang 1975 und in Fachserie 1. Reihe 1, S. 2 und kann unter der Kennziffer 2010192 vom Verlag W. Kohlhammer bezogen werden.

Vollendetes Alter	Sterbe- wahrscheinlichkeit vom Alter x bis x + 1	Überlebens- wahrscheinlichkeit vom Alter x bis x + 1	Überlebende im Alter x	Gestorbene im Alter x bis unter x + 1	Von den Überlebenden im Alter x bis zum Alter x + 1 durchlebte Jahre	Von den Überlebenden im Alter x insgesamt noch zu durchlebende Jahre	Durchschnittliche Lebenserwartung im Alter x in Jahren
x	p_x	q_x	l_x	d_x	L_x	J_x	$\frac{J_x}{l_x}$
			Männlich				
51	0,00781496	0,99218504	90226	705	89874	2128035	23,59
52	0,00870438	0,99129562	89521	779	89132	2038161	22,77
53	0,00932501	0,99067499	88742	828	88328	1949030	21,96
54	0,01017901	0,98982099	87915	895	87467	1860701	21,16
55	0,01095466	0,98904534	87020	953	86543	1773234	20,38
56	0,01198378	0,98801622	86066	1031	85551	1686691	19,60
57	0,01309530	0,98690470	85035	1114	84478	1601140	18,83
58	0,01456497	0,98543503	83921	1222	83310	1516662	18,07
59	0,01601074	0,98398926	82699	1324	82037	1433352	17,33
60	0,01741189	0,98258811	81375	1417	80667	1351315	16,61
61	0,01973137	0,98026863	79958	1578	79169	1270648	15,89
62	0,02126563	0,07873437	78380	1667	77547	1191479	15,20
63	0,02335809	0,97664191	76714	1792	75818	1113932	14,52
64	0,02433640	0,97566360	74922	1823	74010	1038114	13,86
65	0,02749667	0,97250333	73098	2010	72093	964104	13,19
66	0,03061327	0,96938673	71088	2176	70000	892011	12,55
67	0,03295579	0,96704421	68912	2271	67777	822010	11,93
68	0,03710807	0,96289193	66641	2473	65405	754233	11,32
69	0,04011018	0,95988982	64168	2574	62881	688829	10,73
70	0,04481539	0,95518461	61594	2760	60214	625947	10,16
71	0,04994516	0,95005484	58834	2938	57365	565733	9,62
72	0,05495010	0,94504990	55896	3071	54360	508368	9,09
73	0,06078031	0,93921969	52824	3211	51219	454008	8,59
74	0,06710213	0,93289787	49613	3329	47949	402790	8,12
75	0,07441279	0,92558721	46284	3444	44562	354841	7,67
76	0,08076881	0,91923119	42840	3460	41110	310279	7,24
77	0,08816341	0,91183659	39380	3472	37644	269168	6,84
78	0,09612435	0,90387565	35908	3452	34182	231524	6,45
79	0,10429691	0,89570309	32456	3385	30764	197342	6,08
80	0,11393508	0,88606492	29071	3312	27415	166578	5,73
81	0,12585047	0,87414953	25759	3242	24138	139163	5,40
82	0,13578462	0,86421538	22517	3058	20989	115025	5,11
83	0,14473145	0,85526855	19460	2816	18052	94036	4,83
84	0,15871776	0,84128224	16643	2642	15323	75985	4,57
85	0,16814675	0,83185325	14002	2354	12825	60662	4,33
86	0,18184003	0,81815997	11647	2118	10588	47837	4,11
87	0,19713247	0,80286753	9529	1879	8590	37249	3,91
88	0,20343573	0,79656427	7651	1556	6873	28659	3,75
89	0,21702004	0,78297996	6094	1323	5433	21786	3,67
90	1,00000000	0,00000000	4772	4772	16353	16353	3,43
			Weiblich				
0	0,00958935	0,99041065	100000	959	99216	7709450	77,09
1	0,00080247	0,99919753	99041	79	99001	7610234	76,84
2	0,00050792	0,99949208	98962	50	98936	7511233	75,90
3	0,00037418	0,99962582	98911	37	98893	7412296	74,94
4	0,00031235	0,99968765	98874	31	98859	7313403	73,97
5	0,00028971	0,99971029	98843	29	98829	7214544	72,99
6	0,00026400	0,99973600	98815	26	98802	7115715	72,01
7	0,00023771	0,99976229	98789	23	98777	7016914	71,03
8	0,00018601	0,99981399	98765	18	98756	6918137	70,05
9	0,00017816	0,99982184	98747	18	98738	6819381	69,06
10	0,00018059	0,99981941	98729	18	98720	6720643	68,07
11	0,00017804	0,99982196	98711	18	98703	6621922	67,08
12	0,00019984	0,99980016	98694	20	98684	6523220	66,10
13	0,00018400	0,99981600	98674	18	98665	6424536	65,11
14	0,00023339	0,99976661	98656	23	98644	6325870	64,12
15	0,00033546	0,99966454	98633	33	98616	6227226	63,14
16	0,00039658	0,99960342	98600	39	98580	6128610	62,16

Vollendetes Alter	Sterbe-	Überlebens-	Überlebende im Alter x	Gestorbene im Alter x bis unter x + 1	Von den Überlebenden im Alter x bis zum Alter x + 1 durchlebte	insgesamt noch zu durchlebende	Durchschnittliche Lebenserwartung im Alter x in Jahren
	wahrscheinlichkeit vom Alter x bis x + 1				Jahre		
x	p_x	q_x	l_x	d_x	L_x	J_x	$\frac{J_x}{l_x}$

Weiblich

x	p_x	q_x	l_x	d_x	L_x	J_x	$\frac{J_x}{l_x}$
17	0,00046759	0,99953241	98561	46	98538	6030029	61,18
18	0,00053443	0,99946557	98515	53	98488	5931492	60,21
19	0,00050309	0,99949691	98462	50	98437	5833003	59,24
20	0,00045978	0,99954022	98412	45	98390	5734566	58,27
21	0,00048370	0,99951630	98367	48	98343	5636176	57,30
22	0,00043443	0,99956557	89320	43	98298	5537833	56,32
23	0,00047790	0,99952210	98277	47	98253	5439534	55,35
24	0,00046867	0,99953133	98230	46	98207	5341281	54,38
25	0,00047786	0,99952214	98184	47	98160	5243074	53,40
26	0,00053124	0,99946876	98137	52	98111	5144913	52,43
27	0,00054236	0,99945764	98085	53	98058	5046802	51,45
28	0,00054803	0,99945197	98032	54	98005	4948744	50,48
29	0,00059186	0,99940814	97978	58	97949	4850739	49,51
30	0,00064907	0,99935093	97920	64	97888	4752790	48,54
30	0,00064907	0,99935093	97920	64	97888	4752790	48,54
31	0,00068178	0,99931822	97856	67	97823	4654902	47,57
32	0,00071705	0,99928295	97790	70	97755	4557079	46,60
33	0,00073728	0,99926272	97720	72	97684	4459324	45,63
34	0,00084188	0,99915812	97648	82	97606	4361641	44,67
35	0,00093273	0,99906727	97565	91	97520	4264034	43,70
36	0,00104077	0,99895923	97474	101	97424	4166515	42,74
37	0,00108025	0,99891975	97373	105	97320	4069091	41,79
38	0,00120713	0,99879287	97268	117	97209	3971771	40,83
39	0,00128709	0,99871291	97150	125	97088	3874562	39,88
40	0,00139800	0,99860200	97025	136	96957	3777474	38,93
41	0,00144830	0,99851770	96890	140	96819	3680517	37,99
42	0,00165538	0,99834462	96749	160	96669	3583697	37,04
43	0,00176833	0,99823167	96589	171	96504	3487028	36,10
44	0,00197898	0,99802102	96418	191	96323	3390524	35,16
45	0,00215783	0,99784217	96228	208	96124	3294201	34,23
46	0,00237097	0,99762903	96020	228	95906	3198078	33,31
47	0,00261035	0,99738965	95792	250	95667	3102172	32,38
48	0,00281930	0,99718070	95542	269	95407	3006504	31,47
49	0,00316568	0,99683432	95273	302	95122	2911097	30,56
50	0,00343480	0,99658520	94971	326	94808	2815975	29,65
51	0,00384998	0,99615002	94645	364	94463	2721167	28,75
52	0,00406365	0,99593635	94281	383	94089	2626704	27,86
53	0,00450819	0,99549181	93897	423	93686	2532615	26,97
54	0,00488642	0,99511358	93474	457	93246	2438929	26,09
55	0,00516395	0,99483605	93017	480	92777	2345683	25,22
56	0,00576105	0,99423895	92537	533	92271	2252906	24,35
57	0,00616895	0,99383105	92004	568	91720	2160636	23,48
58	0,00675198	0,99324802	91436	617	91128	2068915	22,63
59	0,00732009	0,99267991	90819	665	90487	1977788	21,78
60	0,00828854	0,99171146	90154	747	89781	1887301	20,93
61	0,00934064	0,99065936	89407	835	88989	1797521	20,10
62	0,00991262	0,99008738	88572	878	88133	1708531	19,29
63	0,01097661	0,98902339	87994	963	87213	1620398	18,48
64	0,01165835	0,98834165	86731	1011	86226	1533186	17,68
65	0,01309598	0,98690402	85720	1123	85159	1446960	16,88
66	0,01453981	0,98546019	84598	1230	83983	1361801	16,10
67	0,01602729	0,98397271	83368	1336	82699	1277819	15,33
68	0,01781416	0,98218584	82031	1461	81301	1195119	14,57
69	0,01978123	0,98021877	80570	1594	79773	1113818	13,82
70	0,02218920	0,97781080	78976	1752	78100	1034045	13,09
71	0,02522679	0,97473221	77224	1948	76250	955945	12,38
72	0,02854526	0,97145474	75276	2149	74201	879695	11,69
73	0,03258220	0,96741780	73127	2383	71936	805494	11,02
74	0,03672610	0,96327390	70744	2598	69445	733558	10,37
75	0,04225968	0,95774032	68146	2880	66706	664113	9,75

Vollendetes Alter	Sterbe- wahrscheinlichkeit vom Alter x bis x + 1	Überlebens- wahrscheinlichkeit vom Alter x bis x + 1	Überlebende im Alter x	Gestorbene im Alter x bis unter x + 1	Von den Überlebenden im Alter x bis zum Alter x + 1 durchlebte Jahre	Von den Überlebenden im Alter x insgesamt noch zu durchlebende Jahre	Durchschnittliche Lebenserwartung im Alter x in Jahren
x	p_x	q_x	l_x	d_x	L_x	J_x	$\frac{J_x}{l_x}$
				Weiblich			
76	0,04730994	0,95269006	65266	3088	63722	597407	9,15
77	0,05318697	0,94681303	62179	3307	60525	533684	8,58
78	0,05994751	0,94005249	58872	3529	57107	473159	8,04
79	0,06773916	0,93226084	55342	3749	53468	416052	7,52
80	0,07551442	0,92448558	51593	3896	49645	362584	7,03
81	0,08542677	0,91457323	47697	4075	45660	312939	6,56
82	0,09436007	0,90563993	43623	4116	41565	267279	6,13
83	0,10609643	0,89390357	39507	4192	37411	225714	5,71
84	0,11803594	0,88196406	35315	4168	33231	188304	5,33
85	0,13058721	0,86941279	31147	4067	29113	155073	4,98
86	0,14452168	0,85547832	27079	3914	25122	125960	4,65
87	0,15774701	0,84225299	23166	3654	21339	100837	4,35
88	0,17449925	0,82550075	19511	3405	17809	79499	4,07
89	0,19113948	0,80886052	16107	3079	14567	61690	3,83
90	1,00000000	0,00000000	13028	13028	47122	47122	3,62

2) **Symbole**, die bei den Flussdiagrammen benutzt wurden

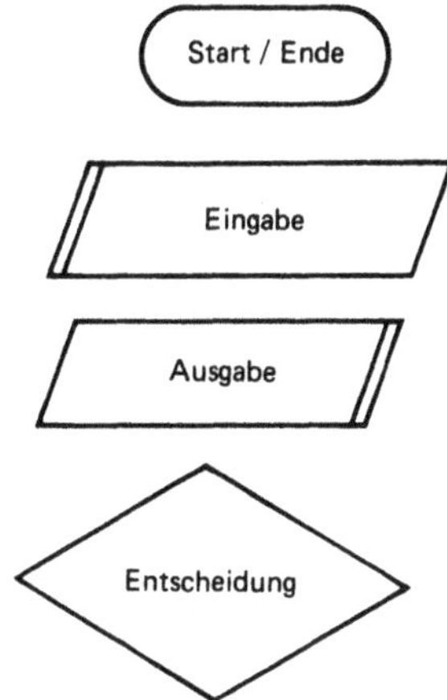

Literaturverzeichnis

Finanzmathematik

Ayres, F.: Finanzmathematik, Düsseldorf 1979
Caprano, E.: Finanzmathematik, München 1974
Fay, F. J.: Finanzmathematik, Bad Homburg 1973
Hass, O.: Finanzmathematik, München 1986
Heinritz, K.: Finanzmathematik, Bielefeld–Köln 1982
Kobelt, H. – Schulte, P.: Finanzmathematik, Herne 1977
Köhler, H.: Finanzmathematik, München 1981
Konradt, W. – Haas, W.: Finanz- und Wirtschaftsmathematik, 18. Aufl., Darmstadt 1975
Kosiol, E.: Finanzmathematik, 10. Aufl., Wiesbaden 1966
Nicola, M.: Finanzmathematik, 2. Aufl., Berlin 1967
Rahmann, J.: Praktikum der Finanzmathematik, 5. Aufl., Wiesbaden 1976
Ziethen, R. E.: Finanzmathematik, München 1986

Versicherungsmathematik

Müller, N.: Einführung in die Mathematik der Pensionsversicherung, München 1973
Saxer, W.: Versicherungsmathematik I + II, Heidelberg 1985 (Nachdruck 1979)
Wolff, K.-H.: Versicherungsmathematik, Wien–New York 1970
Wolfsdorf, K.: Versicherungsmathematik, Teil 1 Pensionsversicherung, Stuttgart 1986

Sachverzeichnis

www.ingramcontent.com/pod-product-compliance
Lightning Source LLC
Chambersburg PA
CBHW081102220326
41598CB00038B/7199